그럼 제대로 하자.
날 위해 세상을 멸망시키고 싶어질 만큼.

어느 날 우리 집 현관으로 멸망이 들어왔다 2

임메아리 대본집

1판1쇄 펴냄 2021년 7월 30일
1판2쇄 펴냄 2023년 7월 24일

극본 임메아리
포스터 반디 | **로고** WESTWORLD
© 2021 STUDIO DRAGON Corp., STUDIO&NEW Co.,Ltd. All Rights Reserved.

펴낸이 김경태 | **편집** 홍경화 남슬기 한홍비
디자인 박정영 김재현 | **마케팅** 유진선 강주영 | **경영관리** 곽라흔
펴낸곳 (주)출판사 클
출판등록 2012년 1월 5일 제311-2012-02호
주소 03385 서울시 은평구 연서로26길 25-6
전화 070-4176-4680 | 팩스 02-354-4680 | 이메일 bookkl@bookkl.com

ISBN 979-11-90555-61-6 03680
    979-11-90555-62-3 04680 세트

어느날
우리집
현관으로
멸망이
들어왔다 2

임메아리 대본집

차례

일러두기

1. 대본의 특성상 구어체를 살렸으며, 일부 맞춤법은 작가의 의도를 따른다.

2. 인물의 대사에서 . 는 대사 끝을 내려서 말하는 것, ? 는 대사 끝을 올려서 말하는 것이다.
   , 는 대사를 한번 끊고 말하는 것을 가리킨다.

3. 이 책에 등장하는 용어의 의미는 아래와 같다.

   S#   신Scene 번호. 공간을 나눌 때 사용.

   / (지문)   같은 장소와 같은 신에서, 다른 연출이 필요할 때 사용.

   (E)   이펙트Effect. 주로 화면 밖에서의 음향이나 대사에 의한 효과음을 말함.

   (F)   필터Filter. 전화기에서 들리는 것처럼 필터를 거쳐 들리는 목소리.

   (NA)   내레이션. 화면 밖에서 들려오는 목소리.

   Cut to   컷 투. 동일한 신에서 공간이 바뀌지 않고 시간이 흐른 경우, 또는 무드가 바뀌는 경우.

   리와인드Rewind   영상의 진행을 거꾸로 돌리는 기법.

   몽타주Montage   기존에 촬영된 여러 이미지를 편집하여 하나의 새로운 장면을 만들어내는 기법.

   슬로우Slow   화면에서의 움직임이 실제보다 느리게 보이도록 하는 기법.

   인서트Insert   신이 진행되는 중간에 특정 사물이나 상황을 강조하기 위해 삽입한 화면.

*9*부

S#1. 길거리 (밤)

멸망, 충수가 낮고 노후된 건물들이 드문드문 들어서 있는 오래된 상권의 골목길을 걷고 있다.

멸망   (NA) 한때는 나도, 그들 틈에 속하고 싶었던 적이 있었다.

멸망, 어느 백반 집 앞에 멈춰 선다. 김 서린 유리창 너머로 식사 중인 사람들 흐릿하게 보인다.

S#2. 식당 (밤)

주변 인부들과 노인 몇이 식사하고 있고. 멸망, 앞에 놓인 밥 보며 어색하게 앉아 있다.

멸망   (NA) 그들처럼 먹고,

멸망, 주변 천천히 살피며 꼭 흉내 내듯 어색하게 천천히 수저 들어 밥 떠먹는데.

S#3. 침실 (밤)

어둑한 침실. 침대에 홀로 누워 가만히 천장 바라보고 있다. 그러다 천천히 눈 감아보는데.

멸망   (NA) 그들처럼 잠들고,

S#4. 카페 테라스 (낮)

햇살 내리쬐는 카페 테라스에 멸망이 커피 마시며 앉아 있다. 주변 테이블에 연인들, 친구들 저마다 즐겁게 떠들며 앉아 있고. 멸망은 그저 물끄러미 어딘가 보고 있는데. 보면, 도로변에 멈춰선 유치원 셔틀 버스에서 선생님 인도하에 아이들이 내리고 있다. 아이들, 꺄르르 웃으며 기다리고 있던 부모들 품에 안긴다. 마중 나온 부모들, 아이들 포옹하며 입 맞추며 반기고.

멸망   (NA) 그들처럼 연민하고, 사랑하고 싶었다.

멸망의 주변에 앉아 있던 사람들, 하나둘씩 일어나 자리를 뜬다. 누군가는 손을 잡고 걸어가고 누군가는 홀로 간다. 저마다의 형태로 모두 어딘가로 향해 간다. 그 모습을 보고 있는 멸망.

멸망   (NA) 그렇다고 내가 그들 틈에 속할 수 있나.

어느새 멸망, 홀로 앉아 있다.

멸망   (NA) 그들은 늘 떠난다. 늘 어딘가, 갈 곳이 있다. 나와는 다르게.

S#5. 길거리 (밤)

멸망, 9부 S#1의 골목 천천히 걸어가고 있다. 그러다가 9부 S#2의 식당 앞에 멈추는데. 물끄러미 보면, 영업하지 않은 지 꽤 된 듯한 모습(텅 빈 식당 안)으로 굳게 닫혀 있다. 세월의 흐름 보이는 외관이고. 창문에는 아무렇게나 '임대' 알리는 종이 따위 붙어 있다.

멸망   (NA) 그때 깨달았다. 갈 곳이 없는 나는, 이 삶의 끝이 없는 나는 결코 그들이 될 수 없음을.

멸망, 걸어가 골목 벗어나면 순식간에 시야에 빌딩숲들 가득 들어차고. 바쁘게 지나가는 사람들 속을 여전한 걸음으로 걷는 멸망. 누군가는 멸망을 비켜 지나가거나 누군가는 멸망과 같은 방향으로 걸어간다. 그러다 문득 걸음을 멈추는데.

멸망   (NA) 나의 일은 언제까지나 그들을 지켜보는 것.

바삐 오가는 사람들 사이, 홀로 우뚝 선 멸망의 외로운 뒷모습에서,

S#6. 골목길 (밤)

8부 엔딩에 이어서 동경의 뒷모습을 바라보는 멸망의 뒷모습으로 이어진다.

동경   이모…!

멸망을 뒤에 두고 동경, 이모와 마주서는데.

멸망   (가만히 서서 그런 동경의 뒷모습 보며) 그러니까 선택해. 세상과 너를.

동경을 삶 쪽으로 밀어주고 저 혼자 남기로 결정한 멸망의 쓸쓸한 얼굴. 그 담담한 눈…

멸망   (NA) 그저… 지켜보는 것.

동경과 수자, 거리 두고 서로 대치하듯 서 있다. 서로 눈치게임이라도 하듯. 그러다가 동경, 갑자기 휙 방향 틀어 달리는데! 수자, 쥐고 있던 캐리어 내팽개치고 곧장 동경 잡으러 뛰고!

수자   이놈 기집애 거기 안 서??!!
동경   (도망가며) 나 이모 그 표정 알아! 근데 어떻게 서! 못 서!!
멸망   …?

이 전개는 뭐지? 멸망, 황당하기도 하고 허탈하기도 한 얼굴로 골목길 내달리는 둘 보고 있는데.

S#7. 지나의 집 / 현관 + 거실 (밤)

열린 문틈으로 서로 마주 보고 있는 지나와 현규. 거실에 앉아 있던 주익 뭐지? 하고 고개 돌려 바깥쪽 살피는데.

현규   저기… 갑자기 찾아와서 미안한데… (하는데)
지나   (그대로 문 쾅!! 닫아버린다)

지나, 굳은 얼굴로 현관문 앞에 등 기대고 서 있는데.

S#8. 지나의 집 앞 (밤)

현규, 굳어 그저 문 앞에 서 있고. 미쳤나. 이런 식으로 해서 뭘 어쩌겠다고…
걔가 잘도… 하… 현규 얼굴에 온갖 감정 스친다.

S#9. 지나의 집 / 거실 (밤)

주익   뭐예요?

주익의 목소리에 그제야 정신 차린 얼굴로 돌아오는 지나. 현관문 열지 않은
상태로 말한다.

지나   (좀 크게) 일층 가 있어. 내려갈게.
주익   (여전히 영문 모른 채로 그저 보는데)

S#10. 지나의 집 앞 (밤)

현규, 가려다 말고 지나 목소리 듣고 문득 멈추고.

지나   (E) 들었으면 대답을 해.

현규, 그 말에 현관문 가볍게 똑똑 두드린다.

S#11. 지나의 집 / 거실 (밤)

지나, 그 노크소리가 신호탄인 것처럼 안쪽으로 튀어 들어온다. 급하게 외투, 지갑, 책상 위에 아무렇게나 던져져 있던 립스틱 등등 마구잡이로 챙겨드는데.

지나　　(가방에 뭐 쑤셔 넣느라 정신없고) 그… 저 나갔다 올게요.

주익　　(조용히 보다가 제 앞에 놓인 지나 핸드폰 집어 지나에게 내밀고)

지나　　(그제야 문득 멈춰 주익 보고… 손 뻗어 핸드폰 받는데)

주익　　나 때문이면 내가 갈게요.

지나　　(곤란하고 미안하고 미치겠다) 죄송해요. 그런 게 아니라,

주익　　무슨 일 있어요?

지나　　(이걸 어떻게 얘기해야 하나 복잡한 마음이고) …걔 왔어요. 이현규.

주익　　! (생각지 못한 인물이고)

지나　　죄송한데… 저 나가고 좀 후에 나가주실 수 있어요?

주익　　(보면)

지나　　괜히… (오해 받을까봐… 말하려는데)

주익　　(지나가 무슨 말 할지 알겠고) 알아들었어요.

지나, 핸드폰 가방에 넣고는 현관으로 향하고. 지나, 문 열고 나가려다가 뒤돌아서 주익 쳐다본다.

지나　　미안해요. (나가는)

문, 쾅 닫히고. 적막 가득한 집 한가운데 앉아 있는 주익, 묘한 얼굴인데.

주익　　(조용히) 미안할 건 없는데 기분이 좀… 이상하네.

S#12. 카페 (밤)

조금 어색하게 마주 앉은 지나와 현규. 지나, 무슨 말을 들을지 감을 못 잡겠다는 듯 현규 보고 있고, 반면 현규는 결심한 듯 단단한 얼굴로 지나 보고 있다.

지나	우리 집 누가 알려줬어?
현규	알음알음 물었어.
지나	알려줬다고, 알아냈다고 와도 된다고 판단했어?
현규	아니. 절대 그러면 안 된다고 생각했는데.
지나	근데.
현규	어쩔 수 없었어.
지나	(무슨 소리지? 하고 일단 두고 보는데)
현규	보고 싶었거든.
지나	(조금 동요했지만 티내지 않으려 부러 곧게 보는데)
현규	한국엔 너 보고 싶어서 왔고 동창회는 너 보고 싶어서 갔어.
지나	(참지 못하고 결국 흔들리는 시선)
현규	지금은 이 말 하려고 왔고.
지나	(보다가 차분해져서) 넌 항상 니 맘대로네.
현규	(언젠가 이런 말을 들은 적이 있었던 거 같은데)

S#13. 회상. 고등학교 / 수영장 (낮)

현규, 젖은 머리 털며 샤워실에서 나온다. 훈련이 끝나고 난 후다. 대강 걸친 티셔츠 위로 커다란 스포츠 가방 메고 있다. 그때 누군가 현규 얼굴에 홱 수건 던진다. 보면, 잔뜩 화가 난 얼굴로 서 있는 지나다.

15

지나	넌 항상 니 맘대로지.
현규	(묵묵히 서 있고)
지나	어떻게 너 유학 가는 얘기를 남한테 듣게 해? 어떻게 이렇게 내가 찾아오게 하냐고!
현규	미안…
지나	내 문자에는 왜 답 안 하는데. 진짜 헤어지자는 거야?
현규	너무… 미안해서…
지나	(답답해 미치겠고) 미안하면 대답했어야지. 미안하면 만났어야지!
현규	진짜 미안…
지나	넌 맨날 이래. 내가 너 먼저 좋아했으니까. 내가 너 더 좋아하니까. 넌 그걸 알아. 다 알고… (하… 열 받고…) 됐다. (돌아서려는데)
현규	(그제야 급히 다가가며) 그런 거 아니야. 내가 다 설명할게.
지나	(뒤도 안 돌아보고 그대로 빠져나가려는데)
현규	(지나 뒷모습 보며) 난 유학간다고 했지 너랑 헤어진다고 안 했어.
지나	(그 말에 우뚝 멈춰 섰다가 돌아보고) 이거 봐. 또 니 맘대로잖아.
현규	(상처받은 지나의 모습에 쿵, 꼭 심장이 떨어지는 것 같다)

현규, 어쩌면 저 얼굴을… 저 상처받은 눈을 내내 피하고 싶었던 것 같다.

S#14. 다시 현재. 카페 (밤)

지나	너 내가 못 헤어질 줄 알았잖아 그때. 그렇게 질질 끌다가 헤어진 건지 아닌 건지도 모르게 결국 우리 헤어졌어.
현규	내내 후회했어. 그때 나는 너무 어렸고, (하는데)
지나	남의 집 앞에 무턱대고 찾아가서 무턱대고 기다리는 거 나도 해봐서 알아. 만나면 무슨 말을 할까… 몇 번을 고민해도 답은 없고 근

	데도 그냥, 그냥 기다리게 되더라. 그냥…
현규	나지나.
지나	근데 너는 나랑 다르네. 하긴, 나는 너 못 만났으니까. 너는 나 만났고.
현규	(미안하고… 후회되고 미치겠는데)
지나	그때 이렇게 왔어야지. 너무 늦었다 구 년은.
현규	알아. 뭘 어쩌자는 게 아니야. 그냥 난, 니 질문에 대답하고 싶었어. 그게 널 복잡하게 만들면 그냥 잊어버려. 미안하다. 그냥 생각하지 마.
지나	하게 돼. 이렇게 보면 또 한동안은 니 생각이 나. 지금도 봐. 결국 니 앞에 앉아 있잖아 내가.
현규	(보면)
지나	난 니 앞에 있으면 여전히 그때 그 자리로 돌아간 거 같아.
현규	…
지나	매일 축축했어. 그 수영장 바닥도, 빗속도. 매일 나는… 너 좋아하는 게 축축했어. 넌 뽀송뽀송했는지 몰라도. 거기로 다시 돌아오라고 하면 글쎄. (일어나 나가는데)
현규	난 그래도 다 좋았어.
지나	(멈칫)
현규	(그 자리 앉아서) 그래도 다… 좋았어 난.

지나, 그대로 카페 나서는데. 현규, 잡지도 못하고 그저 앉아 있는데.

S#15. 골목길 (밤)

동경과 수자, 골목길에서 여전히 쫓고 쫓기는 상황이고.

동경	(뛰며) 이모 진정해!! 진정!!
수자	(쫓으며) 내가 진정하게 생겼어 지금!!
동경	(뛰다가 문득 신경질) 아 탁선경!!
수자	(쫓으며) 니가 누구 탓을 해!!
멸망	… (조금 떨어진 채로 그 꼴 보고 있는데)

동경, 안 되겠는지 멸망 뒤로 휙 숨는다. 수자, 멸망의 코트자락 붙잡고 동경 잡으려 이리저리 손 휘젓고. 동경, 멸망의 양팔 붙잡고 수자 손 피해 휙휙 돌면서 이리저리 고개만 뺀다. 멸망, 기둥처럼 그저 서 있는데.

동경	아 이모!!
수자	(이리저리 손 뻗으면서) 너 일루 와!! 일루 안 와?!
멸망	…
동경	아니 내가 진짜 일부러 그런 게 아니고!!
수자	좋은 말로 할 때 딱 와!!
동경	이모가 좋은 말로 안 하잖아 지금!!

그러다 수자, 갑자기 멈춰서 가쁜 숨 훅훅 내쉬는데.

동경	(뭔가 이상함을 느끼고 멈칫) 이모…?
수자	(그 순간 갑자기 가슴께 턱 잡더니 바닥에 휙 주저앉는데!)
멸망	(자기도 모르게 수자 탁 잡아 부축하고)
동경	(그제야 놀라서 수자에게 달려가며) 이모!! (하는데)
수자	(바로 표정 바뀌며 동경 뒷덜미 턱 잡는다) 잡았다 이노무시키!!
동경	(!! 버둥대며) 아악 이모!! 이러기 있어? 이건 반칙이지 반칙!!
수자	반칙은 니가 먼저 했지!!
동경	(버둥대며) 수자씨! 수자씨 잠깐 이거 좀 놔봐. 진짜 말로 합시다 예?

멸망, 부축했던 손 무안해져 무심히 양 주머니에 꽂는데. 동경과 수자의 꼴을 보고 있는 멸망, 도대체 내가 뭘 기대한 거지… 싶다.

S#16. 동경의 집 / 거실 (밤)

수자, 물 꿀꺽꿀꺽 원샷하고는 테이블 위에 탁 내려놓는다. 보면, 수자 소파에 앉아 있고 동경 바닥에 눈치 보며 무릎 꿇고 앉아 있다. 멸망, 멀뚱히 서서 그 꼴 보고 있는데.

수자   (흘긋 서 있는 멸망 보면)

동경   (눈치 채고 서 있는 멸망 옷자락 끌어당겨 앉히고)

멸망   (왜. 뭐. 버티고 보면)

동경   (입모양으로 '앉으라고')

멸망   난 바닥에 앉고 싶지 않, (하는데)

수자   ?! (이놈 뭐야 하고 보면)

동경   (확 당겨 앉히고)

멸망   (마음에 안 드는 얼굴로 결국 앉는데)

동경   하하… 얘가 가끔 미국사람이야… 되게 가끔만 그러는데 방금 그랬네… 하하…

수자   (큼큼 괜히 헛기침하고 우아하게) 인사가 늦었어요 남자친구 분. 강수자예요. 동경이 이모.

동경   응 우리 이모야. 강수자… (하다가 ?!) 남자친구?!

수자   (우아하게 미소 지어 보이며 계속 멸망에게만 시선) 얘기 많이 들었어요.

동경   얘기를 많이 들어? 누구한테?

수자, 여전히 미소 유지하며 멸망에게만 시선 꽂는다. 그런 채로 핸드폰 들어 동경 앞에 디밀고. 보면, 핸드폰 속 선경이 병원에서 찍은 셋의 사진 떠 있는데.

동경   ?! (그제야 깨닫고) 탁선경 이…!!

수자   초면에 실례가 많았어요. 너무 놀랐죠?

멸망   아 저는 괜찮습니다. 개의치 마세요.

수자   근데 어디 살아요? 시간이 너무 늦었네.

멸망   아, 여기서 같이 삽, (니다 하려는데)

동경   (화들짝) 어어! 너무 늦었네 너무 늦었어!! (멸망 일으키며) 집에 가자 집에.

멸망   앉으라며.

동경   어 이젠 일어나. (멸망 일으켜 등 밀며) 어 뭐라고? 어어 그르니까! 다행이다. 막차 끊기기 전이지?

수자   (주춤 일어나 배웅하며) 내 맘 같아선 술 한잔하고 싶은데 보다시피 우리 가정에 중대한 일이 생겨서.

동경   (멸망 현관으로 밀며) 어? 괜찮다고? 그치~ 괜찮대 이모~

멸망   (그대로 밀려나고) ?

동경, 마구잡이로 멸망 떠밀며 멸망의 주머니에 제 핸드폰 쏙 넣어주고는 전화하겠단 제스처와 눈 찡긋 윙크 날린다.

동경   잘 가~ 어~

멸망, 어이없는 얼굴로 뒤로 밀려나가고 그대로 현관문 쾅! 닫히는데.

S#17. 동경의 집 / 옥상 (밤)

문 앞에 멀뚱히 서 있는 멸망. 정신없이 지나간 아까 전의 상황을 혼자 되짚어보다가…

멸망 도대체가 예상을 할 수가 없네 매번. (픽 웃는데)

S#18. 동경의 집 / 거실 (밤)

휴, 현관문 닫고 돌아서는 동경. 문득 수자와 둘만 남았다고 생각하니까 쭈뼛 눈치가 보인다. 괜히 주춤거리며 수자 쪽으로 다가오는데. 수자는 웃음기 싹 지우고 캐리어 열어 짐 정리 시작한다. 동경, 수자에게 먼저 무슨 말을 꺼내야 할지 몰라 그저 팔뚝이나 긁적이며 머쓱하게 옆에 앉아 있는데.

동경 (가만 보고)
수자 (알지만 신경 안 쓰는 듯 옷만 꺼내 정리하고)
동경 이모… (어렵게 말 꺼내보는데)

수자, 캐리어에서 목도리 꺼내 들고 동경 목에 둘둘 두른다.

수자 (목도리 두르며) 니 속 뻔히 알아 나는. 그래서 화 안 내.
동경 (예상외의 말에 보면)
수자 (이어서 가디건도 꺼내 덧입히며) 부담되겠지 민폐겠지 이런 생각 하면서 나한테 연락 안 한 거 뻔히 안다고.
동경 (마음 무겁다. 말없이 수자가 하는 대로 가만히 옷 입고)
수자 (요리조리 보며) 색 딱이네. 작년 세일 때 사둔 건데 예쁘네. 잘 샀다 야.

동경   …

수자   (캐리어 뒤지며) 넌 열 살 때부터 그랬어. 맨날 내 눈치 보고 꼭 손님 처럼 굴고. 아니 눈치는 왜 봐? 다 지 맘대로 할 거면서 눈치는 또 눈치대로 봐. 피곤하게 살어 참. 그러니 안 아프고 배겨?

동경   이모…

수자   (털모자 꺼내 씌우며) 언제까지 예의 바르게 굴 거야. 니가 내 인생에 들어온 손님이야? (하다가) 아니 이게 모자가 왜 이렇게 커? 대가리 가 작은 건가. 이 정도면 맞을 거 같아서 산건데.

동경   (모자가 커 거의 눈 가려진 채다. 차라리 그게 나은 거 같다. 슬픈 표정 보 이는 것보다… 가만히 있는데)

수자   (쑥 모자 빼서) 선경이 줘야겠다. 야 여름 원피스도 사놓은 거 몇 개 있는데 지금 입어볼래?

동경   … (말없이 캐리어 보면 온통 태그도 안 뗀 동경이 옷들로 가득이고)

수자   내가 캐나다에서 너 생각나서 하나두 개 산 게 이만큼이야. 너 이거 계절에 맞춰 다 입어야 돼. 돈 쓴 보람 있게 뽕 빼야지. 어?

동경   …

수자   (보며) 이모는 그럴 각오로 비행기 탔어. 그러니까 정신 똑바로 차 려.

동경   (보다가 털모자 휙 집어들고) …이거 선경이 주지 마. 내 거야.

수자   (풉 웃고) 옷 욕심 많은 것도 지 엄마랑 똑같애. 언니가 뺏어간 내 옷 이 얼마나 많은지 알어?

동경   …그래서 안 뺏으려고 했는데. 이모 인생.

수자   뺏은 적 없어 넌. 그냥 내가 준 거야. 주고 싶어서 준 거야.

동경, 담담하고 진심 어린 수자의 말이 아프고 따뜻한데.

S#19. 주익의 집 / 거실 (밤)

현규, 현관문 열고 들어선다. 주익은 샤워 중인지 욕실 쪽에서 물줄기 소리 들린다. 현규, 복잡한 얼굴로 터덜터덜 소파 쪽으로 와 앉으려는데 지잉, 거실 테이블에 아무렇게나 놓여 있던 주익의 핸드폰 짧게 울린다. 현규, 별생각 없이 시선 돌려 주익의 핸드폰 슥 보는데. 미리보기 창으로 **나지나** 이름과 함께 **잘 들어가셨어요? 아깐 너무 경황이 없어서…** 메시지 뜬다.

현규 　 …? (나지나?)

현규, 저도 모르게 핸드폰 집어들려는데. 때마침 욕실에서 나오는 주익. 그대로 눈 마주치는 두 사람이고! 현규, 얼른 손 거두고. 두 남자, 각자의 생각으로 서로 어색하게 마주보다가…

주익 　 왔어?
현규 　 어… 씻었어?
주익 　 어. 너도 씻어. (와서 핸드폰 집어들고 방으로 들어가며) 쉬어라.
현규 　 어. 쉬어 형.

그대로 문 닫고 들어가는 주익이고. 현규, 뭔가 찜찜한 얼굴로 주익의 방문만 보고 서 있는데.

S#20. 멸망의 집 / 창가 (밤)

멸망, 동그란 창가 앞에 앉아 혼자 술잔 기울이고 있다. 창 너머로 선명한 달 떠 있고. 멸망의 맞은편에는 동경의 핸드폰 놓여 있다. 꼭 마주 보고 술을 마시는 듯하다. 멸망, 여유롭게 술잔 들이켜는 것처럼 보이나 온몸의 신경은 거기 가 있는 것 같은데. 그러다 울리는 벨소리. 보면, **수자씨**에게서 온 전화다. 멸망, 바로 받지 않고 술 한 모금 마신 후에 천천히 집어드는데.

S#21. 동경의 집 / 옥상 + 멸망의 집 / 창가 (밤)

옥상 난간에 기대 통화하는 동경. 수자가 잔뜩 껴입힌 차림 그대로다. 동경의 머리 위로도 역시나 선명한 달 떠 있다.

동경   여보세요?

멸망   어.

동경   전화 받을 줄을 아네?

멸망   끌 줄도 아는데?

동경   야! (하다 놀라서 흡) 나 지금 몰래 전화하는 거거든? 큰소리 나게 하지 마라.

멸망   (픽 웃고)

동경   그… 뭐 해? 집이야?

멸망   왜.

동경   그냥 궁금하네. 맨날 같이 자다가.

멸망   넌 특정 단어만 주의하지, 평소엔 말을 참 서슴없이 해.

동경   (괜히 난간 손가락으로 훑다가) 그런가… 야. 있잖아.

멸망   어.

동경   (확) '어'밖에 할 줄 모르니?

멸망   어.

동경   이씨.

멸망   (픽. 술잔 한 손으로 빙글빙글 돌리며) 닮았던데. 너네 이모랑 너네 엄마.

동경	닮은 정도가 아니라 똑같지. 쌍둥이니까. 이모 보면… 꼭 엄마 보는 기분이고 그래. 맨날 이모 보면서 우리 엄마 이렇게 생겼겠지… 이렇게 생겼겠지… 생각만 했는데 실제로 보니까 다르긴 다르더라. 고마워.
멸망	(빙글빙글 술잔 돌리던 손 멈추고)
동경	그 말을 못한 거 같아서. 우리 엄마 아빠 보여줘서 고맙다고.
멸망	그래.
동경	그리고 소원도 잘 생각해볼게. 나를 위해서.
멸망	그래.
동경	'그래'밖에 할 줄 모르니?
멸망	'잘 자'도 할 줄 아는데?
동경	(예상치 못한 대답에 잠시 멈칫)
멸망	잘 자.
동경	…와 이거 되게 새롭고 어색하네. 전화로 이러는 거.
멸망	끊어. (끊으려는데)
동경	잠깐만!!
멸망	왜.
동경	너 아까 웬만한 부탁은 다 들어주겠다고 했지.
멸망	(무슨 말을 하려나 싶어 듣는데)
동경	그래서 말인데… 부탁 하나… 해도 될까?

S#22. 병원 전경 (다음 날 낮)

멸망	(E) 최근 임상연구에서 사용된 신약이 안전성을 확인받아 추가 환자 모집에 있습니다.

S#23. 병원 / 진료실 (낮)

의사 가운 입은 멸망 앞에 동경과 수자가 나란히 앉아 있다. 수자, 멸망의 말 경청하고 있고. 동경, 긴장해서 멸망의 얼굴과 수자의 얼굴 흘끔흘끔 살피는데. 수자, 멸망의 최면에 걸린 상태다.

멸망   탁동경씨도 명단에 올려져 대기 중이구요.

수자   그럼 언제부터 치료할 수 있는 건가요 선생님.

멸망   피검사 결과부터 받아봐야 하니까 이 주 정도 걸리겠네요. 대상자가 되면 주기적으로 내원하시면 됩니다.

동경   거봐 이모… 일단 기다려보자. 맘 편하게 먹고. 웅?

수자   정말 지금 당장 입원하지 않아도 되는 상태인 거예요?

멸망   (부드럽게 미소 지으며) 네. 괜찮습니다.

수자   정말… 가능성이 있다는 거죠? 살 수 있을까요?

멸망   네. (담담히 뼈 있고) 살리고 있는 중입니다.

동경   (그 말에 가만히 멸망 보는데)

S#24. 병원 앞 (낮)

수자와 동경, 나란히 병원 입구에서 나오고 있다.

수자   아니 근데 너 어제 남자친구도 의사라 그러지 않았어? 그 친구 병원은 어디래?

동경   어? 걔… 걔는 미… 미국. 미국 의사야.

수자   아~ 미국. 그래서 가끔 미국사람이라고 그랬구나?

동경   어어 그치.

수자   아까 너 담당 의사선생님보다는 니 남친이 약간 인물이 떨어지
        만 뭐.

동경   떨어져…?

수자   그래도 사람이 어디 얼굴 뜯어먹고 사니. 성품만 좋으면 됐지. 선
        경이가 그러더라. 사람 참 괜찮다고.

동경   아니 뭐 생긴 게 또 그렇게 영 못난 건 아닌데…

수자   어이구 얘 아주 쏙 빠졌구만. 그럼 이모 캐나다 남편 좀 픽업해서
        호텔에 데려다주고 올 동안 너는 미국 남친이나 만나.

동경   뭘 또… 들어오시기까지 하고… (미안한데)

수자   우리 케빈이 너네 얼마나 좋아하는데! 그런 말 하지 마? 케빈 서운
        해 해. 케빈이 서울에 집 구해서 다 같이 살겠다는 거 내가 겨우겨
        우 말렸어.

동경   (기댈 가족이 있다는 게 새삼 감동적이다. 울컥하는데)

수자   (금방 눈치 채고 볼 톡톡) 갔다 올게? 금방 온다 이모.

동경   응…

수자, 앞에 서 있는 택시 타고 사라지고. 택시 멀어지면, 혼자 남은 동경의 옆
에 누군가 와 선다. 보면, 멸망이다. 동경, 그런 멸망에게 손바닥 내미는데.
잡아달라고? 그 손잡는 멸망인데.

동경   (어이없고) 아니 내 핸드폰 달라고.

멸망   아. (주머니에서 핸드폰 꺼내주고) 됐지?

동경   (밤사이 연락 온 내역 슥슥 확인하느라 핸드폰에 시선 고정하고) 어.

멸망   간다. (가려는데)

동경   (그제야 퍼뜩 고개 들고) 어딜?

멸망   됐다며.

동경   핸드폰이 됐다고. 넌 아직이야.

멸망   (보는데)

S#25. 핸드폰 가게 앞 (낮)

동경, 멸망에게 새 핸드폰 쑥 내민다.

동경   자.

멸망   (멀뚱히 바라보며) 이게 뭔데.

동경   핸드폰 처음 봐?

멸망   아니. 어제 봤는데.

동경   (우씨… 핸드폰 멸망 손에 쥐여주고)

멸망   (핸드폰 들고서) 아니. 그니까 왜.

동경   어제 같은 상황이 또 벌어질 수도 있고 어? 내가 다 생각이 있어.

멸망   그냥 자기 전에 통화하는 게 설렜던 거 아니고?

동경   (욱했다가 쿨하게) 그거도 약간 맞긴 맞고.

멸망   요금은 누가 내는 건데.

동경   그래서 말인데 너 계좌번호 뭐야? 카드번호도 괜찮고.

멸망   (픽) 개통된 건 맞아?

동경, 핸드폰 연락처 열어 **사람** 보여주고는 통화 버튼 눌러 전화 건다. 멸망의
핸드폰 위로 뜨는 이름 **동경**이다.

동경   성 붙이면 정 없어 보이니까 떼고 저장했어. (통화 종료 버튼 누르고)

멸망   (픽)

동경   자 이제 서로 번호도 땄고. 그다음에 뭐 할까? (하는데)

멸망   (그대로 동경에게 전화 걸고)

동경	(핸드폰 울리고 화면에 **사람** 뜬다. 뭐지?) 뭐해?
멸망	(턱짓) 받아.
동경	(받으면)
멸망	(핸드폰 댄 채로) 시간 돼?
동경	?
멸망	번호 따면 다음 순서 이거 아냐?
동경	(그제야 폭 터지고) 시간 되면 뭐.
멸망	같이 놀자.

핸드폰 든 채로 서로 보며 웃는 둘인데.

S#26. 섬마을 분교 (낮)

바다에 둘러싸인 작은 초등학교. 운동장에는 뛰어노는 아이 하나 없어 조용하고 이따금 파도치는 소리만이 운동장을 채운다. 멸망과 동경, 운동장 한가운데를 가로지르며 학교로 향하고 있고.

동경	여긴 왜 온 건데?

멸망, 별말 없이 동경에게 카메라 툭 안겨주고.

동경	뭔데? 내 선물이야?
멸망	아니. 니 일.
동경	일?
멸망	너 요새 물욕 많아졌다? 뭐 하나 사줘? (앞서 가면)
동경	이씨… (따라가고)

S#27. 분교 / 6학년 1반 교실 안 (낮)

썰렁한 교실 안, 할머니와 육학년 소년 하나 책상에 앉아 있다. 교탁엔 아무도 없고. 소년, 초조하게 앞문만 바라보고 있다.

소년   할머니… 그럼 선생님 안 와?

할머니   섬 들어오는 배가 끊겼다는디 암만해도 못 오시지 싶다…

소년   그럼 나 졸업식 못해?

할머니   졸업식은 할미랑 하면 되지. 졸업장도 여기 떡하니 있는디.

소년   (시무룩) 선생님이 주는 거 받고 싶단 말이야…

하는데 앞문 열리고 늙은 남선생님(멸망이 변신한 모습—할머니와 소년의 눈에만 이렇게 보인다) 들어선다.

소년   (좋아서 벌떡 일어나) 선생님!!

할머니   아이고 선생님 못 오시는 줄 알았는디!

다시 멸망 쪽 보면, 멸망의 얼굴 그대로다.

멸망   그래도 와야죠. 이 학교 마지막 졸업식인데.

그때 동경, 앞문에서 빼꼼 고개 내밀고 어색하게 쭈뼛쭈뼛 들어서는데.

소년   어? 누구세요??

동경   아… 그게…

멸망   사진 찍어주러 오셨어. 서울에서.

소년   와!! 서울에서요? 비행기 타고요?

동경   (얼른 카메라 들어 보이고 고개 끄덕끄덕하며 웃는데)

/ Cut to

학사모를 쓴 할머니와 소년이 졸업장을 든 채로 환히 웃는다.

동경   찍습니다. 하나, 둘, (찰칵 셔터 누르고)

찍고 나자 마냥 싱글벙글한 소년과 찡하니 졸업장 어루만지는 할머닌데.

S#28. 공원 (해 질 녘)

동경과 멸망, 해 질 녘의 한적한 공원 길 걷고 있다. 모든 게 가라앉아가는 듯
조용하고 아름다운 분위기 속 한참 말없이 나란히 걸어나가는 둘이고.

동경   그럼 그 학교는 이제 사라지는 거야?
멸망   더는 찾아올 학생이 없으니까. 지킬 선생님도 없고.
동경   진짜 선생님은 어디 있는데?
멸망   어딘가를 향해 가고 있겠지.
동경   뭐. 꿈속?
멸망   아니. 삶의 반대편을 향해서. 지금쯤이면 그 정원에 도착했을 수도
         있고.
동경   (아… 깨닫고)

둘 사이 잠시 짧은 침묵이 흐른다. 그러다 멈춰서 말없이 지는 해 바라보는데…

동경   걔 말야…

멸망   (보면)

동경   그 정원에 있던 개… 병원에서도 본 적 있어. 그땐 환자복 입고 있
       었는데…

멸망   아프거든.

동경   아파?

멸망   늘 아파. 아프게 태어나서 평생을 아프다가 죽어.

동경   !

멸망   그리고 다시 태어나서 또 평생을 아파. 또 그렇게 죽어.

동경   (뭐라 말할 수 없이 무거운 운명이고)

멸망   그게 그 애가 세상을 유지하는 방식이야. 세상의 모든 죄를 대신해
       아프다 죽는 거. 그게 신의 일이야.

동경   …

멸망   오래 지켜봤어 그 꼴을.

동경   나는 내가 제일 불쌍한 줄 알았는데. 난 아무것도 아니었네.

멸망   (보고)

동경   (지는 해에 시선 던지며) 애초에 아무것도 없었으면… 세상이 평화로
       웠을까. 아무 일도 안 일어났으면 말이야.

멸망   (깊은 눈으로 보다가) 가만히 있어봐.

동경   어? 왜?

멸망   (동경의 양팔 잡아 제 앞에 돌려세우고 깊게 눈 들여다보는데)

동경   (갑작스런 행동에 놀라지만 왠지 그 눈을 피할 수 없는데)

서로 바라본 채로 그저 가만히… 세상의 모든 소리마저 잠든 듯하고.

멸망   (놔주며) 방금 니가 멈췄던 일 초 동안 어떤 것도 멸망하지 않았어.
       니가 바라던 그런 세계였어. (하고 탁 웃는데)

동경의 눈에 씩 웃는 멸망의 모습 슬로우로. 동경, 심장이 쿵하고 내려앉는 듯하다.

동경　　　(NA) 이상하지. 그 일 초가 나는, 영원처럼 느껴졌다.

S#29. 납골당 (낮)

수자와 케빈, 동경 부모의 납골함 앞에 서있다. 납골함 안에는 동경 부모의 젊었을 때 사진, 놀이공원에서 다정하게 찍은 가족사진들 놓여 있다.

수자　　　아직도 곱네. 나만 나이 먹고. 이제 언니가 나보고 언니라고 해야
　　　　　겠다.
케빈　　　(수자 어깨 다정히 감싸 안고)
수자　　　언니… 보고 싶어도 조금만 참아주라… 조금만 늦게 데려가라…
　　　　　우리 동경이…

웃는 얼굴을 하다가 참지 못해 울컥 눈물 흘리는 수자. 케빈, 묵묵히 곁에 서서 감싸 안은 어깨 토닥인다.

동경　　　(NA) 살면서 깨달은 한 가지는 '영원'이란 지속되고 있는 것에는
　　　　　붙일 수 없다는 것… '영원히 사랑한다'는 불가능에 가까워도 '영원
　　　　　히 잃어버렸다'는 항상 가능하다는 것.

S#30. 현규 카페 (낮)

동경   (NA) 하지만 우리는 늘 영원하지 않은 것 때문에 산다. 예를 들면, 꿈…

선경, 능숙하게 커피머신으로 커피 내려 만든다.

선경   (미소 지으며) 주문하신 카페라떼 두 잔 나왔습니다.

손님들, 커피 마시고는 "음~ 맛있는데?" 하며 가게 나간다. 선경, 그 소리에 주방 정리하다 말고 고개 번쩍 들고는 헤에… 뿌듯한 미소 번지는데.

S#31. 지나의 집 / 거실 (낮)

동경   (NA) 추억, 미련… 그런 것들로.

지나, 조도 낮은 조명으로 어둑한 거실에서 작업 중이다. 지나, 한글 창에 떠 있는 자신의 필명 '이현'을 가만히 바라보다가 이어서 '규' 한 글자 써본다. 그러다 이내 백스페이스 눌러 '규' 다시 지우는데.

S#32. 병원 / 소녀신 병실 (낮)

병실 문 열고 들어서는 멸망. 소녀신의 침대가에 웬일로 완강하게 커튼 쳐져 있다. 너머로 소녀신의 실루엣만 보이고. 멸망, 커튼 걷으려 손 뻗는데.

소녀신	나 옷 갈아입는 중이야.
멸망	(멈칫하고)
소녀신	거기서 말해.
멸망	그동안 말 안 들어서 미안. 이제 안 그럴게. 이건 휴전협상도 아니고. 항복이야.
소녀신	왜. 착한 아이라도 돼보려고?
멸망	노력해볼게. 당신이 걱정하는 일 안 벌어지게.
소녀신	…내가 뭘 걱정하는데?
멸망	걔가 세상을 버리는 일은 없어. 없게 할 거야. 내가 그걸 원해.
소녀신	… (가만히 멈춰 있는데)
멸망	(가려다 멈칫) 그리고… 내내 말해주고 싶었는데. 난 그냥 당신이 늘 불쌍했어. 원망한 시간보다 당신이 불쌍했던 시간이 더 길어.
소녀신	(여전히 대답 없고)
멸망	태어나게 해줘서 고마워. 요즘은 조금 그런 생각이 들어.

멸망, 소녀신 아무 말 없자 뒤돌아서 나간다. 커튼 안 보면, 소녀신 괴로운 얼굴로 입 틀어막고 있다. 손가락 사이로 흐르는 검붉은 피… 소녀신의 환자복과 침대 시트에도 피 얼룩져 있고.

동경	(NA) 혹은 사랑… 사람… 그런 것들로.

S#33. 동경의 집 / 침실 (낮)

동경, 핸드폰에 저장된 **사람** 두 글자 가만히 들여다보고 있다.

동경	(NA) 사람과 사랑은 닮았다. 너에게 그런 이름을 붙여서는 안 됐다.

동경, 그대로 통화 버튼 누르는데.

동경   야 나와봐. 나 너랑 하고 싶은 거 있어.

S#34. 백화점 (낮)

백화점에 들어서는 멸망과 동경. 멸망, 어이없는 얼굴로 동경 따라가고 있다.
동경, 거침없는 발걸음이고.

멸망   내가 지금 왜 여기 있는 건데.
동경   나 오늘 작정했어.
멸망   뭘.
동경   작정하고 돈 쓸 거야. 나 태어나서 처음 해보는 짓이거든? 그래서
            니가 필요해.
멸망   왜 내가 필요한데.
동경   나 돈 쓰는 거 옆에서 구경하라고. 흥 좀 나게. (앞서 가면)

그런 동경의 모습이 어이없고 귀엽기도 하고… 순순히 따라가는 멸망인데.

/ 1. 신발 매장

다양한 운동화들 쭉 진열되어 있다. 동경, 한 라인을 싹 훑으며,

동경   (직원에게) 여기서부터 여~기까지 다 주세요.
직원   이걸… 다요?

동경   네. 275사이즈로.

직원   (계산기 탁탁 두들기더니 계산기 돌려 금액 보여주는데, 어마어마하다…)

동경   (조용히 범위 좁히며 진지하게) …여기까지.

멸망, 그 모습 보며 티 안 나게 고개 절레절레.

／ 2. 매장 앞

동경 이리저리 고개 돌리며 매장 찾고 있고. 그 뒤로 쇼핑백 대신 든 멸망이 따라가고 있다.

멸망   발은 두 개야. 이렇게 많이 살 필요가 있을까?

동경   (여전히 매장 찾아 두리번) 철마다 신으려면 그렇게 많이 필요해. 탁선경 그게 신발 얼마나 험하게 신는데.

멸망   (보면)

동경   (드디어 매장 찾았고) 다음엔 여기! (앞서 가고)

멸망   (말없이 따라가고)

／ 3. 명품 매장 1

진열장 안에 놓인 고급 만년필들 보고 있는 동경이고.

동경   (진열장 살피며) 너 작가들이 안 좋아하는 선물인데 제일 많이 받는 게 뭔지 알아?

멸망   (관심 없지만 옜다) 뭔데.

동경　만년필. 되게 작가한테 필요할 거 같은데 사실 요새 작가가 만년필을 쓸 일이 없어요. 그렇다고 그 비싸고 예쁜 걸 버릴 수도 없고. 내내 그냥 모셔놔야 돼.

멸망　근데 왜 사줘.

동경　(애처럼 웃으며) 그 언니는 좋은 거보다 싫은 거를 더 죽어라 생각하는 사람이거든. 못 잊어요 절대. (물건 하나 가리키며) 이거 보여주세요.

신나 보이는 동경과 달리 잠잠해진 얼굴로 동경 지켜보는 멸망인데.

/ 4. 명품 매장 2

흰 장갑 낀 직원이 난처한 얼굴로 명품 가방 든 채 서 있다. 그 앞에 동경과 한 여자 손님이 나란히 서 있는데.

직원　죄송하지만… 딱 하나 남은 재고여서요.

손님　(동경에게) 양보해주시면 안 될까요? 저 이거 삼 개월 기다렸어요…

동경　전… 삼 개월 남았거든요.

일동　?? (놀라 보면)

동경　제가 시한부예요… 그래서 죽기 전에 저희 이모에게 마지막 선물을…

손님　! … (눈물 그렁해 끄덕끄덕…)

직원　(역시 눈물 그렁해 동경에게 가방 슥 내미는)

손님　(동경의 손 위에 제 손 포개며) 힘내세요…

동경　감사합니다…

동경, 사람들 모르게 멸망 보며 '아싸' 입 모양으로 말하곤 씩 웃어 보이는데.

멸망, 가만히… 동경이 하는 짓을 그저 지켜보는데.

/ 5. 에스컬레이터

멸망, 양손 가득 쇼핑백 들고 있다. 동경, 자신이 긁은 영수증 확인하고 있다.

동경   와… 나 태어나서 이렇게 쇼핑한 거 처음이야. 이 맛에 돈 버는구나.
멸망   다음은 누군데.
동경   (영수증만 보며 걸어가고… 아무렇지도 않게) 다음? 다음은… (앞 보며) 나.

동경, 에스컬레이터에서 내려 걸어가고. 멸망, 잠시 상념에 잠겨 바라보다가
뒤따라가는데.

S#35. 셀프 사진관 (밤)

동경, 커튼 야무지게 탁 치고 들어온다. 멸망, 멀뚱히 서 있고. 나무 스툴 몇
개 단출하게 있는 셀프 사진관이다. 어색하게 나란히 서는 동경과 멸망.

동경   내가 이제 이걸 (리모컨) 눌러서 찍을 거거든?
멸망   (심드렁하게 서 있고)
동경   야 좀 웃어! 찍기 싫어도!
멸망   찍기 싫은 게 아니라.
동경   (보면)
멸망   왜 찍는 건데.
동경   어?

멸망	나중에 종종 보려고?
동경	!!
멸망	그럼 나만 찍어야 하는 거 아닌가?

인서트. 2부 S#33

멸망	인간들은 참 이상해. 왜 그런 걸 애써 남기려고 하는 거지. 어차피 보지도 못할 거.
동경	나 말고 다른 사람 보라고.
멸망	(보면)
동경	종종 내가 그러거든.

/ 다시 현재

동경	…모르지. 누가 보는지는…
멸망	(가만히 보고)
동경	(괜히 분위기 전환하려 오버하며) 앞 봐. 앞. 찍는다? 웃어?

어색한 분위기 속에 정면 보는 둘. 멸망, 그런 동경 보다가 고민 없이 동경 어깨 끌어안고. 그 순간, 놀라 자기도 모르게 리모컨 누르는 동경. 그대로 플래시 팡 터지고.

S#36. 골목길 (밤)

방금 찍은 사진 넘겨보며 걷고 있다. 사진 속 동경은 점점 표정 밝아지는데 반해 멸망은 꾸준히 잠잠한 얼굴이다. 딱 한 장 동경을 바라보는 모습이 타이밍 좋게 찍힌 사진, 그 사진 속에서만 멸망, 살짝 미소 짓고 있다. 그 웃는 모습 가만히 바라보는 동경이고.

멸망   이거 다 언제 줄 건데.

동경   (그제야 퍼뜩 정신 차리고) 어? 글쎄? 나중에. 주고 싶을 때. (하다가) 야, 핸드폰 줘봐.

멸망   손 없는 거 안 보이냐?

동경, 멸망이 코트 주머니에서 핸드폰 쏙 꺼내 이것저것 만지는데.

멸망   뭐 하는데.

동경   (만지며) 아 있어봐.

보면, 동경 방금 찍은 사진으로 멸망의 핸드폰 배경화면으로 바뀌었다.

멸망   야.

동경   야 너 지금 손 없어. 가만 있어. 쑥.

동경, 핸드폰 도로 멸망의 코트 주머니에 쏙 넣어주고는 얼른 쇼핑백 뺏어드는데.

동경   (뭔 말 할까 싶어서 후다닥) 잘 가!

멸망   탁동경.

동경	(하여간에 한 번을 그냥 안 넘어가지… 탁 뒤돌아 다다다) 아 그냥 좀 넘어가! 이런 걸로 또 싸워야겠어? 나 싸우는 거 자신 있다? 봐서 알겠지만!
멸망	이따 보자고.
동경	(한껏 다다다 하려다가 기운 푹 꺾여… 쩝…) 아 이따가… (하다?) 이따가? 언제?

S#37. 꿈. 고급 레스토랑 (낮)

편안한 홈웨어 차림의 동경, 낯선 레스토랑 홀 안에 서 있다. 뭐지? 하고 살펴보면 저만치 테이블에 앉아 있는 멸망 보이고. 어? 하고 다가가려는데 탓 하고 장면 바뀐다. 보면, 옷 잘 차려입은 채로 동경과 멸망, 함께 테이블에 앉아 있다.

동경	(잠깐 어리둥절했다가 금세 신나서) 뭐야? 이거 꿈이야?
멸망	어.
동경	(주변 둘러보며) 하긴 니가 현실에서 이런 데 데려올 리가 없으니까.
멸망	말 이상하게 하네.
동경	넌 먹지도 자지도 않는다며.
멸망	근데 너 때문에 먹고 너 때문에 자잖아 지금.

그때 종업원들, 테이블로 와 음식 세팅 시작한다. 동경, 기대하는 얼굴로 세팅되는 음식들 바라보는데.

| 동경 | 야 꿈에서 먹어도 맛은 느껴지지? (하다가 진지하게) 꿈에서 먹으면 살 안찌지? |

멸망   (픽 웃고) 좋아?

동경   아니? 현실에서도 이러면 얼마나 좋아.

멸망   여기서만 가능한 게 좀 있어서.

동경   (보면)

그때 레스토랑 문 열리고 동경, 자연스레 입구 향해 보는데. 수자, 지나, 선경
이 차례로 들어온다. 수자는 동경이 샀던 가방 메고 있고, 선경은 동경이 샀
던 신발 신고 있다.

동경   !!

수자   (자연스럽게 옆에 와 앉으며) 미안~ 좀 늦었네.

선경   (앉으며 투덜, 지나 가리키며) 아 이 누나 운전 겁나 험하게 해!

지나   조용히 안 해? 확 떨구고 올걸 그랬지 어?

동경, 얼떨떨한 얼굴로 보다가 멸망 보는데 멸망, 별말 없이 그저 웃으며 구
경하듯 볼 뿐이고. 그때 직원 다가와 자연스럽게 지나에게 영수증 내미는데.

지나   (동경이 산 만년필 꺼내 촤라락 사인하고) 오늘은 내가 쏜다! 맘껏 먹어!

선경   올…

다들 화목한 분위기에서 식사 시작한다. 사랑하는 사람들 속에서 동경, 너무
행복하다. 그들의 웃는 모습 하나하나 애틋하게 보며 따라 웃는다. 행복한 이
꿈을 오래 꾸고 싶고 그러다 결국 이들과 이렇게 오래도록 행복하게 살았으
면 하는 마음이 든다. 그 때문에 이따금 웃으면서도 울컥울컥 무언가 치고 올
라오는 동경. 그런 동경의 얼굴 보며… 자신이 계획한 이것이 제대로 먹혔음
을 직감하는 멸망. 쓸쓸한 듯 행복한 듯 조용히 웃는데.

S#38. 동경의 집 / 침실 + 거실 (다음 날 아침)

창가로 들어오는 햇빛에 천천히 눈을 뜨는 동경. 꿈의 여운이 아직 가시지 않았는지 이불 속에서 그저 눈 끔뻑이는데 밖에서 부산한 소리 들려온다. 동경, 일어나 나가보면.

수자   (가스레인지 앞에서) 어 일어났어? 밥 먹어.

보면, 거실 한가운데 밥상 차려져 있고. 언제 온 건지 선경과 지나 앉아 있다.

동경   !!
수자   (테이블에 찌개 내려놓으며) 내가 밥 먹이려고 불렀어.
지나   너 이모 오신 거 왜 말 안했어!
선경   그래서 내가 말했지롱!
수자   뭐 해. 얼른 와서 앉아.

동경, 꿈 같은 아침 풍경 속에 울 것 같은 기분으로 서 있는데.

S#39. 라이프스토리 / 회의실 (낮)

주익, 뭔가 고민에 빠진 얼굴로 펜 돌리며 앉아 있다. 그런 주익의 얼굴에서 화면 넓어지면, 편집팀, 박대표와 함께 회의 중이다.

박대표   아니 그게 무슨 소리야? 재계약을 안 한다니?

박대표, 상석에 다리 꼰 채로 앉아 있고. 편집팀원들 묘하게 각자 심드렁한 얼굴로 앉아 있다.

박대표   그게 무슨 소리냐니까?

예지   말 그대로구요, 담당자가 탁동경 아니면 이 회사랑 계약 안 한답니
         다.

박대표   웃기고 있네! 우리도 됐다 그래! 잘 나가지도 않으면서 지도 작가
         랍시고. 이현 작가 짤라! 야 니들 가서 딱 말해. 니가 안 하는 게 아
         니라 내가 안 하는 거라고.

다인   (바로) 달고나 작가님도 안 하신답니다.

박대표   뭐?!

정민   (바로) 시베리아 작가님이랑 정당면 작가님도요.

박대표   어?!!

예지   (바로) 탁주임이 최근에 겨우 잡아온 귀공자 작가님도요.

박대표   (자리에서 벌떡) 걔는 절대 안 돼!! 우리 회사 탑텐인데!!

일동   (심드렁)

주익   (여전히 펜이나 돌리고 있고)

박대표   쟤들 말하는 거 들었지? 차팀장! 어떻게 좀 해봐! 어떻게 좀 할 거
         지?

주익   (펜 돌리던 손 탁 멈추고) 뭘요?

박대표   (답답) 작가를 잡아오든 탁동경을 잡아오든 하란 말이야!

주익   제가 왜요?

박대표   ?!

주익   이런 중대한 일은 대표님이 책임지셔야죠.

박대표   (괜히 발끈해서) 아니 뭐 내가 저지른 일 내가 수습하라 그 말이야?

주익   아니요. 중대한 일은 대표니까 대표가 책임지라 그 말인데요. 근데
         본인이 저지른 일인 거는 아시는구나. 저는 모르시는 줄 알고.

박대표   (말문 턱 막히고. 다른 팀원들 향해) 탁주임한테 연락해봐 당장.

일동	(대답 없고)
박대표	왜 대답들이 없어?
주익	대표님이 해보시죠.
박대표	아니 걔가 내 전화를 씹, (하다가 그제야 정신 차리고) …뭐? 너 지금 뭐라 그랬어.
주익	여기 너가 어딨냐요 지금?
박대표	(움찔하고)
주익	회의 끝났으면 일어나보겠습니다. 걔, 쟤, 너는 밀린 업무가 많아서. (일어나고)
일동	(자리 뜨는데)
박대표	…

S#40. 라이프스토리 / 사무실 (낮)

대표 자리 비어 있고. 편집팀, 각자 자리에 앉아 자기 컴퓨터 화면 보고 일하면서 얘기 중이다. 주익은 핸드폰 들고 곰곰이 보고 있고.

정민	전 솔직히 작가들이 그렇게 나올 줄은 몰랐는데.
예지	그러게. 한 명은 그렇게 나올 거라고 예상은 했는데.
다인	이현 작가요?

주익, 편집팀원들 대화에 집중하지 못하고 계속 핸드폰만 보고 있다. **잘 들어가셨어요? 아깐 너무 경황이 없어서…** 괜히 이따금씩 화면 누르고 스크롤 올렸다 내렸다 하는데.

인서트. 9부 S#19

핸드폰 집어 들려던 현규.

/ 다시 현재

주익, 헷갈린다는 듯 아리송한 표정이고.

예지   (주익 쪽으로 고개 쑥 내밀고) 근데 팀장님은 이현 작가랑 어떻게 아
        세요?
주익   (뒤늦게) 뭐?
예지   오늘 진짜 왜 그러지 팀장님? 아까 회의실에서도 그렇고?
주익   뭐가.
예지   아까부터 정신 딴 데 가 있잖아요. 어디 가 있는데. 좋은 데 가 있어
        요?
주익   좋은 데는 아닌 거 같은데.
예지   이현 작가랑 어떻게 아는 사이냐구요.
주익   (아무렇지도 않게) 아. 뭐. 탁주임 대신 미팅 간 적 있어서.

다들 별생각 없이 끄덕끄덕하고. 주익, 여전히 미동 없이 카톡 화면 보다가
안 되겠다 싶은지 벌떡 일어나 나가는데.

예지   어디 가요!!
주익   (나가며) 땡땡이.

S#41. 현규 카페 (낮)

카페 안, 테이블 두어 개에 손님들 앉아 있다. 저만치 박대표도 앉아 있고.

현규 술은 깼냐?

선경 저는 태어나서 취해본 적이 없거든요. 저 그때 멀쩡했어요.

현규 멀쩡해서 나한테 형형거리고 반말했냐.

선경 (바로) 취했던 거 같습니다. 주량 소주 세 잔이에요.

현규 (픽 웃고) 고맙다.

선경 (?) 뭐가요? 주량 소주 세 잔인 거요?

현규 있어. 그런 게.

하고 있는데 카페로 주익 급하게 들어선다. 박대표는 누군가랑 통화 중이라 주익 보지 못했고. 현규, 저도 모르게 표정 굳는데.

선경 어?! (하며 반가워 표정 밝아지는데)

주익 (현규에게) 얘기 좀 하자.

분위기가 심상치 않다. 선경, 눈치껏 스윽 뒤로 빠진다.

현규 (눈도 안 마주치고 포스기만 보며) 주문하시겠어요?

주익 얘기 좀 하자고.

현규 (여전히 눈 안 마주치고 주익만 들리게) 뒷테이블에 형네 대표 앉아 있어.

주익 이현규.

하는데, 딸랑 문 종소리 들리고. 현규, 반사적으로 고개 돌리는데. 카페 안으로 들어오는 사람, 다름 아닌 주익부다!

주익부   (주익 보며) 이놈 보게. 내가 너 한갓지게 노닥거리라고 여기 박아둔
          줄 알어?

주익, 아버지 목소리에 뒤돌아보는데. 그때, 테이블에 앉아 있던 박대표, 익
숙한 목소리에 고개 돌렸다가 주익부 발견하고.

박대표   (핸드폰에 대고) 어? 좀 끊어봐요 형님. 건물주야. 예. 이따 전화 드
          릴게요. 형님. (끊고 일어서는데)
주익부   (주익 향해 걸어오며) 애비 말이 말 같지 않어? 왜 여기 있냐니까.
박대표   (뒤늦게 앞에 선 주익도 발견하고 중얼) 차팀장…? 애비…?

그런 박대표 캐치한 현규, 재빨리 카운터에서 나와 주익부 와락 끌어안는다!

현규   아버지!! (슬금슬금 주익과 등지게 끌어당기고)
주익부   ?!
현규   아버지 왜 말도 안 하고 오셨어요! 누구랑 오셨어요. 혼자 오셨어
          요? (주익에게 눈짓하고)

주익, 고개 꾸벅하고 재빨리 가게 빠져나가는데. 주익부가 주익 향해 몸 돌리
려고 하자 다시 휙! 돌리는 현규. 그 순간 현규, 주익과 눈 마주치고. 묘하게
익숙한 이 상황이 뭐였지… 싶은 현규인데.

          인서트. 7부 S#38

주익이 지나 잡아 돌리는 순간 슬로우로 보이고. 다시 생각해보니 그 실루엣,
지나다!

/ 다시 현재

그 여자가 지나임을 이제야 깨닫는데!

현규   ! (힘 탁 풀리는데)
주익부   (바로 휙 밀치며) 이눔 자식들이 왜 이 쌩난리야!!!

현규, 표정 서서히 굳는데.

S#42. 지나의 집 / 거실 (낮)

지나, 침대에서 이불 둘둘 챙기면서 미용실 친구와 통화하고 있다.

지나   아니 그래서 걔가 우리 집에 갑자기 왔었다니까?
친구   (F) 대박이다 이현규… 걔가 그렇게 직진남이었나. 세월이 사람 바
          꾸네.
지나   그게 문제가 아니고 누가 우리 집 알려준 건데!
친구   (F) 일단 난 아니다?
지나   하… 그때 우리 집에 너랑 누구 왔었지? (바구니에 이불 꾹꾹 구겨넣고)

바구니 들고 나가려 신발 신던 지나, 어딘가에 시선 꽂히는데. 뭐지? 원래 주
익의 우산이 있던 자리에 처음 보는 새 우산이 놓여 있다. 지나, 갸웃하며 그

우산 조심히 들어올려 보는데.

S#43. 엘리베이터 (밤)

여느 때처럼 주익, 위로 올라가는 버튼 누르고 엘리베이터 기다리고 있다.
이내 문 열리면 현규가 타고 있고. 주익, 잠시 멈칫했다가 엘리베이터 오르
는데. 두 남자 사이 어색한 공기 흐르고. 나란히 서서 올라가는 층수만 보고
있다.

현규   할 얘기 있다며.

주익   어.

현규   해봐.

주익   올라가서 하자.

현규   …

주익   …

현규   형 나지나라고 알아?

주익   (역시 카톡 봤구나 싶고) 어.

현규   (이어서 더 얘기해보라는 듯 기다리고)

주익   (말없고)

현규   그게 다야?

주익   올라가서 얘기해.

띵, PH층에서 엘리베이터 문 열리고. 주익 내리는데 현규 요지부동이다.

주익   (뒤돌아보면)

현규   (단단한 얼굴로 지하층 누르고) 갈 데가 있어서.

그대로 엘리베이터 문 닫힌다. 주익, 닫힌 엘리베이터 문 그저 바라보고 서 있는데.

S#44. 코인세탁실 (밤)

웅웅 돌아가고 있는 건조기 앞. 세탁실 안에는 지나 말곤 아무도 없다. 지나, 의자에 앉아 주익에게 카톡 쓰고 있다. **혹시 팀장님이 우산 두고 가셨** 쓰고 있는데, 모르는 번호로 전화 걸려온다.

지나   (누구지? 받고) 여보세, (하는데)
현규   (F) 어디야?
지나   (다짜고짜 뭐지? 어리둥절해서) 누구…
현규   (F) 나 현규.
지나   뭐야. 너 내 번호 어떻게 알았어?
현규   (F) 가서 설명할게. 지금 좀 만나자.
지나   (기세에 밀려서 얼결에) 지금? 지금 나 집 아닌데?
현규   (F) 어딘데.
지나   나 지금 집 앞 빨래방, (하는데)

그대로 빨래방 문 열리고 현규 들어선다.

지나   (놀라 일어서고)
현규   (끊고 지나 앞에 딱 서고)
지나   너 뭐 하는, (하는데)
현규   너 만나는 사람 있어?
지나   뭐?

현규	만나는 사람 있냐고.
지나	(얼결에) 없는데…
현규	좋아하는 사람은.
지나	(순간 망설이는데)
현규	있더라도 나 만나.
지나	!!
현규	그 사람이 누구더라도 내가 먼저 너 만났으니까. 내가 먼저 너 좋아했으니까.
지나	!!
현규	그리고, 내가 지금도 너 좋아하니까.

갑작스런 현규의 고백에 무슨 말을 해야 할지 모르겠는 지나. 그와 다르게 단단한 표정의 현규다. 둘 사이, 건조기 돌아가는 소리만이 가득 채우고…

S#45. 골목길 (밤)

동경, 가로등 아래 웅크려 앉아서 멸망 기다리는 중이다. 멸망, 저만치서 걸어오고. 동경, 멸망 발견하고도 앉아서 가만히 멸망 오는 모습 바라보고만 있는데.

멸망	(오자마자 손 불쑥 내밀고)
동경	(손 뻗어 딱 잡는데)
멸망	여러모로 불편하네. 같이 안 사니까.
동경	그러네.
멸망	끝났으니까 간다. (손 놓고 돌아서려는데)
동경	(안 놔주고)

멸망   (멈칫, 보고) 왜. 놓기 싫어?

동경   (보다가) 만약에 말이야.

멸망   (보면)

동경   만약에⋯ 내가 더 살고 싶다고 하면 그것도 들어줄 수 있어?

멸망   (보다가 담담하게) 아니. 난 그런 건 못해. 난⋯ 멸망이니까.

동경   그래⋯ 그럴 줄 알았어. 그냥 한번 물어본 거야. (손 놓고 한껏 몸 쪼
        그려 시선 바닥 보고)

멸망   (내려다보면)

동경   (바닥 보며) 넌 들었지.

멸망   (대답 대신, 보고)

동경   (바닥 보며) 다들 속으로 무슨 생각 하는지. 나 보면서 말이야. 저렇
        게들 다 웃고 있어도⋯ 다⋯ 되게 아파하지? 나만큼⋯ 나보다 더⋯

멸망   (담담히 입 안 열고) 음.

동경   (바닥 보며) 넌?

멸망   (보면)

동경   (고개 들어 보고) 넌 나 보면서 무슨 생각 하는데?

멸망   (대답 않고)

동경   내가 모를 거 같아? 너 자꾸만⋯ 자꾸만 나한테 살라고 살라고 그
        러고 있잖아.

멸망   (말 못 하고)

동경   지는 이미 다 죽은 눈을 하고서.

멸망   (보고)

동경   그걸 보는 내 마음은 어떨 거 같은데.

멸망   ⋯니가 처음에 생각했던 대로, 그렇게 하면 돼. 간단해.

동경   가.

동경, 일어나 뒤돌아서 집으로 올라가고. 멸망, 동경 모습 사라질 때까지 가

만히 서서 바라보는데.

S#46. 공원 (밤)

멸망, 어느 죽어가는 고목 앞에 선다. 가만히 올려다보고 있는데. 그때, 등산복 차림의 동네 아저씨 하나, 멸망의 옆에 나란히 서서 똑같이 고목 올려다본다.

아저씨   (자연스럽게 툭) 옛날엔 꽃이 참 볼 만했는데 요샌 통 꽃이 안 펴.

멸망   (시선 안 떼고 나무만 보며) 죽어가고 있거든요.

아저씨   (멈칫… 그러다가 멸망 보며) 우리랑 똑같네.

멸망   (보면)

아저씨   (사람 좋게 웃으며) 나도 자네도 죽어가고 있지. 다 그런 거야. 생명은.

멸망   (예상치 못한 말에 얼어붙은 듯 그저 보는데)

아저씨   (껄껄 웃으며 운동하러 다시 가며) 아이고 항상 볼 수 있을 줄 알았더니만 이제 못 본다니 아쉽네, 아쉬워. 꽃이 참 이뻤는데.

멸망   ! (그 순간 뭔가 떠올리는데)

인서트. 8부 S#27

벚꽃 보며 환히 웃던 동경의 얼굴.

인서트. 9부 S#45

동경   넌 나 보면서 무슨 생각 하는데?

          / 다시 현재

멸망   (NA) 나는, 언제까지고 사라지는 그들을 지켜볼 수 있을 거라 생
          각했다.

멸망, 갑자기 뒤돌아 달리기 시작하는데!

S#47. 길거리 (밤)

멸망   (NA) 그들처럼 먹고,

          / 꿈속 레스토랑에서 행복한 동경의 모습을 보며 식사하는 멸망. (9부
          S#37)

멸망   (NA) 그들처럼 자고,

          / 한 침대에 등 맞대고 모로 누운 동경과 멸망. (4부 S#4)

멸망   (NA) 그들을 연민하고, 사랑하고,

/ 쏟아지는 비 아래서 입 맞추는 동경과 멸망. (6부 S#31)

멸망   (NA) 그들처럼 어딘가로 향한다는 것은 이런 것이었나.

절박한 얼굴로 달려가는 멸망.

S#48. 동경의 집 / 옥상 (밤)

동경, 괜히 복잡한 마음에 옥상 난간에 기대 한숨 쉬고 있다. 손목에 빨간 실 팔찌 보이고.

멸망   (NA) 사라지는 것이 두렵지는 않으나,

S#49. 골목길 + 동경의 집 / 옥상 (밤)

뛰어오던 멸망, 동경의 집이 시선에 들어서자 멈춰 선다. 고개 들어 보면, 옥상에 서 있는 동경 보이고.

멸망   (NA) 너를 더는 보지 못한다는 것은 두려웠다.

이내 동경도 멸망 발견하고.

동경   (뭐지? 보는데)

멸망, 천천히 옥상으로 걸어 올라가는데.

멸망   (NA) 바보 같이 이제야 그걸 깨닫는다. 내게… 남은 시간이 없다
       는 걸.

멸망, 동경에게 천천히 걸어가고.

동경   야 너 왜 그래. 무슨 일 있어?
멸망   (가만히 보다가) 사랑해.
동경   !!
멸망   내가 너를 사랑하고 있어.

예상치 못한 말에 놀란 동경과 간절한 진심을 고백한 멸망의 얼굴 위로, 거대
하게 'D-50' 자막 찍히면서…

9부 엔딩!

10부

S#1. 동경의 집 / 옥상 (밤)

9부에 이어서. 멸망, 동경에게 천천히 걸어가고.

동경   야 너 왜 그래. 무슨 일 있어?
멸망   (가만히 보다가) 사랑해.
동경   !!
멸망   내가 너를 사랑하고 있어.
동경   (!! 보다가 점점 단호한 얼굴로 변하며 결심한 듯) 그럼 사귀자.
멸망   뭐?
동경   사귀자 우리. 오늘부터.

하는데, 안에서 수자 목소리 들려온다.

수자   (E) 탁동경!! 이게 또 바람 찬데 어딜 나갔어!! 탁동경!!
동경   어! 이모!! 나 잠깐 통화하느라!! 들어가 지금!! (하고는 멸망에게)
       가. 내일 연락할게.

동경, 멸망이 뭐라 대꾸도 하기 전에 급히 들어가려다 말고 멈칫 돌아서 멸망
의 얼굴 깊이 본다.

동경   조심히 가.

동경, 들어가고. 멸망, 동경이 서 있던 자리에 그저 서 있는데.

S#2. 코인세탁실 (밤)

9부 S#44에 이어서.

현규   너 만나는 사람 있어?

지나   뭐?

현규   만나는 사람 있냐고.

지나   (얼결에) 없는데…

현규   좋아하는 사람은.

지나   (순간 망설이는데)

현규   있더라도 나 만나.

지나   !!

현규   그 사람이 누구더라도 내가 먼저 너 만났으니까. 내가 먼저 너 좋아
        했으니까.

지나   !!

현규   그리고, 내가 지금도 너 좋아하니까.

지나, 당황해서 현규 보다가 이내 확 인상 구겨진다. 그대로 바구니에 넣어둔
세탁한 수건 하나 꺼내 현규 얼굴에 팍 던지는데.

현규   !!

지나   진짜 짜증나. 짜증나 돌아버리겠어 너 때문에!!

현규   (얼떨하게 수건 맞고 서 있다가 곧 지나가 자기에게 흔들린 걸 깨닫고 기뻐
        환히 웃는데)

지나   웃지 마!!! (수건 하나 더 확 던지면)

현규   (이번엔 탁 받고는 지나 향해 웃어 보이는데)

S#3. 카페 (다음 날 낮)

지나와 동경, 한 테이블에 마주 앉아 있다. 둘 다 말없이 빨대로 음료 저으며 생각에 빠져 있고.

동경 지나   후…

동경   나… 걔랑 사귀기로 했어…

지나   어제 이현규 왔었다…?

동경   (작게 콜록) 그 이현규가 왔다고?! 그래서. 팼어?

지나   잠깐. 근데 걔가 누구야.

동경   왜 왔대? 뭐 하려고 왔대?

지나   내 말에 먼저 대답하라고. 걔가 누구냐고!

동경   (대수롭잖게) 아니 그 저번에 봤던 걔. 걔가 날 사랑한대… (다시 한숨 푹)

지나   (멍해서 잠깐 보다가) 뭐? 그럼 너넨 사귀지도 않고 동거를 막 한 거야?

동경   (아무렇지도 않게 빨대로 음료 저으며) 그게 그렇게 되나? 아, 그땐 이 렇게 될 줄 모르고 내가 같이 살자고 했던 건데.

지나   (들을수록 기가 막힌다… 입 벌리고 보는데)

동경   (자기만 여유롭고) 사귀는 사인데 이제는 같이 못 사네. 이모 때문에.

지나   너 진짜 누구야? 나 깜짝깜짝 놀라 너 때문에.

동경   (야무지게) 이모한텐 말하지 마.

지나   뭘. 동거를, 사귀는 사실을.

동경   음… (고민하는데)

지나   음은 무슨! 당연히 동거지!

동경   그른가…?

지나   (어이없고) 뭐 이런 게 다 있어?

동경   언니는 그래서, 팼냐고 이현규.

지나   (한풀 꺾여서) …팬 건 아니고… 비슷했어. 뭘 던지긴 던졌으니까.

동경   뭘. 언니 마음을?

지나   (생각해보니 짜증나서 자기 머리카락 쥐어뜯으며) 걔는 딱 보니까 별생
      각도 없이 무작정 왔는데 나는 그 앞에서 우습게 무너지는 거지. 걔
      미소 한 번에 또 열여덟 나지나가 되더라 나. 진짜 한심해…

동경   (음료 쪽 빨며) 뭐가 한심해. 난 사랑 앞에 용감했던 열여덟 나지나
      완전 사랑했는데.

지나   (헉… 감동이고) 탁…

동경   물론 스물아홉 나지나도 사랑해.

지나   (흐엉… 글썽) 나도 사랑해 탁… (팔 버둥 뻗어 안으려 하면)

동경   (손 뻗어 음료잔들 챙기며) 엎어진다 엎어진다.

지나   (팔 거두며) 그래서 탁… (테이블 위에 팔 올려 애교 부리듯 양주먹으로
      턱받침하고) 병원은 언제 갈 거야? (끔뻑끔뻑)

동경   (멈칫했다가 표정 관리하고) 이모한테 안 들었어? 나… (하는데)

지나   (턱받침한 채로 정색) 그래도 병원 가.

동경   (보면)

지나   (손 내리고) 나 저번처럼 너 갑자기 쓰러지고 그러면 진짜 못 살아.

동경   (보다가) 안 그래.

지나   왜 안 가려는 건데.

동경   안 가려는 게 아니라… 나 그냥… 정리할 게 좀 있어. 만나야 될 사
      람도 있고 해야 되는 일도 있고. 그래서 그래.

지나   만날 사람 다 만나고 해야 될 일 다 하면, 그땐 가는 거야?

동경   (대답 대신 흐리게 웃는데)

곤란한 상황 속 때마침 지나 핸드폰 울린다.

지나   잠깐만. (하고 전화 받고) 네. 제가 이현인데요. 네?!

동경	(뭐야… 하고 보고 있는데)
지나	네, 알겠습니다. (끊고) 나 가봐야겠다.
동경	무슨 일 있어?
지나	아냐 아냐 넌 신경 쓰지 마. (하다가) 아니다. 일단 너 데려다주고 내가, (하는데)
동경	아유 됐어 제발. 나도 남친 있거든?
지나	어 맞다 너 남친 있지. 걔 데리러 오라고 해. 걔 막 반말로 멋있는 척하는 애.
동경	(픽 웃는데)
지나	무슨 일 있으면 연락 주고?
동경	알았다니까. 내가 무슨 애야? (떠밀고)
지나	나한텐 평생 애야. 후드티 일케 뒤집어쓰고 있는 열일곱 살짜리 애.
동경	(픽 웃고)
지나	진짜 간다. (가는데)
동경	언니!
지나	(돌아보며) 웅?
동경	고마워.
지나	고맙기는. 간다~

동경, 조금은 쓸쓸한 얼굴로 멀어지는 지나 바라보는데.

S#4. 멸망의 집 / 거실 1 (낮)

멸망, 핸드폰 테이블에 올려두고 빤히 노려보고 있다.

멸망   …

그때 띵동, 초인종 울리고. 멸망, 일어나 현관문 열면 문 앞에 동경 서 있다!

동경   (어색하게) 하이…

S#5. 멸망의 집 / 거실 2 (낮)

테이블 위에 탁, 놓이는 차. 동경, 소파에 어색하게 눈 굴리고 앉아 있다가 작게 움찔 놀란다.

멸망   (선 채로) 연락을 이런 식으로 할 줄은 몰랐네. (차 가리키며) 일단은 손님이니까.

동경   아 그치 손님이지… 전화할까 하다가… (호록 마시며 말 흐리고)

멸망   하지.

동경   오는 게 낫겠다 싶어서… (눈치 보며 차 마시고)

멸망   연락도 하고 오기도 하면 되잖아.

동경   (멈칫, 올려다보며) 되게… 적극적인 편인가봐. 연애하면.

멸망   연애?

동경   (지가 말해놓고 당황) 어? 내가 지금 뭐라고 했는데? 와 근데 너 진짜 사람 다 됐다. 기다릴 줄도 알고.

멸망   그거 내 전공인데. 기다리고 지켜보는 거. 근데 이제 그거 안 하려고.

동경   왜?

멸망   시간 아까워서.

멸망, 보다가 옆에 가 앉으면, 동경, 자기도 모르게 떨어지려고 더 옆으로 옮겨 앉고.

멸망 왜 가는데.

동경 아니, 좁을까봐.

멸망 좁은 침대에서 같이 잔 적도 있는데. 니가 같이 자자고 해서.

동경 어?! 안 좁았어. 되게 넓었는데 니 침대?

멸망, 한 번 더 옆으로 가면 동경 바로 일어나서 괜히 휘적휘적 주변 살피며 걷는다.

동경 (도자기 같은 거 괜히 들어올리며 어색하게) 와 이거 얼마짜리야?

멸망 내려놔. 내려놓고 말해.

동경 야 너 이거 내가 깰까봐 그러지. 아까워서.

멸망 내려놓고 말하라니까. (일어나 다가오는데)

동경 (괜히 놀리려고 도자기 휙휙 움직이며) 왜? 싫은데?

멸망 (동경 앞에 탁 서고)

동경 와, 진짜 되게 비싼 건가보다 이거. (하는데)

멸망 그게 아니라,

동경 (보면)

멸망 너 손 없어 지금.

동경 어?

멸망 뒤는 벽이고.

동경 !

보면, 어느새 앞은 멸망, 뒤는 벽으로 동경이 도망칠 곳이 없다!

멸망	(한 걸음 더 다가가면)
동경	가까이 오면 이거 깬다?
멸망	그거 되게 비싸. 거의 천문학적으로. (한 걸음 더 다가가면)
동경	(미치겠다… 겨우 시선 피하는데)

때마침 동경의 핸드폰 울리고.

동경	(고개 돌린 채로) 나 전화 오는데.
멸망	근데.
동경	받아야 되는데.
멸망	(보다가 봐준다는 느낌으로 도자기 한손으로 탁 잡아올리면)
동경	(휴… 얼른 멸망과 벽 사이 빠져나가며 전화 받고) 어어, 선경아. 왜.
멸망	탁선경부터 없앴어야 했는데.
동경	야!!

S#6. 라이프스토리 / 미팅룸 (낮)

지나와 지조킹, 마주 보고 앉아 있다. 둘 사이에는 노트북 한 대 놓여 있고. 지나, 골똘히 화면 속 한글 창 보고 있다. 지조킹은, 음흉한 표정으로 그런 지나 훑고 있고.

지나	그니까… 어느 부분이 표절이라는 건데요? 학생들이 떡볶이 먹는 거? (손으로 화면 짚으며) 이거요?
지조킹	아이 그니까~ 말도 안 되지. 이런 게 표절이면 우리 작가들이 어디 맘 놓고 창작하겠어?
지나	네? 지금 제가 작가님 거 표절했다고 여기로 부르신 거잖아요.

지조킹	작가라는 사람이 말을 그렇게 띄엄띄엄 알아들으면 쓰나. 내가 언제 표절했다고 그랬어. 의혹이 불거지고 있다 그랬지.
지나	아니 분명히 아까, (하는데)
지조킹	내 극성팬들 중에 그런 애들이 좀 있어요. 아유, 표절은 무슨. 혹시라도 딴지 걸면 내가 허락했다고 하지 뭐.
지나	…네?
지조킹	나는 혹시라도 이런 일로 우리 작가님이 여린 마음에 상처라도 받으면 어쩌나 통 걱정이 돼가지고 잠도 안 오더라고. 그래서 뵙자고 했지.
지나	(뭔 개소리지? 허, 헛웃음 나오는데)
지조킹	아이고 낯을 많이 가리시나봐. 말이 별로 없으신가? 근데 참 듣던 대로 미인이시네. 탁주임이 그렇게 숨기던 이유를 알겠어. 원래 비싼 보석은 밖에 내놓는 거 아니야. 인정 인정!
지나	(정색하고) 저기요. 작가님. (하는데)
지조킹	아니 너무 부담 안 가져도 돼요. 내가 인터넷에서나 탑 찍는 작가지 현실에서 보면 또 평범한 오빠야 오빠.
지나	작가님?
지조킹	듣자니 이번에 여기랑 재계약 안 한다며? 내가 북스북스 대표랑 잘 알거든? 내가 그 대표랑 자리 마련해줄게. 그전에 밥, 아니 술 한잔 어때요. 내가 기가 막히게 좋은 데 아는데.
지나	(열 받고) 후…

지나, 터지기 일보 직전의 상태인데.

S#7. 라이프스토리 / 사무실 (낮)

미팅룸 밖에서 서성대며 눈치보고 있는 예지, 다인, 정민. 그야말로 안절부절 못하고.

정민   팀장님은 왜 하필 지금 외근을 나가서가지고. 제가 어떻게, 좋은 말로 가서 말려볼까요.

다인   제가 가서 안 좋은 말로 뒤집는 게 빠를 거 같은데요.

예지   저거 말로 안 돼. (소매 걷어붙이며 들어가려는데)

그때, 사무실로 주익 들어선다.

주익   왜 거기 모여 있어?

다들 다다다 주익 앞으로 뛰어오고.

예지   어우 진짜!! 왜 이제 와요 팀장님!!

주익   미팅이 길어져서. 왜.

예지   아니 지금 지조킹 작가가 이현 작가가 지 거 표절했다고 난데없이 사무실로 불러가지고, (하는데)

주익   ! (그대로 미팅룸 문 열고 들어가는데)

S#8. 라이프스토리 / 미팅룸 (낮)

주익, 들어섬과 동시에 지나가 순식간에 노트북 들어 벽에 던진다!

지조킹	(놀라 굳고)
주익	(이게 뭐지? 잠시 굳어 서 있는데)
지나	(삐— 처리) 아나 씨발 진짜, 하는 말마다 개소리네 이 새끼가??
지조킹	(얼어붙어서) 뭐… 뭐?

주익 뒤로 들어온 편집팀도 깨진 노트북을 보며 기함하고.

지나	야 너 내가 만만해? 나 본 적 있어? 오늘 처음 봐놓고 어디서 오빠고 나발이야?
지조킹	당신 미쳤어?!
지나	야이씨, (하, 같잖고) 나 지금 완전 제정신이야. 내가 미쳤으면 노트북 던졌겠냐? 니 아가리부터 털었지.
지조킹	(편집팀 보며) 저, 저 미친년 저거 내보내! 저거 내보내!!
지나	뭐? 미친년? (테이블 밟고 그대로 지조킹 향해 건너가려는데)
예지/다인/정민	(놀라서 와다다 와서 지나 잡아 말리고) 어어? 진정하세요 진정!! / 참으세요!! / 참으세요 작가님!
주익	(보다가 차분히) 내려와요.

지나, 그 말에 멈칫, 돌아보면 주익 서 있고. 열 받아서 누가 들어온 것도 몰랐다. 지나, 꾹 참고 내려서는데. 예지, 다인, 정민, 그제야 안심하고 스윽 손 넣고 조금 떨어져 후 한숨 돌리고.

지나	너는 진짜 오늘 죽으려다가 산 줄 알아. 진짜 별 새끼들이 다 빡치게 하네. (하고 가방 챙겨 나가려는데)
지조킹	오늘 보니 알겠네 왜 그렇게 망하는지. 작가가 저 모양이니 글이 제대로 나오겠어?
지나	뭐 이 새끼야? (그대로 옆에 의자라도 집어들려는데)

주익	(손 뻗어 의자 탁 잡아 누르고)
지나	(보면)
주익	(시선 지조킹한테 꽂고) 그래서 작가님 글이 늘 그 모양인가봅니다. 작가가 그 모양이라서.
지조킹	뭐? 내 글이 어때서! 내 글이 어때서!!
주익	글이 되게… 뭐랄까. 못생겼죠.
예지 다인 정민	(풉 터지고)
지조킹	뭐, 뭐야? 차팀장 지금 누구 편을 드는 거야?
주익	(태연히) 이기는 사람 편이요.
지나	(풉 터지고, 곧바로 주익 눈치 보며) 죄송해요. 제가 이런 유 잘 못 참아서… (입술 깨물어 다무는데)
주익	(지나 향해) 이쯤에서 노트북 변상하는 걸로 끝내죠.
지조킹	끝내긴 뭘 끝내! 경찰 불러! 경찰 불러!!
지나	아니 제가 저 새끼한테 변상을 왜 해요!!
지조킹	경찰 부르라니까? 아니 저기요? 내 말 안 들려? 어? 나 누구랑 얘기하니 지금.
주익	하세요. 저 노트북 제 거니까.
지나	…네?
주익	네.
지나	(고개 틀어 편집팀 보면)
예지 다인 정민	(작게 고개 끄덕)

허망한 얼굴의 지나이고…

S#9. 멸망의 정원 (밤)

밝게 달 떠 있는 밤. 멸망과 동경, 나란히 정원 산책 중이다.

동경   안 되겠어. 사방이 뚫린 데에서 만나야지.
멸망   사방이 뚫리면 좀 덜 위험할 거 같아?
동경   적어도 도망갈 순 있잖아.
멸망   도망갈 수 있을까? 멸망한테서.
동경   (픽) 죽어라 쫓아올 거 같네.
멸망   (픽) 그건 내 전공이지.

멸망, 가만히 손 뻗어서 동경의 손 잡고. 동경, 별말 없이 마주 잡는데.

동경   달 예쁘네.
멸망   니가 더 예뻐.
동경   야 쫌 진짜!
멸망   왜.
동경   너 진짜 생각을 하고 말해.
멸망   예쁜 걸 뭘 생각까지 해. 보면 알지.
동경   참나… (멸망의 너스레에 웃음 터지는데)
멸망   (동경이 웃으니 좋고)

손잡은 채로 조금 걷다가 동경 문득 표정 무거워지는데.

동경   …니 정원은 아직도 그래?
멸망   아직도 뭐.
동경   아직도 쓸쓸하고… 외롭냐고.

멸망	안 그래.
동경	(보면)
멸망	니가 들어왔잖아.
동경	!
멸망	그때부터였던 거 같다.
동경	뭐가.
멸망	(말없이 처다보면)
동경	야 그런 눈 금지.
멸망	(픽 웃는데)
동경	(시선 멀리 향하며) …나도 그때부터였던 거 같은데.
멸망	뭐가.
동경	니가 자꾸 아프고 불쌍하고, (가슴께 가리키며) 여기 걸려 있는 거 같고 그런 거. (멸망 보면)
멸망	(마주 보고) 누가 누구보고 불쌍하대.
동경	(보다가) 그런 눈도 금지.
멸망	그런 눈이 뭔데.
동경	(상큼하게) 슬픈 눈. (분위기 바꾸려 부러 밝게 착 돌아서서 앞서 나가며) 야 달도 좋은데 우리 뽀뽀나 할까?
멸망	뭐?
동경	(웃으며) 농담~

카메라 멀어지며 고요한 밤하늘 아래 산책하는 두 사람의 평온한 모습 비춘다. 멀리 둘의 장난스러운 대화만 들려오고.

동경	야 근데 아까 그 도자기 진짜 비싸?
멸망	아니 거짓말.
동경	이씨.

S#10. 골목길 (밤)

멸망과 동경, 동경의 집 향해 올라오고 있다. 어느새 동경의 집 앞에 다다른 둘이고.

동경   되게 기분이 이상하다. 니가 이렇게 데려다주니까.

멸망   자주 데려다줬잖아.

동경   그때랑 지금이랑은 다르지.

멸망   아 이젠 내가 애인이라서?

동경   넌 참 특정 단어들을 주의하지 않는구나…

멸망   넌 특정 단어만 주의하고.

동경   그렇다면… 내가 서슴없이 이쯤에서 이런 멘트를 해야 되나.

멸망   (보면)

동경   (오버하며) 라면… 먹고 갈래?

멸망   (보다가) 난 먹지도 자지도 않아.

동경   야이씨! 그게 아니잖아!!

멸망   진짜로 받아치면 너 곤란할 텐데.

동경   와 얘 진짜 무서운 애네. 너 그런 거 다 어디서 배웠어.

멸망   (먼저 계단 오르며) 너네한테. 내가 너네만 지켜보고 산 세월이 좀 길거든.

동경   (따라가며) 어딜 올라가!

멸망   (올라가며) 라면 먹자며.

둘, 투닥대며 계단 오른다. 그러다 옥상 도착하자마자 우뚝 멈춰 서는데. 보면, 수자, 케빈, 선경이 옥상 평상에 둘러앉아 두꺼운 옷 껴입은 채 삼겹살 구워 먹는 중이다.

일동	?? (멀뚱히 멸망과 동경 보고)
동경	(이런 상황은 생각 못 했는데⋯ 당황했다) ⋯삼겹살⋯ 먹고 갈래?

S#11. 동경의 집 / 옥상 (밤)

현관문 열어놓은 채 옥상에서 삼겹살 구워 먹는 동경과 멸망, 가족들. 이모는 수시로 현관문 안으로 들락거리며 음식이나 필요한 것들 나른다.

동경	꼭 이렇게 먹어야 돼?
수자	(고기 구우며) 안 그러면 집에 냄새 배어.
선경	(고기 집어먹으며) 삼겹살 냄새 맡으면서 자고 싶어?
수자	(동경에게 쌈 먹여주며) 먹기나 해. (멸망에게) 아이구 우리 의사선생님 많이 드세요.
선경	(멸망에게 쌈 먹여주며) 형님 많이 드세요. 아~
멸망	⋯
선경	아?
멸망	(미동 없고)
선경	(무안해 그대로 든 쌈 자기 입에 넣는다) 아~~ 맛있다.
동경	(그 꼴 웃겨서 웃고)
멸망	(그냥 가만히 자리 지키고 앉아 있는데)
케빈	(무섭게 노려보다가 소주잔 들어 멸망에게 내밀고)
멸망	(보는데)
동경	이모부 왜요?
수자	(풉 웃고) 케빈이 니 남친이랑 술 한잔하고 싶나보다.
선경	케빈 케빈. 디스 이즈⋯ 아니 근데 형님 성함도 못 물어봤네. 성함이 어떻게 되세요?

동경	! 아 얘 이름은, (하는데)
멸망	사람. 김사람.
동경	(놀라서 보고)
선경	아니 무슨 사람 이름이 그래.
멸망	(피식) 그러게.
선경	디스 이즈 사람. (동경 가리키며) 보이프렌드, 보이프렌드.
케빈	(내민 소주잔 탁탁 흔들며 영어로) 남자는 자고로 술을 먹여봐야 돼.
멸망	(알아듣고 픽 웃고)
선경	(?) 이모부가 뭐래요?
멸망	남자는 자고로 술을 먹여봐야 된다는데?
선경	이모부! 내가! 미(me)가 전에 다 했어! 끝! 디 엔드! 언더스탠요?
수자	(보다가 자기 소주잔 들어 케빈 잔에 짠 해주고)

어쩔 수 없이 수자와 동시에 원샷하는 케빈. 왁자지껄한 가운데 동경, 행복해 배시시 웃어보는데.

수자	(일어나며) 아유 맥주 사온 것도 있다. 가져와야지.
동경	어! 내가 가져올게.
수자	됐어. 너 먹지도 않을 거, 앉아 있어.

수자, 집 안으로 들어가는데.

S#12. 동경의 집 / 부엌 (밤)

수자, 냉장고에서 맥주 두 병 꺼내든다.

수자　　병따개가 어딨나.

하며, 여기저기 병따개 찾다가 구석진 곳에 숨겨진 동경의 영정사진 발견하는데.

수자　　!! (금세 눈물 차오르고)

S#13. 동경의 집 / 옥상 (밤)

동경　　이모 웰케 안 나와. 뭐 찾고 있나?

동경, 젓가락 놓고 집 안으로 따라 들어가다가 신발장 앞에서 조용히 걸음 멈춘다. 보면, 수자가 동경의 영정사진 안은 채로 숨죽여 울고 있다. 동경, 상황 알겠고. 그런 동경의 뒤로 가족들의 웃음소리 들려오고. 동경, 감정 겨우 다스려 조심히 몸 돌려 다시 평상으로 향하는데.

선경　　(웃다가) 이모는?
동경　　어어. 나올 거야.

수자, 이내 아무렇지 않은 얼굴로 웃으며 맥주 들고 나오는데.

수자　　역시 고기에는 맥주지! (하면서 앉고)

아무렇지도 않은 척하는 수자. 동경 또한 꾹꾹 올라온 감정 참으며 애써 웃는다. 수자의 마음이 들리는 멸망, 음료 들이켜며 그 모습 말없이 지켜보는데.

S#14. 골목길 (밤)

동경과 멸망, 한적한 골목길을 내려간다. 동경의 얼굴 왠지 조금 가라앉아 있고.

동경   먹지도 자지도 않는데 같이 분위기 맞춰줘서 고맙다.

멸망   (탁 멈춰 서서) 말해봐.

동경   뭘. 고맙다는 말? 방금 했잖아.

멸망   그거 말고. 니 마음. 니가 말하지 않으면 알 수가 없잖아. 마음은 보이지도 않고 들리지도 않으니까.

동경   마음은, 원래 그래.

멸망   그러니까 말해보라고.

동경   무슨 얘기가 듣고 싶은 건데.

멸망   사랑해.

동경   (쿵 하지만, 내가 너를 사랑하면 넌 날 대신해 사라지겠지. 그 생각에 차마 입이 떨어지지 않고)

멸망   힘들어? 그럼 힘든 거 말고 쉬운 거부터.

동경   (보면)

멸망   얼마나 안 괜찮은지, 얼마나 슬픈지.

동경   !

멸망   얼마나 살아남고 싶은지, 얼마나… 무서운지.

동경   (보다가) …여기서부턴 혼자 가.

돌아서는 동경의 얼굴, 꼭 울 것 같은 얼굴이다. 그러나 끝까지 울지는 않는다. 끝내, 울음을 참는다.

S#15. 주익의 집 / 거실 (밤)

주익, 현규를 기다리는 듯 소파에 앉아 있다. 이윽고 퇴근한 현규, 현관문 열고 들어서는데. 현규, 주익이 기다리고 있을 거라고 생각 못 한 눈치다. 두 사람, 서로 마주 보는데.

주익	앉아. 얘기 좀 해.
현규	나 말했어.
주익	(보면)
현규	지나한테. 나랑 다시 만나자고. (그대로 방으로 가려는데)
주익	올라가서 얘기하자고 했는데 내가. 그날.
현규	(멈칫 돌아보고) 갈 데 있다고 했는데. 난.
주익	말 안 한 거 맞아. 내가.
현규	(보고)
주익	말할 필요 없다고 생각했고 만나서 좋을 거 없다고 생각했어.
현규	(말없이 보는데)
주익	주제넘었어.
현규	(보고)
주익	(보면)
현규	(삐 있고) 그게 다야?
주익	(제 마음의 찌꺼기들을 차마 곧이곧대로 말할 수는 없다. 그저 침묵으로 답하는데)
현규	자. 잘게.

현규, 방으로 들어가고. 주익, 거실에 홀로 덩그러니 남아 있는데. 그때 주익의 핸드폰 짧게 울린다. 보면, 지나에게서 온 카톡이다. **맞다 저한테 할 얘기 있다면서요? 할 얘기 뭐예요?** 주익, 핸드폰 가만히 보는데.

S#16. 동경의 집 / 침실 (다음 날 아침)

동경, 책상에 앉아서 다이어리에 무언가 열심히 쓰고 있다. '멸망'과 '사랑하는 사람'에 찍찍 그어놨던 흔적들 사이로 뭔가 적기 시작한다. '버킷리스트' 라고 크게 적힌 제목만 보이고. 적어 내려가는 내용들은 자세히 보이지 않는다.

수자   (E) 탁동경 뭐 해! 밥 먹어!
동경   (쓰며) 어어~!

S#17. 동경의 집 / 거실 (낮)

동경, 외출복 차림으로 방 밖으로 나오는데. 수자, 밥상 차리다가 그런 동경 보고.

수자   너 어디 가게?
동경   응. (식탁에 앉으며) 와우 이모표 계란말이~ (집어먹으며) 이모부는 호텔로 갔어?
수자   어어. 아무래도 같이 있긴 불편하지. (따라 앉으며) 어디 가는데?
동경   응. 누구 좀 만나러.

S#18. 꽃집 (낮)

동경, 꽃집 들어선다.

주인   (맞으며) 뭐 찾으시는 꽃이라도 있으세요?

동경   아 혹시, 물뿌리개 있나요? 되게 작은 화분에 쓸 건데.

S#19. 병원 일각 1 (낮)

동경, 손에 물뿌리개 덜렁 든 채로 처음 소녀신과 만났던 벤치 근처 두리번거리며 걷고 있다. 소녀신은 코빼기도 안 보이고. 안 되겠다 싶은지 로비 향해 걸어가려는데.

소녀신   나 찾아?

동경, 멈칫 돌아보면. 소녀신, 환자복 차림에 상의 주머니에 양손 꽂은 채로 동경 바라보고 있다.

소녀신   (손에 들린 물뿌리개 턱짓하며) 뭐야?
동경   아. (물뿌리개 어색하게 들어 보이며) …필요할까 싶어서.
소녀신   (벤치에 먼저 탁 앉고)
동경   (어색하게 따라 앉고)

둘, 멀리 어딘가 보며 대화한다.

동경   난 늘 신을 원망해왔어. 근데… 원망해온 존재가 너무 작고 연약하네.
소녀신   (보면)
동경   신이라는 게… 이렇게 작은 어깨 위에 세상을 짊어지고 살아야 하는 건 줄은 몰랐거든…
소녀신   (픽 웃고 시선 돌려 멀리 보며) 요즘 참 듣고 싶은 얘기를 많이 듣네…

동경	(자리 털고 일어서며) 그게 다야. 마지막으로 그 말 해주고 싶어서.
	(가려는데)
소녀신	널 도울 수 있는 건 언제나 너뿐이야.
동경	(멈칫 보면)
소녀신	(진심으로 동경이 안쓰럽고) 사랑해. 마음껏 사랑하고… 그리고 살아.
	그 애는 어차피 널 위해 태어난 거니까. 인간을 위해 내가 만든 거
	니까.
동경	(예상치 못한 말에 보면)
소녀신	(살포시 웃으며) 선물 고마워. …언니.

동경, 복잡하고 슬픈 얼굴로 그저 소녀신 보며 서 있는데.

S#20. 병원 일각 2 (낮)

복잡한 얼굴로 걸어가고 있는 동경. 그때, 익숙한 목소리 들리고.

| 당면 | (E) 편집자님? |

동경, 돌아보면 당면이다.

S#21. 병원 / 진료실 (낮)

동경과 당면, 당면의 진료실에 마주 앉아 있다.

| 동경 | 무슨 말씀 하실지 알아요. |

당면	(미소 지으며) 아니요. 모를걸요?
동경	(? 해서 보면)
당면	(청첩장 내밀며) 저 결혼합니다. 삼 개월 후에요.
동경	네?

동경, 청첩장 열어보면 날짜 세 달 뒤다.

동경	!
당면	와주세요. 꼭요. 그거 부탁드리려구요. 저 친구 없거든요. (사람 좋게 웃어 보이는데)
동경	(무슨 뜻인지 안다… 청첩장 속 날짜 가만히 보는데)
당면	제가 이 말 할 줄 몰랐죠 편집자님? 거봐요. 모를 거라고 했잖아요.
동경	(좋은 사람… 애써 당면 향해 웃어 보이는데)

S#22. 병원 / 입구 (낮)

동경, 청첩장 보며 생각에 빠져 걸어가고 있다.

멸망	결혼해?

생각에 빠져 주변 못 보던 동경, 멸망의 목소리에 놀라 돌아보면 멸망, 어딘가에 기대서 그런 동경 바라보고 있다.

동경	(!) 뭐야. 너 왜 여깄어?
멸망	(다가오며) 어떤 놈이랑 하는데.
동경	뭐?

멸망	그거 청첩장 아니야?
동경	아…
멸망	(청첩장 탁 뺏어서 보며) 다행히 신부가 탁동경은 아니네. (청첩장 다시 주면)
동경	(픽, 받고) 너 근데 왜 여깄어. 나 따라다녀?
멸망	니가 잊었나본데, 여긴 멸망이 수도 없이 벌어지는 곳이야. 니가 나타나기 전까진 완벽한 내 안식처이자 매복지였고.
동경	매복하기엔 니 얼굴 너무 눈에 띄어. (먼저 가면)
멸망	(따라가며) 너한테나 그렇지.
동경	왜 따라와.
멸망	따라가는 거 아닌데?

둘, 티격태격하며 걸어가고.

S#23. 멸망 차 안 (낮)

멸망, 운전하고 있고 동경, 조수석에 앉아 있다.

동경	진짜 갈 거야?
멸망	어. 따라가는 거 아니고 같이 가는 거.
동경	왜.
멸망	계속 같이 있고 싶으니까.
동경	넌 진짜 그런 말 잘도 한다.
멸망	칭찬 고마워.
동경	칭찬 아니거든.
멸망	좋으면서.

동경   아니거든.

멸망, 부웅 차 속도 내는데.

S#24. 중식당 (낮)

점심 먹으러 자주 오던 중식당에 예지와 동경 마주 앉아 있다. 왠지 어색하고
긴장된 기운 감돌고.

예지   …
동경   … (보다가) 조주임, (하는데)
예지   소개팅 시켜줄까.
동경   어?
예지   그게 그렇게 후회되더라.
동경   …
예지   너 우리한테 신호 충분히 줬었어. 그걸 못 알아먹었다. 소설 편집
          하는 편집자라는 게…
동경   예지야…
예지   너 그때 죽기 전에 누가 소원 하나 들어준다면 뭐 빌 거냐고 물어봤
          었지?

        인서트. 6부 S#19

동경   (불현듯 생각나서) 있잖아. 소원 얘기가 나와서 말인데, 죽기 전에 누
          가 소원 하나 들어준다면 뭐 빌 거야?

예지   나 그 때 돈이라고 했는데 소원 바꿀래. 너 건강해지는 거.

동경   (보면)

예지   너 건강해지는 거에 내 소원 쓸 거야.

동경   …미안해. 나도 이런 건 처음이어서 어떻게 말해야 되는지 전혀 모르겠어서… 말할 타이밍을 놓쳤어.

예지   나도 처음이야. 그래서 지금 맞게 대답하고 있는지도 모르겠다 야. 나 손은 안 떠니?

동경   (픽 웃고) 우리 조주임이야 언제나 정답이지.

예지   (그제야 긴장 풀려) 탁주임 없으니까 야근 너~무 많고 대표 너~무 진상이고 팀장 너~무 싸가지 없어.

동경   으이그 하여간에 회사가 사회악이다 악. (하는데)

예지   근데 아까부터 뒤에서 지켜보고 계시는 저분은 누구시니.

동경   (어엉? 뒤돌아보면)

멸망, 조금 떨어진 테이블에서 이쪽 뚫어져라 지켜보고 있다.

동경   아 내 남친. 없는 셈 쳐.

예지   뭐어? 남친?

하는데 정민과 다인, 식당 안으로 들어선다. 정민, 이미 울 것 같은 얼굴인데.

정민 다인 주임니임~!

동경   어 왔어?

예지   니네 왤케 늦었어.

다인   아 갑자기 대표님이 편의점 가서 치실 사오라고 해가지고 그거 사

87

다 주고 오느라.

동경	여전하네 그 인간.
정민	주임니임 흐엉… 괜찮으세요?
동경	괜찮아, 괜찮아.
정민	(팔 벌려 안기려고 하며) 주임니임 진짜 보고 싶었어요~! (하는데)
다인	(정민 뒷옷자락 탁 잡아당기며) 스탑. 지금 저기서 누군가가 정민씨 죽일 것처럼 보고 있으니까.
정민	(버둥대며) 예에? 누가요?
다인	글쎄요. 킬런가.
예지	(턱짓으로 동경 가리키며 피식) 얘 남친이래.
정민	(놀라) 예에?
다인	(정민에게) 어쨌든 목숨 빚졌어요. 나한테.
동경	(다들 여전하네. 웃는데)

S#25. 길거리 (낮)

도로변에 세워진 멸망의 차. 멸망, 운전석에 앉아 시동 건 채 기다리고 있고.
그 앞에 모여 있는 동경과 편집팀원들.

정민	아니 진짜 이렇게 헤어진다고요?? (울먹) 안 돼요… 우리 그럼 또 언제 봐요?
다인	(무심히) 보고 싶을 거예요. 주임님.
동경	니가 이런 말도 할 줄 알어? 양장피라도 사줬으면 사랑한다 했겠다?
다인	그게 뭐든 그거까지 할게요.
예지	그만들 해라. 뭐 아주 헤어지냐? 계속 볼 건데.

동경	(그 말에 뭐라 대답 못 하고 흐흐 그저 웃고)
예지	얘 또 대답 안 하네. 나 너 자주 볼 거다? 이거 선전포고야?? 만날 사람들 다 만나고 시간 남으면 그때 맨날 나 불러. 알았어 몰랐어.
정민	(동경 손 덥석 잡고) 저도요… 저도 불러주세요… 제가 진짜 탁주임 님 엄청, (하는데)
멸망	(저게…? 고개 쏙 빼서) 안 타?
정민	(화들짝 놀라 손 떼고)
동경	간다 가! 나 갈게. 다들 일 대강대강 해. 막 죽어라 하지 말고. 알았 지?

다들 끄덕끄덕 웃으며 손 흔들고. 동경도 손 흔들며 멸망의 차 타는데. 이내 멸망의 차 출발한다. 덩그러니 남은 세 사람이고.

다인	근데 남친 분이 생각보다 나이가 좀 있으시네요.
예지	(엥?) 어? 저 정도면 동안 아냐?
정민	동안이긴 한데 저는 살짝 키가 아쉬운데.
다인	저 정도면 큰 편 아니에요?
예지	크지.
정민	작죠. 저보다 훨 작잖아요.
예지	(동시에) 훨 크든데.
다인	(동시에) 비슷하던데.
정민	??

다들 멸망에 대한 각자 다른 인상에 물음표 뜬 얼굴로 서로 바라보는데.

S#26. 멸망 차 안 (낮)

동경　야 너 계속 그렇게 존재감을 어필하면 같이 못 다녀.

멸망　내가 뭘 어쨌는데.

동경　아주 주인 지키는 강아지새끼마냥 눈을 일~케 뜨고.

멸망　강아지는 주인 못 지켜. 너무 작잖아.

동경　어휴 저거 말이나 못하면. (하다가) 야야 좌회전 좌회전.

멸망　넌 가끔 내가 택시라도 되는 줄 아나본데, (하는데)

동경　택시 아닌 거 아는데? 남자친구 차잖아. 남자친구 차.

멸망　(픽) 넌 참 그런 말을 잘도 한다.

동경　누구한테 배워서.

S#27. 패스트푸드점 (낮)

박영, 모자 쓰고 마스크 턱에 걸치고 있다. 그 앞에 놓인 쟁반에 햄버거는 다 먹었는지 포장지뿐이고. 감자튀김 야무지게 집어먹는 박영인데. 대화가 들리지 않을 정도로 떨어진 테이블에 멸망, 음료 빨대로 빨며 이쪽 못마땅하게 보고 있다.

박영　(우물대며) 저 진짜 바쁘거든요? 왜 자꾸 불러내요. 편집자님 나 좋아해요?

동경　자꾸는 아니지 않나? 저번엔 본인이 제 발로 왔잖아요. 그리고 나 이제 편집자도 아니고. (빈 A4용지 탁 내밀고)

박영　뭔데요. 협박장? 도전장?

동경　(사인펜 탁 내려놓고) 사인 좀 해줘요.

박영　편집자님 진짜 나 좋아해요??

동경	(탁탁 종이 치며) 바쁘다면서요. 빨리. 투 달고나 작가님.
박영	(휴지로 손 슥슥 닦고 펜 뚜껑 여는데) 달고나 작가님이 나 좋아해요?
동경	누가 자기 좋아하는 게 그렇게 중요해요?
박영	(슥슥 사인하며) 중요하다기보다 좋죠.
동경	좋다니 다행이네. 피에스. 빨리 건강해지셔서 좋은 작품으로 뵙고 싶습니다.
박영	(쓰다가 문득 멈추고) …어디가 아프신데요?
동경	암이요. 곧 수술 앞두고 있고.
박영	!
동경	아프고 언제 죽을지도 모르는 와중에 자기를 웃게 하는 게 본인이래요. 하트 두 개.
박영	(다시 쓰면서) 편집자님도 아프다면서요.
동경	(보다가 차분히) 네.
박영	하트 두… 세 개. (하며 하나 더 그리고) 편집자님도 손 줘봐요.
동경	(손 내밀면)
박영	(손바닥에 사인해준다)
동경	(뭐 하는 건가 싶어) 뭐예요?
박영	내 사인 부적이래요. 저번에 어떤 팬이 내 사인 받고 성적 오십 등 올랐댔어요. 알바도 붙고. 그니까… 편집자님도 괜찮을 거예요.
동경	(귀엽네. 픽 웃고) 연재 진짜 저 때문에 관둔 거예요? 왜요?
박영	저 의리 있어요. 편집자님한테 얻어먹은 게 얼만데. 저 얻어먹었으면 갚아요. 성격이 원래 그래요. 떡볶이 진짜 비싸… 그때 되게 맛있었는데 그쵸.
동경	(보다가) 작가님.
박영	(갑자기 진지하니까 긴장되고) 네?
동경	작가로서 물어보고 싶은 게 있는데.
박영	(보면)

동경	사랑하는 사람을 선택하면 세상이 멸망하고, 세상을 지키려면 사랑하는 사람이 죽어요. 그런 설정이면, 어떻게 해야 해피엔딩일 수 있을까요?
박영	(곰곰이 생각하다가) 그럼 주인공이 아무도 사랑하지 않으면 되는 거 아니에요?
동경	!
박영	주인공은 슬프겠지만, 그게 선택받은 자의 무게니까.
동경	주인공이 슬픈데 해피엔딩일까요?
박영	대신 다른 사람들은 주인공이 지켜낸 세상에서 행복하잖아요. 원래 주인공은 그래요. 이거 누구 신작인데요?
동경	(보다가 싱긋 미소 짓고) 역시 탑텐 할 만하다. 작가님.
박영	갑자기요? 근데… (힐끗 동경 어깨 너머 시선 던지며) 아까부터 물어보고 싶었는데. 편집자님 혹시 떡볶이집 사장이랑 사귀어요?
동경	네?
박영	아까부터 이쪽 엄청 째려보는 거 같길래. 정확하게 말하면 제가 편집자님 손에다가 사인해준 순간부터.
동경	(또 그랬나보네…) 하하… 네 뭐…
박영	대박. 편집자님 얼굴 보네. 몰랐는데.

하는데 박영 핸드폰으로 전화 온다. **매니저님**한테서 온 전화고. 박영, 화면 보다가 꺼버리고.

박영	가야될 거 같아요. 딱 봐도 찾는 전화네. (일어나는데)
동경	고마워요. 작가님.
박영	고마우면 홍보나 좀 해줘요. 갈게요. 누나.
동경	누나?
박영	편집자 아니라면서요 이제. 그니까, 누나. (예쁘게 웃는데)

멀리서 보던 멸망, 저게 진짜… 꿈틀 미간 찌푸리고 기분 상해 음료 탁 놓는데. 박영, 문쪽으로 향하며 멸망 테이블 옆 지나친다. 멸망, 아무렇지도 않게 발 슬쩍 내밀고. 박영, 간단하게 탁 뛰어넘는다.

박영   (멈춰서 째려보며) 유치해 진짜.

멸망   내가 다리가 길어서.

박영   장사는 안 하고 왜 나와 있대. 가게 망했나?

멸망   (확 올라왔다가 참으며) 조용히 가라.

박영   싫은데? 시끄럽게 갈 건데? (메롱하고 문 탁 나서는데)

멸망   저게 진짜. (일어서는데)

동경   (어느새 와서) 야. 왜 그래. 애잖아.

멸망   그냥 애 아니고 건방진 애잖아.

동경   애랑 그러고 싶어?

멸망   넌 누구 편인데.

동경   (건성으로) 난 당연히 니 편이지. (팔 탁탁치며) 가자. (가면)

멸망   (따라가며) 진짜 내 편 맞아? 그냥 나 운전시키려고 그러는 거 아니고?

S#28. 달고나의 집 / 거실 (낮)

환하게 웃고 있는 달고나의 얼굴. 손에 박영 사인 들려 있다.

달고나   (사인에서 눈 못 떼고) 와… 나 지금 진짜 너무 행복해.

동경   행복하다니 다행이네요.

달고나   고마워, 편집자님. 진짜.

동경   (배시시 웃는데)

달고나   편집자님은 어때?

동경   네? 뭐가요?

달고나   요즘 행복하냐고.

동경   (복잡한 마음에 자기도 모르게 얼굴 가라앉는데)

달고나   그때 되게 얼굴이 그랬거든. 행복을 바로 코앞에 둔 사람처럼. 눈
         앞에 이 달콤한 걸 먹을까 말까 하는 사람 같아서 먹으라고 등 떠밀
         었지 내가.

동경   작가님…

달고나   (말해보라는 듯 다정하게) 응?

동경   저 사는 게… 너무 재밌어요.

달고나   (그럴 줄 알았다는 듯 따뜻하게 바라보고)

동경   (두렵고 행복하고 하는 마음이 섞여서) 어떡하죠… 저 너무… 너무 재
         밌어요. 지금.

달고나   (가만히 손 내밀어 동경 손 잡아주는데)

S#29. 달고나의 집 앞 (밤)

동경, 터덜터덜 걸어 나와 멸망의 차 주차되어 있는 곳으로 향하는데. 멸망,
저만치에서 어딘가에 기대 담배 입에 문 채로 라이터 켜려 하고 있다.

동경   야!! (후다닥 달려와 담배 쏙 뺏고)

멸망   (하나도 안 놀란 말투로) 깜짝이야.

동경   (담배 앞에서 흔들며) 얘가 미쳤어! 미쳤어!! 무슨 어? 이거 백해무익
         한 거 이거를 어?

멸망   왜. 흡연구역인데.

동경   (주변에 쓰레기통 향하며) 흡연구역이랑 무슨 상관이야!! 아주 해로

운 건 다 하려고 아주!

멸망   몰랐던 거 아니잖아.

동경   몰라. 알았어도 이제 싫어. (쓰레기통에 담배 버리는데)

멸망   (툭) 결혼할래?

동경   (굳어서 돌아보며) …뭐?

멸망   손잡았고, 키스했고, 사귀고, 그다음은 결혼 아냐?

동경   아니 무슨 진도가 그런 식으로, (하는데)

멸망   평생 이 사람이랑 살고 싶다고 하면 결혼하잖아 사람들은.

동경   넌 나랑 평생 살고 싶어?

멸망   그건 모르겠는데. 곧 죽는다 생각하면 너랑 하고 싶네.

동경   (보다가 애써 말 돌리며) 무슨 초등학교 졸업하자마자 대학교 입학하는 소리 하고 있어.

멸망   그게 무슨 말인데.

동경   단계를 너무 뛰어넘었단 얘기야. 결혼 전에 할 일이 얼마나 많은데.

멸망   예를 들면?

동경   (차로 가며) 타. 일단.

S#30. 납골당 (밤)

동경과 멸망, 동경 부모의 납골함 앞에 서 있다.

동경   우리 엄마 아빠. 결혼 전에 인사부터 드려야지.

멸망   그때 그 사진이네.

보면, 놀이공원에서 찍은 사진이고.

동경   (납골함 보다가) 됐어. 가자. (가려면)

멸망   그냥?

동경   그럼.

멸망   무슨 말이라도 해야지.

동경   말은 다 했어. 여기로. (가슴 탁탁 치는데)

멸망   안 들리잖아.

동경   입 밖으로 해도… 안 들려 어차피.

멸망   (보는데)

동경   그런 말들은 다 내 마음에 대고 하는 거야. (다시 가려는데)

멸망   안녕하세요. 쟤 남자친굽니다. 오늘 청혼했는데 까였습니다.

동경   …뭐 하냐?

멸망   따님을 저에게 주십시오. 평생 행복하게 잘 살겠습니다.

동경   (참나…) 어디서 본 건 있어가지고.

멸망   무릎도 꿇을까?

동경   아직 안 꿇었어? (와서 장단 맞추며) 뭐라고 아빠? 절대 하지 말라고?
      야. 난 부모님이 반대하는 결혼 절대 못 한다.

멸망   (가만히 보다가) 슬프네.

동경   뭐가. 까인 게?

멸망   아니. 그냥 니가.

동경   내가 왜. 내가 뭐.

멸망   왜 맨날 하고 싶은 말들을 참아?

동경   (보다가) 참기는 무슨. 나처럼 할 말 다 하고 사는 사람이 어딨다고.
      됐어. 가자. 가게 문 닫을라. (마음 들킬까 빨리 돌아서 가는데)

멸망   (따라가며) 가게? 무슨 가게.

S#31. 벤치 (밤)

야경이 한눈에 내려다보이는 어딘가의 벤치. 동경과 멸망, 나란히 앉아 있다.
둘 사이에는 불붙은 초 하나 꽂힌 케이크 놓여 있고. 멸망, 이 상황이 뭔지…
떨떠름하게 보고 있는데.

동경   뭐해. 빨리 불어.

멸망   뭐하는 건데.

동경   생일 축하. 생일 축하한다는 말 처음 들어봤댔잖아 그때. 그럼 케
        이크도 받아본 적 없겠지, 이런 거도 해본 적 없겠지 싶어서. 노래
        는, 생략. 좀 부끄럽다 그건.

멸망   (보면)

동경   빨리 불어! 소원! 소원 빌고.

멸망   (일단 후 불어 끄고)

동경   (짝짝짝 박수치고) 생일 축하해. 축하 못 받은 거까지 합쳐서 다.

멸망   소원은 누가 들어주는데.

동경   어… 내가? 말해봐. 대충 다 들어줄게. (하다 아차) 아. 결혼 빼고.

멸망   (보다가) 소원. 니가 사는 거.

동경   !!

멸망   내가 널 살게 하는 거.

동경   (보다가) 그건 이미 하고 있어.

멸망   (보면)

동경   이미 니가 나를 제대로 살게 하고 있어.

멸망   그럼.

동경   (무슨 말이 나오려나, 보면)

멸망   니가 사랑하는 것들과 니가 사랑하는 세상 속에서 웃으며 살아가
        는 거. 되도록 오래.

동경   …

멸망   그리고 가끔 내 생각도 해주고.

멸망이 전해오는 진심이 너무 무거워 가슴 턱 막혀오는데. 서로만 생각하는
아픈 얼굴로 마주 보는 둘. 둘 너머로 빛나는 꺼지지 않는 불빛들이 아름답
게, 그래서 너무나 슬프게 빛난다.

S#32. 동경의 집 / 침실 (밤)

동경, 다이어리에 적어둔 버킷리스트 줄 긋고 있다. '1. 선물사기 / 2. 언니한
테 고맙다고 인사 / 3. 편집팀 만나기 / 4. 박영 사인 받아서 달고나 작가님 주
기'까지 줄 그어져 있고 이어서 '5. 생일 축하해주기'에 줄 긋는데. 더 아래 적
힌 내용은 흐릿하게 뭉개져 보이지 않는다.

S#33. 멸망의 집 / 거실 (밤)

멸망, 테이블에 동경이 챙겨준 생일 케이크 올려놓고 뭔가 떠올리는데.

/ 동경   잘해주는 사람들은 꼭 사라져. 난 그랬어. (3부 S#4)
멸망   …

S#34. 지나의 집 / 거실 (다른 날 낮)

주익과 지나, 여느 때 작업하던 풍경처럼 테이블에 마주앉아 있다.

지나　　할 얘기가 뭔데요?

주익　　할 얘기가 뭐냐면, (하는데)

지나　　아 맞다. 우산 말이에요. 그거 팀장님이 놓고 가셨어요? 빨간 거.

주익　　네. 전에 준 우산 그거 빌려준 거 아니고 내가 준 거였어요. 돌려받
　　　　을 생각도 없었고 돌려받을 수 있을 거라고 생각도 안 했고, 준 걸
　　　　가져갔으니까 대신 뭐라도 가져다놔야 될 거 같아서.

지나　　아. 잘 쓸게요. 난 또 귀신이 두고 간 줄 알고.

주익　　그랬겠어요?

지나　　안 그래서 다행이라구요. 그래서.

주익　　내가 사람이라는 증거는 있구요?

지나　　왜 그래요? 무섭게??

주익　　(픽 웃으면)

지나　　노트북은… 되도록 빠르게 변상할게요.

주익　　됐어요. 그땐 그냥 상황 정리하려고 말한 거니까.

지나　　아니 그래도…

주익　　회사 비용으로 처리하면 돼요. 진짜 괜찮아요.

지나　　하… 그 새끼만 아니었어도… 진짜. 지조킹 그 새끼는 그 뒤로 별말
　　　　없죠?

주익　　무슨 별말이 있겠어요. 애초에 개수작 걸려다가 그 꼴 난 건데.

지나　　요즘 진짜 다들 내가 만만한가. 이놈이나 저놈이나 다들 나한테 왜
　　　　그래 진짜?

주익　　왜요. 어떻게 했길래.

지나　　아니 무슨 지가 어디 대표랑 친하다면서 만나게 해준다고, (하는데)

주익　　말고, 이현규가.

지나　　!!

그때 테이블에 올려져 있던 지나 핸드폰 진동한다. 주익과 지나 동시에 핸드

폰 쪽 보는데. 현규에게서 걸려온 전화다. 화면에 선명히 떠 있는 **이현규**. 지나, 핸드폰 향해 손 뻗는데.

주익	받지 마요.
지나	(당황해 보면)
주익	나부터. 나 할 말 있으니까.
지나	(보면)
주익	나 이현규랑 같이 살아요. 꽤 오래 알던 사이고.
지나	…네?
주익	구 년 전, 우리가 키스했을 때도.
지나	!!

S#35. 회상. 아파트 앞 + 엘리베이터 앞 (낮)

7부 S#25에 이어서. 지나, 주익에게서 황급히 떨어지고. 주익 몸 세워 그저 보고 있는데. 지나, 당황해 그대로 우산 집어들고 도망치는데. 주익, 그럴 줄 알았다는 듯 미동 없이 멀어지는 지나 보고 서 있다. 그러다 이내 아파트 안으로 들어서 엘리베이터 앞에 서는데. 곧 엘리베이터 도착하고 문 열리면. 내리는 사람, 현규다!

현규	어 형!! 우산 없어? 왜 이렇게 젖었어?
주익	어디 가.
현규	나 잠깐 요 앞 편의점.
주익	이따가 가. 비 엄청 와.
현규	나 우산 있는데?
주익	우산 있어도 젖어. 그치면 가.

주익, 현규 끌고 엘리베이터에 오르고.

S#36. 다시 현재. 지나의 집 / 거실 (낮)

주익   그날 내가 키스하지 않았으면 둘은 만났을 거예요.

지나   그니까 그때… 일부러…

주익   다신 안 만났으면 했으니까. 그렇게 하면 다신 거기 안 올 거라고
       확신했으니까.

지나   (놀라서 보면)

주익   후회는 안 해요. 다시 돌아가도, 아마 비슷한 선택할 거예요. 난 확
       신이 있어야 움직여요. 확신이 있었지. 저 사람 인생에서 이현규가
       사라져야 저 사람이 저 사람으로 멀쩡하게 살겠구나 하는.

지나   …뭘 안다고.

주익   알아야 도울 수 있어요? 다 알아서 사랑했나 그쪽은? 걔가 그런 식
       으로 계속 도망치면서 사랑할 줄 처음부터 알았어요?

지나   !!

주익   난 다 알았는데도 그놈 좋아했어요. 그 벌이지.

지나   (하 헛웃음) 그럼 그때 차주익씨만 아니면 현규랑 나는, (하는데)

주익   행복했을까요?

지나   !!

주익   아니라고 생각하는데.

지나   나한테 안 미안해요?

주익   안 미안해요.

지나   안 미안한데 왜 얘기하는데.

주익   빠지려고. 점점 미안해지려고 하거든. 그게 싫어서.

지나와 주익, 서로 다른 감정으로 마주 보는데.

S#37. 동경의 집 / 침실 + 거실 (새벽)

코트까지 챙겨 입은 채 책상 앞에 앉아 있는 동경. 버킷리스트 체크 중이다.
마지막 남은 하나, '6. 헤어지기'다. 동경, 다이어리 덮더니 서랍이 아닌 가방
에 넣는다. 옷가지들 챙긴 꽤 묵직한 캐리어다. 캐리어 들고 그대로 방 나서
는 동경. 거실에는 수자와 선경이 잠들어 있다.

동경   (NA) 모두를 살리기 위해선… 모두를 사랑하지 않아야 한다.

달빛에 비치는 두 사람의 얼굴 잠시 바라보다가 조용히 현관문 나서는 동경
이고.

S#38. 골목길 (새벽)

동경, 캐리어 끌며 조용한 새벽 골목길을 걷고 있다.

멸망   어디 가?

동경, 놀라서 보면 멸망이 저만치 서 있다.

동경   너 왜 여기…
멸망   어디 가냐고 물었잖아.
동경   …알고 있었어?

멸망	보고, 생각하면 알 수 있어. 니가 어떤 생각인지, 어떤 마음인지.

/ 동경이 편집팀원들 만났을 때 얼굴, 박영 만났을 때 얼굴 떠올리고.

멸망	매순간 헤어지는 얼굴이었잖아.
동경	…
멸망	지금도 그래. 날 보는 니 눈.
동경	(깊게 보다가) 그래. 우리 헤어지자.
멸망	(그저 보는데)
동경	헤어지고 다신 만나지 말자. 사람들은 그래. 사귀고 헤어지면 다신 만나지 않는 거야.
멸망	(보고)
동경	결혼은 나중에 하자. 살아남고 난 후에. 그때 다시 손잡고, 키스하고, 사귀고… 결혼하자 우리.
멸망	처음부터 이럴 생각이었지. 사귀자고 한 거.
동경	이게 내가 널 살릴 수 있는 유일한 방법이야.
멸망	헤어지면, 그렇게 가면 니가 날 잊을 수 있을 거 같아?
동경	(담담히) 노력할 거야.
멸망	탁선경은.
동경	…
멸망	이모는. 나지나는.
동경	…
멸망	다 잊을 수 있겠어? 니가 사랑한 사람들을?
동경	그것도… 노력해볼 거야.
멸망	안 되면.
동경	남은 시간 동안 최선을 다해서 노력할 거야. 너도 사랑하게 됐잖아.

멸망   (보면)

동경   (아프게 웃으며) 사랑하게 됐어. 널.

멸망   …

동경   미안해. 사랑해서.

멸망   … (아무 말도 못하고 겨우 동경의 손끝 잡는데) 탁동경.

동경, 잡힌 손 보다가 다른 손으로 쓸어내리듯 멸망의 손 떼어내고. 그리고 잠시 잡아 쥐고 있다가 놓는다.

동경   고마웠어 다. 갈게.

동경, 그대로 돌아서서 멀어지는데. 멸망, 붙잡으려는 듯 돌아서다가 차마 발걸음 떼지 못하고 제자리서 우두커니 홀로 서 있는데. 그러다 동경에게 잡혔던 손 펴서 보면, 동경이 주고 간 빨간 실팔찌 덩그러니 남아 있다.

S#39. 제주도 바닷가 앞 (아침)

동경, 막 도착한 듯 캐리어를 든 채로 익숙한 그 바다에 서 있다. 이리저리 휘날리는 동경의 머리카락. 홀로 서 있는 동경의 뒷모습 외롭고 쓸쓸해 보인다.

동경   (NA) 모두를 살리기 위해서… 너를 살리기 위해서 나는 철저히 외로워야 한다.

S#40. 제주도 몽타주 (여러 날 낮)

/ 제주도 집 안 청소하는 동경. 청소하다 앨범 발견해서 그 자리에 앉아서 보고.

/ 집 앞 마당에 앉아 바다 바라보는. 그 앞에 어린 동경, 선경 뛰어노는 모습 환상처럼 보이고.

/ 지나와 처음 만났던 호텔 앞 지나가다 그 담벼락 앞에 서 있는 지나와 자신의 모습 보이고.

/ 동경, 무심히 한 PC방 지나치면 그 안에서 고딩 선경 귀 잡고 나오는 자신의 모습 보이고.

/ 시장 구경하는 동경, 한 떡볶이집에서 떡볶이 포장하는 수자와 교복 입은 자신의 모습 보이고.

/ 장 보고 시장 빠져나오다가 저도 모르게 꽃집 앞에 멈추는 동경. 보면, 노란 튤립에 시선 멎어 있다.

S#41. 제주도 바닷가 (밤)

동경, 과거 어느 때처럼 밤바다 보며 백사장 위에 앉아 있다. 그저 묵묵히 파도 소리만 듣고 있다가 다이어리 꺼내 펼친다. 마지막 '6. 헤어지기' 보는데. 헤어지기에 선 죽 그으며,

동경   (NA) 그러나 살아남기 위해 사랑하는 모든 것들로부터 도망쳐야 한다면 그 삶이 대체 무슨 의미가 있을까.

동경   (당장이라도 눈물이 흐를 것 같은 눈망울로 멀리 바다 보며 작게 중얼) 할 수 있어… 할 수 있어. (하는데)

멸망   (E) 사방이 뚫리면 좀 덜 위험할 거 같아?

동경   (놀라 보는데)

멸망   도망갈 수 있을까? 나한테서.

동경   너…

멸망   죽어라 쫓아오는 거, 그거 내 전공이랬지.

동경   (벌떡 일어서서) 너 진짜!! 너 왜 그래. 내가 다신 보지 말자고 했잖아!!

멸망   (손 내밀고) 열두 시야.

동경   !!

멸망   (그저 손 내밀고 있는데)

동경   (손 탁 치고) 내가 말했잖아. 헤어지면 우린 다시 보지 않는 거라고.

멸망   아니. 너 말 안 했어.

동경   (보면)

멸망   너 니 속에 있는 말 하나도 안 했어.

동경   !!

멸망   단 한 번도 한 적 없어. 열 살에 거기 앉아 있을 때부터, 니가 죽는다는 걸 알게 됐을 때, 나 처음 만났을 때, 나를 미워하고 나를 사랑하게 됐을 때. 그 어느 때도 넌 말하지 않았어.

동경   (점점 눈물 차오르는데)

멸망   말해봐.

동경   (금방이라도 울 것 같은데)

멸망   말해봐 다. 나한테.

동경   …

멸망   (깊게 보며) 말해. 동경아.

동경   (와르르 무너지듯 이내 눈물 후두둑 떨구며) …살고 싶어. 나 진짜… 너
      무 살고 싶어. (울음 터져서) 너랑… 선경이랑… 이모랑… 언니랑…
      내가 사랑하는 사람들이랑 같이… 너무너무… 살고 싶어 나.

멸망, 그런 동경을 보다가 다가가 간절하게 끌어안는데. 동경, 그간 참아왔던
울음을 전부 토해내듯 멸망에게 안겨 울고.

멸망   나도. 나도 탁동경.

동경   (품에 안겨 펑펑 울고)

멸망   살아 있고 싶어. 그래서 너랑 같이… 죽어버리고 싶어.

꼭 서로에게 기댄 것처럼 간절히 안은 둘. 그 둘의 머리 위로 꼭 그날의 밤처
럼 별 하나 떨어지는데. 슬프도록 아름다운 밤의 정경에서…

10부 엔딩!

11부

S#1. 제주도 바닷가 (밤)

동경   (와르르 무너지듯 이내 눈물 후두둑 떨구며)…살고 싶어. 나 진짜… 너
       무 살고 싶어. (울음 터져서) 너랑…선경이랑… 이모랑… 언니랑…
       내가 사랑하는 사람들이랑 같이… 너무너무… 살고 싶어 나.

멸망, 그런 동경을 보다가 다가가 간절하게 끌어안는데. 동경, 그간 참아왔던
울음을 전부 토해내듯 멸망에게 안겨 울고.

멸망   나도. 나도 탁동경.
동경   (품에 안겨 펑펑 울고)
멸망   살아 있고 싶어. 그래서 너랑 같이… 죽어버리고 싶어.

꼭 서로에게 기댄 것처럼 간절히 안은 둘. 그 둘의 머리 위로 꼭 그날의 밤처
럼 별 하나 떨어지는데.

S#2. 제주도 / 동경의 집 (밤)

동경과 멸망, 마루에 나란히 걸터앉아 있다. 동경, 기둥에 머리 기대 멀리 밤
하늘 바라보고 있고.

동경   어릴 때 선경이가 엄마 아빠 어디 갔냐고 물으면 하늘나라 갔다고
       했거든. 근데 왜? 하고 물으면 해줄 말이 없는 거야. 그래서 여기
       하염없이 앉아 있어봤지.
멸망   (말없이 보면)
동경   계속 보다보니까 알겠더라. 왔던 데로 돌아가는 거구나…

멸망   (동경 따라 하늘 보고)

동경   우린 다 별에서 온 거래. 우리 몸을 이루는 에너지가 다 별에서 온
         거니까. 그러니까 과거로 더 과거로 거슬러 올라가면 우린 다 한곳
         에서 시작한 거야.

멸망   한곳으로 돌아가고.

동경   (말없이 서글프게 하늘 보고)

멸망   거기서 다시 만날 거니까.

동경   (멸망 보면)

멸망, 동경 향해 손바닥 내밀어 보인다. 보면, 동경이 주고 간 팔찌 놓여 있다.

멸망   영원히 헤어지지 않을 거고.

멸망, 동경 향해 잔잔히 웃어 보인다. 동경, 보다가 멸망의 손 위로 팔찌를 덮
듯 손깍지 껴 잡는다. 서로 향해 애달프게 미소 짓는 둘이고.

S#3. 병원 / 소녀신 병실 (밤)

창가에 서 있는 환자복 차림의 소녀신, 동경이가 준 물뿌리개로 멸망의 화분
에 물 주고 있다. 화분 보면, 어느새 빼꼼 꽃봉오리 올라와 있는데.

S#4. 카페 (다음 날 낮)

주익과 시베리아 마주 앉아 있다.

시베리아 자꾸 주임님 얼굴이 생각나는 거예요. 저 할아버지 장례식장에 있을 때 오셔서 저 위로해주시던 게…

주익 (말없이 보면)

시베리아 그때도 아팠겠지… 혹시 자기가 아픈 거 알면서도 거기 왔을까… 그 생각 하니까…

주익 그럼 남은 계약 건만 처리하시기로 하고 재계약은 재고 없음으로 보고하겠습니다.

시베리아 저 설득 안 하세요?

주익 네.

시베리아 왜요?

주익 이해하니까요. 근데 남은 연재 빨리 터셔야 제대로 끝날 텐데요. 워낙 진행 중인 게 많으셔서.

시베리아 네 그죠. 그래서 본론 빨리 얘기할게요. 저 지금 연재 중인 로맨스물 아시죠? 형제 사이에 한 여자 낀 얘기.

주익 네. 참… 고전적이죠.

시베리아 끝을 누구랑 낼지 몰라서 지금 진도가 안 나가는 중인데요. 팀장님이라면 어떡하실 거 같아요?

주익 전 그런 판을 안 짜죠.

시베리아 아니아니 말고. 팀장님이 작가라면 말고, 그런 상황에 처하게 되면 어떡할 거 같냐구요.

주익 (보다가) 그 여자가 누굴 좋아하느냐에 따라 달라지겠죠.

시베리아 그 여자가 본인을 좋아한다고 치면.

주익 노력해야죠.

시베리아 멀어지게?

주익 가지게.

시베리아 와, 생각보다 노력파구나, 팀장님.

주익 노력파라기엔 전 뭘 잘 노력 안 해요. 성공할 만한 거에만 노력하지.

시베리아   (보다가 픽) 노력하면 성공하나봐요?

주익   대부분?

시베리아   이런 사람이 무너지는 거 한번 보고 싶다.

주익   (보면)

시베리아   막 다 무너져서 가진 모든 거 내놓는 거 보고 싶다. 마음이든 뭐든.

주익   도움이 되셨나요?

시베리아   음… 대충? 그리고 다음은,

주익   …또 있어요?

시베리아   (대수롭잖게) 동시 연재 중인 게 많으니까. 이거 아시죠. 저 연재 중
          인 BL.

주익   …그 장르는 끊임없이 실패해도 끊임없이 도전하시네요.

시베리아   저는 모든 장르 다 일등 먹어보고 싶거든요. 그다음 화에 드디어 애
          가 마음을 인정하고 처음으로 애칭으로 상대방을 부르는 건데. 여
          기서 애칭이 '애기야'가 나은지 '자기야'가 나은지…

주익   차이가 있나요.

시베리아   있죠!! '자기야'는 (섹시하게) 자기야, 이런 느낌이고 '애기야'는 (애교
          있게) 애기야~ 이런 느낌인데.

그 말에 주변 테이블에 앉아 있던 다른 손님들 힐끔힐끔 주익과 시베리아 쪽
쳐다보고.

주익   …

예지   (E) 아름답지… 시베리아…

S#5. 라이프스토리 / 사무실 (낮)

예지, 다인, 정민 각자 자리에서 의자 돌려 서로 보고 앉아서 커피 마시며 막 간 수다 떨고 있다. 예지 말에 다인, 정민 눈 빛내며 듣고 있고.

예지   (호록 마시며 먼 산 보듯) 딱 시베리아 같애. 필명 겁나 잘 지었어…

다인   왜요? 어떤 쪽으로 잘 지었다는 건데요?

예지   시베리아 어때. 막 새하얗고 눈부시고 아름답잖아. 근데 거기 살라
         고 하면?

정민   살기엔 좀 척박하고 위험하지 않나요.

예지   정답. 딱 그런 사람이야. 시베리아? 잘생겼지. 근데 절대 겉모습으
         로 판단하지 마. 아름다운 건 멀리서 바라볼 때나 좋은 거야.

다인   아니 뭐 어떻길래. 막 성격 개차반이에요?

예지   (여유롭게 호록, 해탈한 눈빛으로) 개차반…? 그런 걸로 설명 안 돼. 나
         중에 기회되면 미팅해봐… 내 말이 무슨 말인지 알 테니까.

그때 박대표 사무실로 들어오더니 다짜고짜 소리지르는데.

박대표   이현 작가 당장 데려와!! 데려와서 사과시켜!! (휘휘 둘러보고) 차팀
         장 어디 갔어? 차팀장!!

S#6. 라이프스토리 / 대표실 (낮)

외근에서 돌아온 주익, 박대표와 둘이 마주 앉아 있다.

박대표   차팀장이 기름을 부었드만 아주. 그 형님 성형외과 간다는 거 내가

뜯어말렸어!

주익   왜 그러셨어요.

박대표   왜 그러셨? (기막혀 말문 막히고) 그 형님 없으면 우리 회사 망해!!

주익   작가 하나 없다고 회사 망할 거면 애초에 망할 회사였던 거죠.

박대표   야!!

주익   여기 야, 너, 걔, 쟤 없다고 말씀드린 거 같은데.

박대표   (좀 쫄아서 흠흠 헛기침하다 괜히 버럭) 빨리 이현 작가나 불러!! 사과 못 하겠으면 노트북 변상이라도 하라 그래!!

주익   노트북 그냥 제 월급에서 까세요.

박대표   니 월그읍? 쥐꼬리만 한 니 월급 그거 얼마나 된다고.

주익   알긴 아시네요. 쥐꼬리만 한 거.

박대표   (허!) 별거 안 해도 따박따박 월급 나오니까 아주 우습게 보나본데, 밖에 나가봐. 그 쥐꼬리만 한 거라도 받고 싶어서 난리인 애들 쌔고 쌨어! 하여간에 요즘 것들은 애사심이 없어! 내 회사다 생각하고 항시 자기 일처럼 움직이고 자기 돈처럼 아끼고 어?!

주익   자기 회사가 아닌데 어떻게 자기 회사라고 생각합니까?

박대표   그런 정신머리로 사니까 안 되는 거야. 차팀장 너는 나처럼 안 되고 싶니? 평생 몇 푼 되지도 않는 월급이나 받으면서 인생 마감하고 싶어?!

주익   하…

박대표   하아?

주익   (나긋하게) 드러워서 못 해먹겠네 진짜.

박대표   뭐?

주익   '드러워서 못해먹겠네'라는 말의 해석을 원하는 건 아니실 테고. (일어나며) 그만둘 테니까 노트북은 제 퇴직금에서 까세요.

박대표   하이고. 니 퇴직금은 또 몇 푼 된다고. 내가 너보다 십 년은 더 살았는데 그 알량한 자존심 때문에 인생 망하는 애들 많이 봤다? 니가

	여기서 팀장까지 했으니 어디라도 받아줄 거 같지. 사회가 그렇게
	녹록지 않아요 이 젊은이야. (하는데)
주익	본인이 늙었다는 말을 길게도 하시네. (나가려는데)
박대표	차주익!! 너 진짜 그만둘 거야? 너 뭐 먹고 살 건데 어? 아주 누가
	보면 아버지가 건물주라도 되는 줄 알겠어?
주익	어떻게 알았지?
박대표	…어?
주익	우리 아버지 건물주예요. (손가락으로 허공 가리키며) 이 건물.

당황한 대표 남겨두고 주익 쿨하게 밖으로 나가는데.

S#7. 제주도 / 백반집 (낮)

세월이 느껴지는 백반집. 식사하는 사람들 틈에 동경과 멸망도 마주 앉아 있다. 음식 나오길 기다리면서 동경 종알종알 떠든다.

동경	언니가 그때 수학여행 왔었거든? 아까 오면서 본 호텔 있지. 거기
	가 숙소였는데 난 소소하게 용돈 벌려고 알바하고 있는 중이었고,
	(하는데)
멸망	무슨 알바.
동경	(말하기 좀 찔리고) 음… 있어. 청소년기의 작은 추억을 만들어주는
	그런 일이랄까? 아~ 쏠쏠했지.
멸망	(픽 웃고)
동경	세상에 그렇게 담 멋있게 넘는 사람 처음 봤잖아. 그때 언니가 내가
	맘에 든다고, (하는데)
멸망	탁동경의 뭐가 그렇게 맘에 들었는데.

동경 맹랑해서 마음에 들었대. 아무튼 연락처 따가지고 그렇게 연락하
다가, 그러다가 언니가 자기 학교를 오라는 거야. 내가 또 누구야.
덜컥 붙은 거지.

그때 테이블 위로 주문한 식사 나온다. 동경, "잘 먹겠습니다~" 하고 밥 먹는
데. 멸망, 가만히 보다가 동경 따라 먹고.

S#8. 제주도 / 카페 (낮)

연인들, 친구들 저마다 모여 있는 카페 테라스. 그들 사이 동경과 멸망도 음
료 마시며 앉아 있다.

동경 탁선경 꿈이 얼마나 많이 바뀐 줄 알아? 언제는 이거 한댔다가 언
제는 또 이거 한댔다가. 근데 웃긴 게, 걔는 그거 다 진심이야. 그
진심에 나만 죽어나지 나만.
멸망 (가만히 들어주고)
동경 맨날 탁선경 학원 간다 그리고 PC방 가 있어서 걔 잡으러 다니는
게 일이었다.
멸망 주로 너희 가족은 쫓고 쫓기네.
동경 그리고 언제나 쫓기는 쪽이 잡히지. 나 이모한테 목덜미 잡히는 거
봤지. 난 그놈 귀 잡고 다녔어.

그때 멀리 유치원 셔틀버스 멈춰 서고. 유치원생들 내린다. 부모들 마중 나와
아이들 반기고. 동경, 얘기하다가 자연스럽게 시선 멎는데. 엄마 손 잡고 지
나가던 한 아이, 동경 향해 '빠빠' 손 흔든다. 동경 역시 웃으며 아이한테 자연
스럽게 손 흔들어주고.

멸망	(가만히 그런 동경 보는데)
동경	(멸망 보고) 응? 왜?
멸망	아니.

사람들 속에 편안하게 섞여 앉아 있는 둘이고.

S#9. 제주도 / 돌담길 (낮)

낮은 돌담들이 줄지어 있는 좁은 골목길. 동경과 멸망이 나란히 손잡고 걸어가고 있다.

동경	이모, 이모부랑 연애할 때 이런 골목길에서 탁선경이랑 딱 마주친 거잖아. 탁선경 그때 전화 와서 이모를 뺏겼네 어쨌네 울고불고. (어휴) 그래서 내가 제일 먼저 한 게 뭔지 알아?
멸망	(보면)
동경	일자리 찾기. 우리 이모 빨리 결혼시키려면 내가 빨리 돈 벌어야겠다 싶어서. 제일 빨리 연락 왔길래 출판사 취직한 건데 이렇게 오래하게 될 줄은 몰랐네.
멸망	니가 돈 버는 거랑 이모 결혼하는 거랑 무슨 상관인데.
동경	내가 나를 먹여 살릴 수 있어야 이모도 안심하고 자기 인생으로 돌아가지. 다 키웠구나, 싶어서. 안 그러면 평생 우리한테 매달릴 사람이야.
멸망	그래서, 다 컸어?
동경	(대답 대신 그저 웃어 보이고)

멸망과 동경, 그때 골목길 벗어난다. 이어 거짓말같이 아름다운 풍경 펼쳐지

는데. 사방이 탁 트인 절벽 뒤로 푸른 바다가 끝도 없이 뻗어 있다.

동경   와… (자기도 모르게 감탄하며 먼저 바다 쪽으로 걸어가는데)

먼저 앞질러 가다 멸망 향해 뒤돌아보는 동경.

동경   아니. 아직도 크고 있는 중. (환히 웃는데)

바람에 휘날리는 동경의 머리칼, 뒤로 펼쳐진 바다처럼 눈부신 동경의 모습.
멸망, 문득 걸음 멈춘다. 말로 형용할 수 없는 벅찬 마음으로 그 풍경을 눈에
담는데.

멸망   (NA) 나는… 더 이상 혼자가 아니다.

S#10. 제주도 / 해안도로 (해 질 녘)

멸망, 운전석에 타 있고 조수석에 탄 동경. 해안도로를 달리는 중이다.

동경   (창밖 바다 보며) 나 여기서 돌고래 본 적 있다? 나중에 알았는데 그
         게 남방큰돌고래라고 멸종위기종이래… 너무 슬프지… (하며 눈치
         주듯 멸망 보는데)
멸망   내 탓이 아예 없다고도 말 못 하겠는데 그건 니들도 좀 노력을 해.
동경   그지… 사람들이 죄지… (하다가 욱) 아니 근데 나 니 탓한 거 아니
         거든?!

멸망, 웃고. 동경, 따라 웃는데.

동경	야 왜 웃어.
멸망	웃겨서.
동경	야 뭐가 웃긴데.
멸망	니가 웃겨.
동경	내가 뭐가 웃긴데.
멸망	(NA) 함께, 어딘가로 향하고 있다. 연민하고, 사랑하며. 함께.

붉은 노을 쏟아지는 해안도로. 일몰을 향해 달려가는 듯한 멸망의 차 점점 멀어지고.

S#11. 실외 야구연습장 (밤)

말없이 배트만 치고 있는 주익. 현규, 주익이 무슨 일이 있구나 싶고.

현규	무슨 일 있어?
주익	(별말 없이 배트만 치고)

현규, 눈치 보다가 저도 배트 집어든다. 주익과 현규, 아무 말없이 나란히 서서 배트만 휘두르고 있다. 한참 동안 배트 소리만 울리다가.

현규	(툭) 내기할래?
주익	(보면)
현규	내기해서 이긴 사람이 달라는 거 주기.
주익	(보다가) 뭐가 갖고 싶은데.
현규	형 차.
주익	(미동 없이 보면)

현규   아니면 (뼈 있게) 다른 거.

주익   (알아듣겠고, 보다가) 하자.

공 치는 둘. 현규 몇 번의 헛스윙 날리고. 배트 치는 족족 맞는 주익의 공. 결국 주익이 이긴다.

현규   (배트 가볍게 툭 던져 놓으며) 말해. 뭐 갖고 싶은데.

주익   (보다가) 나중에.

현규   (보면)

주익   나중에 갖고 싶은 거 생기면 그때 말할게.

현규   왜. 지금은 갖고 싶은 게 나한테 없어?

주익, 말없이 보다가 배트 던져 놓고 먼저 나가는데. 현규, 주익 나가자 확 예민해지는 얼굴이고.

S#12. 주익의 집 / 부엌 (밤)

현규, 여느 때처럼 등 돌려 설거지 중이고 주익, 테이블에 앉아 책 보고 있다. 두 사람, 여느 때와 같은 모습이지만 왠지 분위기 냉랭하다. 누구 하나 먼저 입 떼려 하지 않는 분위기고.

주익   (책에 시선 꽂은 채로) 너 내 차 달라고 했지.

현규   (설거지하다 문득 손 멈추는데)

주익   (아무렇지도 않게 페이지 넘기며) 가져. 내 차.

현규   …

현규, 수돗물 잠그고 고무장갑 벗어서 탁탁 옆에 던져놓고는 돌아본다.

현규   그렇게 선심 쓰듯이 준다고 하지 마.
주익   (보면)
현규   이겨서 받을 거니까.

두 남자, 팽팽하게 서로 마주 보는데.

S#13. 현규 카페 (다음 날 낮)

현규, 선경 없이 혼자 카운터에 멍하니 서 있다. 어제 주익과의 일 떠올리며 생각에 잠겨 있는데. 그때, 카페 문 열리는 소리 들리고.

현규   어서 오세, (놀라고)

보면, 지나다. 지나, 거침없이 카운터 안으로 들어와 현규 앞에 서고.

지나   우리 만나자.
현규   어?!
지나   딱 세 번만 만나보자.
현규   !!
지나   이 마음이 미련인지 진짠지 확인해보게. 딱 세 번만 만나보고 결정
       해.
현규   (보다가) 그래.
지나   먼저 연락하지 말고, 무턱대고 찾아오지도 말고.
현규   어.

지나	내가 먼저 연락할 거니까 기다려.

현규	어 기다릴게.

지나	오래 걸릴지도 몰라.

현규	그래도 기다릴게.

지나	갈게. (할 말 다 끝났다는 태도로 휙 돌아서 미련 없이 가버리는데)

현규	(가는 뒷모습에 대고) 기다린다 나!!

S#14. 현규 카페 앞 길거리 (낮)

거리에 눈 나풀나풀 내리고 있고. 카페에서 나온 지나, 한참을 걸어가다가 전투적인 얼굴로 주익에게 전화 건다.

주익	(F) 여보세, (하는데)

지나	(걸어가며) 나 방금 이현규한테 만나자고 얘기하고 나왔어요.

그때, 문득 걸음 멈추는 지나. 보면 저만치서 우산 든 주익이 걸어오고 있다.
잠시 멈칫 서로를 보다가 주익이 먼저 전화 끊고 걸어와 지나 앞에 선다.

주익	우리 둘이 한 계약은 없던 일로 해요. 위약도 뭣도 없을 테니까 안심하고. 다신 내 얼굴 안 보는 게 좋겠죠. 일 때문에 마주치는 일도 없을 겁니다. (가려는데)

지나	(확) 안 돼요.

주익	(돌아보고) 왜요.

지나	나 탑텐 안에 들고 싶으니까.

주익	(보다가) 그것뿐이에요?

지나	(망설이다) 네.

주익	그럼 메일을 보내든 문자를 보내든 해요. (다시 가려는데)
지나	(급해서) 말할 거예요! 이 계약 깨면.
주익	(그 말에 보면)
지나	이현규한테. 그쪽이 나한테 키스했다고 말할 거라구요.
주익	그럴 수 있어요?
지나	못 할 거 같아요?
주익	네. 못 할 거 같아요.
지나	!!
주익	말해요. 할 수 있으면.
지나	진짜… 재수 없어.

지나, 주익 지나쳐가고. 지나, 머리에 쌓인 눈이 짜증나는 듯 머리 헝클어뜨리는데, 그 순간 부드럽게 몸 돌려지는 지나!

지나	(보면)
주익	(지나 손에 우산 쥐여주며) 그쪽은 뭐 좀 함부로 맞고 다니지나 마요.

주익, 그대로 돌아서 가고. 지나, 우산 쓴 채로 그 자리에 서 있는데, 그 순간 지나의 핸드폰 울린다. 보면, 선경에게 온 전화다.

지나	(받고) 왜. (사이) 뭐?! 갈게. 기다리라고 시끼야!! 지금 당장 갈 테니
	까!! (어딘가로 바삐 향하는데)

S#15. 도로 / 차 안 (낮)

케빈, 운전석에 앉아 있고. 수자는 굳은 얼굴로 조수석에 타 있다. 뒷좌석에

서 흐엉엉 울고 있는 선경. 지나, 그 옆에 앉아 있고. 차는 멈춰 있는 상태다.

지나　　근데 진짜 맞아요?

수자　　(비장하게) 맞아.

선경　　흐엉엉 아니면 어떡해애애애.

수자　　맞다고! (지나 보며) 쟤 좀 어떻게 해라. 정신없어 죽겠네.

지나　　(선경에게) 넌 니 누나 어디 간 줄도 모르고 뭐 하고 있었어!!

선경　　흐엉엉 누나아아아!!

수자　　입 좀 다물게 하라니까 왜 애를 더 울려!!

케빈　　(영어) (자기가 더 흥분해서) 진정해!! 진정해 다들!! (막 조작하다가)
　　　　아니. 차가 왜 안 나가지?

수자　　나와. 내가 운전할 테니까.

케빈　　수!!

수자　　나와요 빨리!!

지나　　이모 제가 할게요!!

선경　　(저 스스로 앞좌석에 얼굴 파묻고 입 틀어막고) 흐엉엉…

말 그대로 엉망진창인데.

S#16. 제주도 / 월령코지 + 동경의 집 (해 질 녘)

멀리 풍력발전기 보이고. 길가에는 선인장들이 잔뜩 늘어서 있는 기묘한 풍경이다. 동경과 멸망, 집으로 돌아가는 길인데.

동경　　집도 이모가 남겨놨어. 언제든 돌아올 곳이 있어야 된다고.

멸망　　(가만히 보고)

동경   너랑 같이 여기 오게 될 줄은 몰랐지만.

골목 하나만 돌면 집 앞이다. 둘 걸어가다가 멸망, 탁 멈춰 서고.

동경   (보면)
멸망   나 소원 빌게.
동경   소원?
멸망   내 생일 소원.
동경   (마음 턱 무거워져 멈추는데) 그 소원은…
멸망   그때 빈 소원 말고 다른 소원.
동경   (보면)
멸망   용서해줘.
동경   뭘.

멸망, 동경의 손 잡고 그대로 골목 돌아 동경의 집 대문 열고 들어서는데. 동경, 영문 몰라 따라가다가 순간 우뚝 그 자리에 굳어 선다. 보면, 수자와 선경, 케빈, 지나가 언제 온 건지 떡하니 그 앞에 서 있다. 꼭 대치하듯 마주보고 있고.

멸망   내가 말했어. 너 여기 있다고.
동경   (여전히 굳어 서 있고)
멸망   걱정할까봐 다들.
선경   누나아아아! (하며 달려가 안기려는데)
지나   (선경 목덜미 옷깃 탁 잡아 세우고)
선경   아 왜애! 놔아~!

하다 다들 우뚝 멈추는데. 보면, 수자 무서운 얼굴로 동경 향해 저벅저벅 걸어가고 있다.

동경   이모… (하는데)

수자, 그대로 동경을 부드럽게 끌어안는다.

동경   !!
수자   (그대로 떨어져 몸 돌리며 아무렇지도 않게) 밥 먹자. 배고프다.

수자, 부엌 향해 가는데. 다들 그런 수자 동선만 멀거니 쫓고.

S#17. 제주도 / 동경의 집 앞 (밤)

케빈과 동경, 집 앞 어딘가에 나란히 걸터앉아 멀리 밤바다 바라보고 있다.
둘의 뒤로는 시끌벅적하게 마당에서 저녁 준비 중인 멸망, 수자, 지나, 선경
보이고.

케빈   (영어) 내가 꼭 동경에게 해주고 싶은 말이 있어서 나오자고 했어.
동경   저는 진짜… 겁쟁인 거 같아요. 이모부…
케빈   (영어) 그래. 제주는 참 아름답지. 저 바다를 좀 봐.
동경   제대로 도망도 못 칠 거면서… 사람들 마음만 아프게 하고…
케빈   (영어) 내게 가족이 생긴 곳이기도 하고…
동경   어떡해야 될지를 모르겠어요. 내가 살면 쟤가 죽고 쟤를 살리면 우
            리가 다 죽고…어떡해? 어떡하지 나?
케빈   (어설픈 한국어) 어떡해? (영) 걱정 마. 우린 가족이야. 동경도 나를
            가족이라고 생각하고 기대줬으면 좋겠어.

동경	패밀리…?
케빈	예스. 패밀리. (영어) 니 맘 다 알아. 내가 최선을 다해서 훌륭한 병원 찾을게.
동경	가장 최선의 방법은 나 혼자 죽는 거였는데… 그래서 여기까지 와 본 건데… 사랑하지 않는 게 안 돼요. 케빈…
케빈	(영어) 나도 사랑해 동경. 난 수자가 사랑하는 모든 것들을 사랑해. 우리 조금만 더 힘내자.
동경	러브. 네 그게 무서워요. 내 사랑은 너무… 무거워요.
케빈	(동경 토닥이며) (영어) 유어 웰컴… 가족끼린 고맙단 말 하는 거 아니야. 사랑한단 말로 충분하지…

서로 알아듣지 못하는 언어로 대화하지만 왠지 그 속에서 위로를 얻는 동경이고.

S#18. 제주도 / 동경의 집 / 부엌 (밤)

수자, 도마에 채소 썰고 있다. 멸망은 멀찍이 문 밖에 그저 서 있는데.

수자	의사선생님? 저쪽 장 본 거 안에서 양파 좀 꺼내줄래요?
멸망	(슥 보고 봉지 안에서 양파 꺼내서 가져가면)
수자	(쳐다도 안 보고 칼질 계속하며) 응 이쪽에서 좀 썻어요.
멸망	(보다가 어쩔 수 없이 양파 썻는데)
수자	고마워요. 연락 줘서.
멸망	걱정하실 거 같아서. 동경이도 내내 걱정하고…
수자	동경이가?
멸망	하루 종일 말하는 게 이모 얘기, 동생 얘기, 언니 얘기뿐이라서요.

수자   (픽 웃다가) 그거 알아요? 내 인생 모토가 올인인 거.

멸망   (보면)

수자   얼굴만 쌍둥이지 언니랑 난 성격은 정반대였어. 꼭 반 쪼개서 이런
        승질머리만 나한테 준 것처럼 언니는 차분하고 부드러운 사람이었
        거든. 언니가 죽었다고 연락 왔을 땐 꼭 몸 반절이 떨어져나간 거
        같더라.

멸망   (그저 듣고)

수자   내 반쪽이 남기고 간 건데 어떻게 올인을 안 해. 당연한 듯이 나는
        쟤네 위해 살았어. 근데 쟤는… 동경이는 어릴 때부터 그래. 힘든
        일 있으면 말도 안 하고 맨날 혼자 꼭꼭 숨고, 그럼 나는 애가 타서
        찾아다니는 거야. 찾고 보면 항상 어디 바다 앞에 앉아 있고 그러더
        라구. 속상하게. 꼭 집 없는 애처럼…

멸망   (보다가 수도꼭지 잠그고) 집이 이제 있나봐요.

수자   (칼질 멈추고 문득 보면)

멸망   여기로 돌아온 거 보니까.

수자   ! … (찡한데)

S#19. 제주도 / 동경의 집 / 거실 1 (밤)

인원수 맞게 넓은 접이식 밥상을 맞들고 거실로 오는 지나와 선경. 거실에 밥
상 펼치고 지나는 행주로 밥상 닦고 선경은 수저통에서 수저 꺼내 차리며 조
용히 대화하는데.

선경   그래도… 누나 아픈 거 같진 않아서 다행이다…

지나   몸이 문제가 아니라 쟤 지금 마음이 문제야. 잘 감시해. 니네 누나
        멀쩡한 척 엄청 잘하잖아.

선경	(속상하고 짜증나고) 멀쩡한 척을 왜 잘하고 난리야. 진짜…
지나	쟤 인생이 그랬다 인생이. 누구한테 이만큼이라도 짐 될까봐 전전긍긍…그래서 여기 왔나봐. 우리한테 짐 되기 싫어서…
선경	(눈물 그렁해서 숟가락 놓고)
지나	(슥 보고) 아 울지 말고.
선경	우는 거 아니거든요. 바람이 차서 그런 거거든요. 바람이 차면 나는 눈물이 나… 선천적이야…
지나	(에휴 뭔 개소리야 싶지만 한편으로 짠해 보는데)

그때 선경 핸드폰 울린다. 화면 보면 **사장님**이고. 현규에게서 온 전화다.

선경	네, 사장님. 네… 누나 만났어요. 갑자기 못 나간다 그래서 죄송해요. (사이) 아 원두요? 내일 오전 중으로 온댔어요.
지나	? (보는데)
선경	네네, 들어가세요 사장님. (하고 끊는데)
지나	사장님? 너 일하냐?
선경	응. 카페에서…
지나	카페? (마음 어지럽고 혼잣말처럼 중얼) 카페는 하여간 개나 소나…
선경	(보다가) 누님이 이런 식으로 분노할 땐 항상 남자 문젠데.
지나	그놈 있잖아 내가 죽여버린다고 했던 놈. 나 최근에 그놈 다시 만났다… 카페 사장이더라.
선경	와씨 부럽다! 나도 카페 하고 싶은데.
지나	그놈이 다시 만나재.
선경	헐.
지나	그래서 그러자 했어.
선경	헐!
지나	아 짜증나. 죽이고 싶었는데 눈앞에서 웃으니까 또 마음이 사르르

녹는 거지.

선경   잘됐네. 분노는 건강에 안 좋아요.

지나   근데 문제는 그놈 말고 죽이고 싶은 놈이 또 나타났는데⋯ (하는데)

선경   또요?!

지나   그놈이랑 그놈이랑 서로 아는 사이래. 둘이 같이 살기까지 하는데
      나한테 말을 안 했더라고. 이거 완전 나 갖고 논 거 아니냐?

선경   아 헷갈려. 그니까 1번 죽이고 싶은 놈이랑 다시 만나기로 했고, 그
      랬더니 2번 죽이고 싶은 놈이 새로 나타났다?

지나   어.

선경   뭐야. 그럼 누님 그놈 좋아하는 거예요?

지나   어느 그놈.

선경   2번.

지나   아니 1번이랑 만나기로 했다니까.

선경   2번 좋아하면서 왜 1번이랑 만나요.

지나   이거 완전 바보네. 너 국어 못하지.

선경   누가 바본데. 누님 원래 누구 좋아하면 죽이고 싶어하잖아요.

지나   (보면)

선경   1번은 죽이고 싶어했고. 과거! 2번은 죽이고 싶다. 현재!

지나   !⋯ (잠시 생각하다 버럭) 헛소리 말고 가서 반찬이나 날라 와!

선경, 삐죽대며 부엌으로 향하고. 남아 있는 지나 복잡한 얼굴로 밥상 행주로
벅벅 닦는데.

S#20. 제주도 / 동경의 집 / 거실 2 (밤)

다 같이 밥상 둘러앉아 밥 먹고 있다. 대화 한마디 오가지 않고⋯ 그저 파도

소리, 수저 부딪치는 소리만이 울린다. 마음 무거워 누구도 섣불리 말을 꺼낼 수 없고. 동경도 그런 분위기 읽고 그저 밥만 먹고 있다. 그때 수자, 동경 밥그릇 위에 반찬 하나 놔주고. 질세라 선경도, 지나도, 케빈도 저마다 동경에게 반찬 놔준다. 동경, 밥 위에 수북이 쌓인 반찬들 보다가 울컥하는데. 그러다 애써 묵묵히 밥 다시 먹기 시작하고. 그런 동경을 보고 있던 멸망, 잠깐 멈칫한다. 보면, 수자가 자연스럽게 멸망의 밥그릇 위에도 반찬 놔주고. 멸망, 가만히 반찬 보다가 집어먹는다.

선경   눈 온다…

선경의 말에 다들 창밖 보면, 나풀나풀 꽃처럼 날리는 눈. 모두의 얼굴에 은은한 미소 번지고. 그렇게 고요한 제주도의 밤이 지나가는데.

S#21. 제주도 / 동경의 집 전경 (다음 날 아침)

S#22. 제주도 / 산책로 (낮)

동경과 지나, 산책로를 함께 걷고 있다. 동경, 뭔가 홀가분한 얼굴이고.

동경   내가 다 버리고 도망치려고 여기 왔는데 도망친 게 도망친 게 아니더라. 도망친 줄 알았는데 와보니까 여기 내가 사랑하는 게 다 있더라.

지나   (보면)

동경   그래서 너무너무 보고 싶더라… 다…

지나   도망도 쳐본 놈이 치는 거지. 맨날 세상이랑 맞장 뜨듯이 온몸에 힘

잔뜩 주고 사는 게 뭔 도망을 가.

동경   (픽 웃고)

지나   너랑 같이 도망은 못 가. 대신 니가 맞장 뜰 때 나는 맨날 니 편 할
       게.

동경   (보는데)

지나   (괜히 분위기 띄우려 오버하며) 아니, 야 근데 여기 왜 이렇게 좋냐? 우
       리 같이 제주도 온 것도 몇 년 만이야 이게. 평일이라 사람들도 안
       바글거리고 너무 좋다~ 백수와 프리랜서 좋다는 게 이런 거 아니겠
       니? 우리 백년해로하면서 남들 일할 때 꼭 놀러 다니자~

동경   (픽) 뭐 평생 백수하라고?

지나   너는 돈이나 펑펑 써. 내가 개처럼 벌라니까.

동경   (푸핫 웃음 터지고)

지나   야 핸드폰 꺼내. 햇살도 좋은데 사진이나 한방 찍자.

동경, 주머니에서 핸드폰 꺼내고 두 사람, 얼굴 맞대고 사진 찍으려는데.

지나   …너 어플 안 쓰니?

동경   응…

둘, 꺄륵거리며 사진 몇 장 찍고. 지나, 사진 신중하게 넘겨보는데.

동경   근데 그때 간 일은 어떻게 됐어.

지나   (사진 넘겨보며 건성으로) 응? 무슨 일?

동경   접때 전화 받고 간 일.

지나   아 그거. 괜찮아. 대충 욕하고 노트북 부숴서 겁줬어.

동경   (보는데)

지나   (아무렇지도 않게) 아, 지조킹 그 새끼가 나보고 지 거 표절했다길래.

동경	어엉?!
지나	괜찮다니까. 내가 잘 처리했어. 아 근데 그 노트북 차팀장 거더라.
	(표정 급 어두워지는데)
동경	(가만히 보다가) 언니.
지나	(보면)
동경	언니 차팀장 좋아해?
지나	뭐어? 내가 미쳤냐?!! 나 이현규랑 다시 만나기로 했거든?!
동경	뭐? 이현규? 그 이현규?!
지나	더 대박인 거 뭔지 알아? 이현규 니네 회사 일층에 있더라. 등잔 밑이 어둡다더니.
동경	(깜짝 놀라서) 설마 그 잘생긴 카페 사장? 막 웃을 때 해사하고 청춘영화 같고, 그 사람?!
지나	(쩝…) 그 새끼가 좀 생기긴 했구나.
동경	어쩌려고 그래?! 차팀장 좋아하면서?!
지나	안 좋아한다고!!!

S#23. 제주도 / 어느 절벽 (낮)

멸망, 어딘가 높은 곳에서 멀리 바라보고 있다. 그 시선 끝에, 동경과 지나 모습 보이고… 피식 웃는 멸망인데. 순간, 뭔가 탁 스치듯 지나가는 장면!! 긴장한 얼굴로 뒤돌아보는데!

/ 물뿌리개를 놓치는 소녀신의 손, 이내 쓰러지고. 바닥 위에 점점 퍼져나가는 물웅덩이…

S#24. 제주도 / 동경의 집 앞 (낮)

동경과 지나, 산책 끝내고 집에 돌아온다. 멸망, 동경 기다린 듯 집 대문 앞에
서 있는데. 동경, 굳은 표정의 멸망 보고선 무슨 일 있구나 싶은데.

동경	어디 가?
지나	(분위기 눈치 채고 작게) 얘기하고 들어와. (먼저 들어가는데)
멸망	잠깐 다녀올게.
동경	어디?
멸망	병원.
동경	(놀라서) 무슨 일 있구나 걔한테.
멸망	금방 갔다 다시 올게. 기다리고 있어. (가는데)
동경	(탁 붙잡고) 같이 가.
멸망	(보면)
동경	아니 먼저 가 있어. 금방 따라갈게. 같이 있어줄게.

동경, 급하게 대문 열고 들어서면 이미 가족들과 지나, 짐 싸들고 대기하듯
기다리고 서 있다.

S#25. 병원 / 소녀신 병실 (낮)

각종 의료기기에 둘러싸여 있는 소녀신, 가만히 눈 감고 있다. 조용히 곁에
앉아 그 모습 보고 있는 멸망이고. 이내 힘들게 눈 뜨는 소녀신인데. 전처럼
일어나지 못하고 누워만 있다.

소녀신	왔구나…

멸망	왜 말 안 했어.
소녀신	(힘겹게 미소 짓고) 괜찮아. 모든 건 정해진 수순이야.
멸망	(보다가) 내가 왜 사랑하지 않으려고 했는지 기억났어.
소녀신	(보면)
멸망	사랑하면 상처받으니까. 사랑하는 것들이 사라지면… 너무 힘드니까.
소녀신	(미안하고 안쓰럽고) 인간이 만든 건 항상 위대하지. 죄도 사랑도 항상 세상을 뒤흔드니까.
멸망	사랑하지 말걸 그랬지. 그게 뭐든.
소녀신	(손 뻗어서 머리 쓰다듬어 주고) 괜찮아… 다 괜찮아. 난 또다시 태어나.
멸망	내가 어떻게 하면 될까. 당신은 알 거 아니야. 모른 척 그만하고 말 좀 해줘.
소녀신	신은 원래 인간을 위해 사는 거야. 그렇게… 만들어진 거야.
멸망	(보면)
소녀신	인간을 위해 살고… 인간을 위해 사라지는 거야… 그게 우리 일이야.

가만히 슬프게 바라보는 멸망. 희미하게 미소 짓는 소녀신인데.

S#26. 병원 / 복도 (낮)

멸망, 문 열고 병실에서 나와 저벅저벅 걸어간다. 그러다 문득 걸음 멈추는데. 보면, 동경이 저만치 서 있다.

동경	(멈칫했다가 멸망에게 걸어와 서고)
멸망	(그저 보면)

동경   (단단하게 멸망의 손 잡아주는데)

멸망   이거 뭔데.

동경   위로. 니가 나한테 해준 것처럼.

무너질 것 같은 멸망과 달리 단단한 얼굴로 그런 멸망의 손 꼭 붙잡는 동경
이고.

S#27. 길거리 (낮)

말없이 손잡고 걷고 있는 동경과 멸망이다. 길거리에 제법 사람들 오가고 있
고. 오가는 사람 속에 얼핏 사이좋은 모자의 모습도 보인다.

동경   많이 안 좋은 거야?

멸망   시간이 얼마 남지 않았어.

동경   (마음 무거워지고)

멸망   괜찮아.

동경   (보면)

멸망   늘 있었던 일이니까.

일상적인 것 같은 그말의 슬픔이 어느 정도 깊은지 동경, 알 것 같은 기분이
고. 쉽게 위로의 말조차 건네지 못하는데. 그때, 오토바이 하나 도로 쪽에서
윙 달려오고. 앞쪽에 걸어가던 모자, 아이가 장난치다가 탁 도로 쪽으로 뛰어
드는데! 오토바이가 당장이라도 아이 덮칠 듯하고. 다들 손쓸 틈도 없이 놀라
보는데! 그 사이에서 멸망, 휙 몸 움직여 아이 한 팔로 안아올린다. 그대로 끼
익 오토바이 옆으로 휘어 서고.

동경	!!
엄마	진영아!!

멸망에게 안겨 있던 아이 그제야 놀라 와앙, 울음 터뜨린다. 엄마 달려와서 아이 받아 안는데. 멸망, 별 표정 없이 그저 아이 넘겨준다.

엄마	감사합니다. 감사합니다.
멸망	…

오토바이, 보다가 이내 갈길 가고. 엄마도 우는 아이 어르며 걸음 옮긴다. 멸망, 동경 쪽으로 다시 걸어오는데.

동경	너… 그런 거 해도 돼?
멸망	안 돼.
동경	어?
멸망	안 되는데 하게 되잖아.
동경	(무슨 말인지 몰라 보면)
멸망	니가 보고 있으니까.
동경	!
멸망	가끔… 다 너로 보여.
동경	(보면)
멸망	너를 사랑하고 나니까 인간이… 가끔 어이없게 불쌍하고 사랑스러워.
동경	!!
멸망	왜 걔가 그렇게까지 인간을 사랑하는지 이제야 조금 알 것 같아.

그들의 운명이 참 무겁다. 동경, 무거운 마음에 시선 떨군 채로 제 발끝만 보

며 툭툭 걸어가는데. 그때 동경의 핸드폰 울린다. 보면 모르는 번호고.

동경　　여보세요?

박대표　　(F) 이제야 전화를 받네?

동경　　대표님…?

멸망　　(보고)

박대표　　(F) 당장 회사로 와! 너 지금 당장 안 오면 이현 고소해버릴 거니
　　　　까! (끊고)

동경　　(황당해 핸드폰 보고 있으면)

멸망　　뭐, 어떻게. 하던 일 하면 되나? 말만 해.

동경　　(빠직, 매서운 얼굴로) 아니. 내 살인은 내가 해.

S#28. 라이프스토리 / 사무실 (낮)

사무실 문 열리고 동경 들어서면, 박대표, 기다렸다는 듯이 사무실 정중앙에
서 허리춤에 손 올리고선 들어오는 동경 노려보고 있는데. 예지, 다인, 정민,
걱정스러운 얼굴로 보고 있고.

박대표　　너. 따라와.

박대표, 위압적으로 대표실로 들어가고. 허? 누가 무서워할 줄 알고? 동경, 박
대표 따라 대표실 들어가는데.

S#29. 라이프스토리 / 대표실 (낮)

동경, 대표실 들어와 문 닫자마자 위협적으로 동경에게 걸어오는 박대표! 동경, 뭐야… 살짝 쫄아서 보는데 박대표, 동경 앞에 서자마자 바로 털썩 무릎 꿇고 동경의 바짓자락 붙잡고 늘어진다.

박대표   탁주임… 나 한 번만 살려주라.

동경   (질색하며) 왜 이러세요. 놔요. 놓고 말해요 이거.

박대표   (매달리며) 탁주임… 나 진짜 죽겠다!!

동경   (힘겹게 뿌리치며) 놓고, 말하시라, 구요!

박대표   (휙 떨어져나가고, 무릎걸음으로 걸어오며) 너도 없고 차팀장도 없고 작가들은 재계약도 다 안 하겠대고. 나 진짜 죽겠다…

동경   (질색해 뒷걸음질 치며) 그걸 왜 저한테 이러시냐구요.

박대표   (안 먹히니까 확 일어나서 버럭) 이게 다 너 때문이잖아! 니가 얼마나 작가들을 감아놨으면 작가들이 하나같이 어?!

동경   (이 새끼가 미쳤나 진짜. 날 서서) 네? 지금 뭐라고 하셨어요?

박대표   (바로 꼬리 내리고) 아니… 얼마나~ 일을 잘했으면 작가들이 다 저러냐구…

동경   나쁜 놈이랑 한편 먹기 싫은 거는 만국 공통이죠. 작가님들도 그러셨겠지.

박대표   그러엄! 나도 그때 너무 당황해서 탁주임 편 못 든거지 나는 늘 탁주임 편이었어!! 이렇게라도 얼굴 보니 얼마나 좋아. 건강은 괜찮구? 햐, 내 그 형님 언제 한번 사고 칠 줄 알았는데. 먹고살기가 이렇게 힘들다 동경아. 나도 진짜 싫은데~ 책임져야 될 사람들이 있잖아. 겨우겨우 비위 맞추는 거야.

동경   (허이고…)

박대표   밖에 애들 생각해봐. 이러다가 나 쟤네 월급도 못 챙겨줘. 회사 망하면 애들도 망하는 거야!

동경   창창한 애들 인생을 어따 비벼요.

박대표   동경아… 내가 이렇게 부탁할게. 차팀장 딱 한 번만 만나줘. 진짜
          딱 한 번만 만나서 설득해주라. 너야 건강 문제가 있어서 같이 일하
          기 힘들지만 차팀장은 아니잖아.

동경   (심드렁하게 보면)

박대표   (다시 엄포 놓듯) 진짜 이런 식으로 협조 안 하면 나는 이현 작가를
          고소할 수밖에 없어!

동경   무슨 죄로 고소하실 건데요.

박대표   기물파손죄! 업무방해죄! 나 한다면 한다. 알지?

동경   (하…) 아니, 관둔 팀장님을 제가 무슨 수로 만나요.

박대표   (비밀 얘기하듯) 차팀장은 늘 우리 가까이에 있었어.

동경   (뭔 개소리야) 예?

박대표   (손가락으로 위 가리키며) 저 위. 차팀장 저 위에 살아. 차팀장, 주님
          아들이야.

동경   ?!

주익   (E) 돈 좀 주세요.

S#30. 골프장 라운지 (낮)

주익부 골프복 입은 채로 자리에 앉아 골프채 상태 확인하고 있고, 맞은편에
주익 앉아 있다.

주익부   (심드렁) 돈? 돈은 뭐 하게.

주익   사고 쳤어요. 수습하게요.

주익부   (골프채 하나 쑥 꺼내들며) 이러려고 골프채를 바꾼 건 아니었는데.

주익	잘돼서 다 갚아드릴게요.
주익부	(멈칫 골프채 다시 꽂아놓고) 뭘 할 건데 잘돼. 뭘 얼마나 달라는 건데.
주익	회사 하나 만들게요.
주익부	니놈이 무슨 회사를 차려? 그럼 지금 건물은 누가 관리하고?
주익	건물 관리는 하던 대로 따박따박 할게요. 회사는 취미로 하고.
주익부	이 시끼가? 취미로 창업을 해?
주익	아버지 취미보단 돈 덜 들고 돈 많이 벌걸요.
주익부	하여간에 말이나 못하면 저거. 이자 얼마나 쳐줄 건데.
주익	뭔 아버지가 아들한테 이자를 받아요!
주익부	그럼 은행 가서 돈 달라고 해라.
주익	알았어요 알았어. 아쉽지 않게 쳐드릴게요 이자.
주익부	(주스 빨대로 마시며) 진작 그럴 것이지. 니놈이 현규만큼만 사업을 해도, (하다가) 아니 근데 그놈은 그때 왜 그런 거래.
주익	그때?
주익부	뭔 나를 얼싸안고 아버지네 어쩌네 난리부르스 추던 거.
주익	아. (대수롭잖게) 저 지키려구요.
주익부	허 그놈 참. 니가 키워놓은 보람이 있네.
주익	(그 말에 좀 생각 깊어지고) 좀 덜 키울걸 그랬나봐요.
주익부	왜. 그놈 이제 머리 커서 너한테 엉기냐?
주익	뭐. 좀 버겁네.
주익부	버거워? 그럼 이제 너랑 겨룰 때가 됐네. (재밌다는 듯 주스 쪽쪽 마시는데)
주익	…

그때, 주익 핸드폰 울리고. 주익부, 받으라는 듯 손짓하고 주익, 화면 보면 **탁 동경** 떠 있다.

S#31. 주익의 집 앞 (낮)

엘리베이터 문 열리면 설마하는 얼굴의 동경이 내린다. 여전히 그 얼굴로 펜
트하우스 벨 누르는데. 편안한 옷차림의 주익이 문 열고 나온다.

주익   웰컴.
동경   대박…

S#32. 주익의 집 / 거실 (낮)

동경, 거실 소파에 기가 찬 듯한 얼굴로 앉아 있고. 주익, 머그컵에 차 담아서
동경 앞에 내려두고 앉는데.

동경   (둘러보며) 이래서 맨날 일찍 출근하고 늦게 퇴근한 거였어?
주익   혼잣말인지 반말인지 헷갈리네. (호록 마시고)
동경   와… 무섭다 무서워… 진짜 믿을 놈 하나 없다…
주익   이건 안 헷갈린다. 반말이네.
동경   진짜 건물주예요?
주익   나 말고. 아버지가.
동경   그럼 지하주차장에 있는 스포츠카도 팀장님 거예요?
주익   어.
동경   와… 그럼 혹시 건물이 이것 말고 더 있어요?
주익   어. 이게 제일 작은 건물이야. 다른 건 형이나 아버지가 관리하고.
동경   허. 근데 건물주 아들이 왜 그런 박봉 회사를 다닌 거예요?
주익   출근하기 가까워서.
동경   …기만하네.

주익　　　(대답 없이 그저 차나 호록 마시고)

동경　　　회사는 왜 때려친 건데요.

주익　　　너랑 똑같은 이유. 못 참겠어서.

동경　　　잘만 참더니.

주익　　　그러게. (컵 내려놓고) 요즘 잘 안 참아지네.

동경　　　왜요. 대표가 언니 갖고 뭐라 그래서?

주익　　　(보면)

동경　　　언니한테 얘기 다 들었어요.

주익　　　다는 아닐걸.

동경　　　예상한 바대로 뭐가 있긴 있구만.

주익　　　예상이 갈 정도는 얘기했나보네.

동경　　　이제 어떻게 할 생각인데요.

주익　　　회사 차리려고. 그래서 너 보자고 한 거야.

동경　　　(보면)

주익　　　탁주임. 빨리 다 나아. 나아서 오면 바로 팀장 시켜줄게.

동경　　　(보다가) 나 그거 물어본 거 아닌데.

주익　　　(보면)

동경　　　어휴 됐다. (컵 들어 차 호록 마시며) 그리고 저 연봉 엄청 높게 부를 거거든요?

주익　　　…그냥 직급을 올려줄게. 이사는 어때.

동경　　　됐거든요. 무조건 연봉이거든요.

꼭 회사에서 그랬던 것처럼 투닥대는 둘이고.

S#33. 현규 카페 (낮)

선경　　(꾸벅) 죄송합니다.

현규　　아냐. 뭘 또. 사정이 있으면 그럴 수도 있지.

선경　　제가 일 더 열심히 할게요.

현규　　누님은 괜찮으시고?

선경　　아니요… 근데 괜찮을 거예요.

현규　　(말없이 어깨 턱턱 두드려주고)

하는데 카페 문 열리고 동경 들어온다.

선경　　어?! 누나!

현규　　(보면)

동경, 새침한 표정으로 카운터까지 한걸음에 걸어오는데.

현규　　아, 선경이 누님이세요? 자주 뵀었는데.

선경　　누나 왜 왔어? 나 만나러 왔어? 나 일 잘하고 있어!

현규　　아, 선경이가 일 진짜 잘합니다 누님. 너무 열심히 하고.

동경　　(현규만 훑으며) 음 뭐 지나! 가다가 왔어. 지나! 가다가.

선경　　(누나 왜 저러지? 보는데)

현규　　(붙임성 있게 웃으며) 커피 한잔 내드릴까요? 서비스예요. (얼른 커피 내리는데)

동경　　(영혼 없이) 아, 네. 너무 감사하네요. 아 진짜 내가 왜 몰랐을까.

현규　　(커피 내리다가 힐끔) 네?

동경　　아니요. 정말 이런 커피 맛집을 왜 더 일찍 알지 못했을까 뭐 그런 생각 중이었어요.

현규	아. (환히 웃고)
동경	(웃음에 눈 가늘게 뜨고… 저저저거 저 웃음…)
선경	(괜히 눈치 보여서 입모양으로 '왜')
동경	(선경 신경도 안 쓰고)
현규	(커피 내밀며) 커피 나왔습니다. 아이스 아메리카노 좋아하시죠? 늘 그거 드시던데.
동경	기억력이 되게 좋으시네요. (커피 빨대로 쪽 빨며) 어머. 유학 가서 배워온 커피는 다르긴 한가봐.
현규	저 유학 가서 커피 배운 거 어떻게 아셨어요?
동경	냄새가 나서요. 도피유학 냄새.
현규	?!
동경	어머, 말실수. 커피유학 냄새.
선경	누나 왜 그래… 아파? 병원 갈까? 막 단어가 헷갈리구 그래?
동경	안 아파. 멀쩡해. 커피 마시니까 정신 더 확 든다. 아, 듣기론 수영 하셨다던데.
현규	어디서 들으셨어요.
동경	뭐, 그냥 건너건너.
선경	저 아니에요. 저 말 안 했는데?
동경	(쪼옥 빨면서) 수영하면 잠수도 잘하나요?
현규	일반인보다는 좀더 수월하겠죠?
동경	오 수월. 역시 수영을 해서 잠수가 쉬운 건가?
현규	네??
동경	(여전히 커피 쪼옥 빨며) 사장님은 잠수 이별에 대해서 어떻게 생각하세요?
현규	뭐 되게 비겁한 방식이라고… (하는데)
동경	그쵸. 누가 봐도 비겁하죠. 그런 비겁한 짓을 왜들 하는 걸까?
선경	누나 왜 그래… 형님 잠수 탔어?

동경	아니? (쭈옥 마시고 빈 컵 탁 선경 쪽으로 밀고) 나. 지. 나. 가는 길에 들른 거라 이제 갈게.
선경	뭐야. 왜 온 건데.
동경	(현규 보며 가짜 눈웃음) 그냥 뭐 볼 거 있어서. 커피 잘 마셨습니다.
현규	아 네. 가세요? 안녕히 가세요.
동경	(계속 가짜 눈웃음 지으며 현규에게 시선 떼지 않고 문 밖으로 나가는데)
선경	…왜 저래.
현규	(해맑게 웃으며) 누님 괜찮으신 거 같은데?
선경	예… 뭐…

S#34. 현규 카페 앞 (낮)

문 열고 나오자마자 표정 딱 변하는 동경이고.

| 동경 | (절레절레) 나지나, 진짜 지독한 얼빠. |

맘에 안 든단 얼굴로 탁탁 걸어가는데.

S#35. 지나의 집 / 거실 (밤)

지나, 게시판에 올린 '연재 중단 공지' 멍하니 보고 있다. **개인적인 사정으로 연재를 중단합니다. 부족한 제 글을 읽어주신 모든 분께 감사드리며, 저는 새로운 글로 다시 찾아뵙겠습니다.** 기분 복잡 오묘하고. 그러다가 맘 다잡으며 아무것도 쓰여 있지 않은 하얀 한글 창 띄우는데. 가만히 화면 보다가,

인서트. 5부 S#32

주익   작가님 글 다 봤는데 필요한 건 딱 한 가지예요.
지나   (보면)
주익   새로운 남주.

        / 다시 현재

지나   (중얼) 새로운 남주…

지나, 이내 결의에 찬 얼굴로 키보드 두드리기 시작하고. 새하얗던 한글창에
한 글자씩 채워지기 시작한다. 그 화면 위로,

지나   (NA) 첫사랑은 이루어지지 않는다고 도대체 누가 말한 걸까. 지우
       는 당장이라도 그 말을 한 놈을 찾아 죽이고 싶은 마음에 사로잡
       혔다.

이어서 적히는,

제 사랑이 이루어지지 않는 게 그놈 잘못이 아닌데도, 지우는 그러고 싶었다. 차마 첫사랑
을 제 손으로 죽일 수는 없었기 때문에. 하긴. 만나도 죽일 힘이나 남아 있나 모르겠지만.
지우는 세 시간째 첫사랑의 집 앞에 앉아 훌쩍이는 중이었다.

"못 가요."

뭐야? 낯선 목소리에 고개를 들자 목소리만큼이나 낯선 얼굴을 한 남자가 지우의 앞에 서

있었다. 빗물과 눈물이 한데 섞여 엉망인 시야 사이로 보이는 남자는, 말 그대로 아무 표정 도 없이 지우를 그저 내려다보고 있었다.

"못 간다구요. 사람이. 거기 그러고 있으면."

S#36. 주익의 집 / 거실 (밤)

주익, 태블릿 PC로 플랫폼에 올려진 지나의 신작 소설을 읽고 있다. 소설 마 지막 문단에 처음 본 사람과의 첫 키스는 소나기 맛이었다. 갑작스러웠고, 피할 수 없었 다. 지우는 그 순간 예감했다. 나는 그를, 그와의 사랑을 피할 수 없을 거라고. 주익, 묘한 표정으로 태블릿 PC 보고 있는데.

S#37. 동경의 집 / 옥상 + 거실 (밤)

동경, 멸망과 통화하며 옥상 오르고 있다.

동경   어, 나 집에 다 왔어. 어, 넌 잘 들어갔어? 아니아니. (풉 터지고) 참 을 인 세 번으로 살인은 면했고.

동경, 통화하며 현관문 열고 들어서는데. 집, 불 꺼져 어두컴컴하다.

동경   응 이모? 이모는 어디 갈 데 있다고 오늘 안 온대.

등 돌려, 전등 스위치 켜고 돌아서는데.

동경   !!

불 켜지면 어느새 예전처럼 멸망의 집과 연결된 동경의 집 드러나고. 멸망,
소파에 앉아서 통화하며 앉아 있다.

멸망   그래? (웃는데)
동경   (예상치 못한 상황에 굳었다가 이내 웃음 터지고)

S#38. 동경의 집 + 멸망의 집 (밤)

동경, 멸망의 소파에 멸망 무릎 베고 누워 주전부리 주워먹고 있고. 멸망, 책
읽고 있다.

동경   이러고 있으니까 옛날 생각난다.
멸망   옛날 아닌데. 비교적 최근인데.
동경   너는 그 말꼬리 잡는 게 큰 흠이야 흠. 아주 분위기를 다 깨!
멸망   말꼬리 잡은 게 아니라 사실 정정한 건데.
동경   (하… 포기…) 여전하다. 진짜 하나도 안 변했네. 너 그때도 진짜 재
           수 없었는데.
멸망   (픽, 시선 동경 내려다보며) 뭐가 그렇게 재수 없었는데.
동경   (시선 앞 보며) 이거저거 재수 없었지. 가끔 귀여웠고.
멸망   귀여워? 내가?
동경   너 그때 불 꺼준 거 다 알아.
멸망   !

동경, 불 꺼진 상태에서 설핏 잠깬다. 그 상태에서 가만히 멸망 보면, 멸망 어둠 속에서 소파에 누워 그저 천장 보고 있다. 동경, 피식… 작게 웃는데.

/ 다시 현재

동경 어두운 건 맨날 무섭고 두렵고, 그런 건 줄 알았는데. 그때 처음 느꼈어. 어떤 친절은, 어떤 다정은 깜깜하기도 하구나.

멸망 (보다가) 아닌데. 그냥 어두운 게 좋아서 끈 건데.

동경 (째릿) 이씨. 분위기 깨는 말 하지 말라고 했지 내가.

투닥대는 둘인데.

S#39. 병원 / 안내데스크 (밤)

직원 그런 선생님은 안 계시는데요.

수자, 당황한 얼굴로 서 있고. 케빈 그 옆에서 무슨 말인지 몰라 그저 보는데.

수자 그럴 리가 없는데. 며칠 전에 분명 그 선생님한테 상담을 받았거든요.

직원 (안내 책자 보여주며) 저희 병원 신경외과 선생님들은 이렇게 계세요.

수자 (책자 보며) 어… 왜 없지. 제가 분명 저희 조카랑 이윤호 선생님이랑 상담했거든요. 저희 조카가 신약 치료받는 환자 명단에도 올라가 있다 했는데.

직원	뭔가 착각하고 오신 것 같은데 조카 분하고 다시 연락하시고 오시는 게…
수자	아니 그럴 리가 없다니까요? 제가 분명 상담을 했어요.
케빈	(영어) 수? 무슨 일 있어?
직원	죄송합니다. 지금으로선 저희가 도와드릴 수 있는 게 없네요.

수자, 그럴 리가 없는데… 중얼거리며 케빈 부축 받아 의자에 앉는다.

수자	케빈… 뭔가 이상해. 내가 분명히… 분명히 봤단 말이야. 얘기도 하고.

그때, 멀찍이 떨어져 있던 입원환자(6부 S#14 환자2) 슬쩍 끼어들며,

입원환자2	하이고… 또 그 귀신이 나타났는갑네.
수자	(돌아보고) …네?
입원환자2	이 병원에 (비밀 얘기하듯) 귀신이 있다니께.
수자	귀신…이요?
입원환자2	몇 년 전부터 떠도는 얘기여. 그 의사 귀신 본 사람만 해도 음청나고. 아이고 심신이 힘드니까 귀신이 자꼬 홀리는 모양이여. 그짝도 걍 딴 병원 알아봐요. 난 이미 틀렸지만서도.
수자	귀신이라뇨. 아니, 무슨 말도 안 되는…
입원환자2	뭐 귀신 아니면 사기당한 거겠지! 사기당한 사람 빼고 나머지 둘이서 짜고 친 건가? 근데 조카라매. 조카가 왜 사기를 쳐 이모를. (하다가) 아니 근데 그게 말이 되긴 하나? 이 큰 병원에서? 저 다 보안이 지켜보고 있을 텐디. 아이, 귀신이 맞대니깐.

수자, 급격히 스트레스 몰려오는 듯 이마 짚고 말 잇지 못하고. 다른 손으로

는 배 부여잡는데.

S#40. 멸망의 정원 (밤)

동경과 멸망, 편안한 옷차림으로 멸망의 정원 거닐고 있다.

동경   여기는 달이 참 크고 밝아서 좋아.

멸망   같은 달인데도.

동경   그러게. 같은 달인데 여기서 보면 더 예쁘단 말이지.

멸망   (동경 시선 따라 달 보는데)

동경   (혼잣말처럼) 다시 태어나면 그냥 저런 달로 태어나고 싶다.

멸망   (보면)

동경   태양, 별, 달, 바람 같은 거. 살아가는 게 아니라 그냥 존재하는 거.
            그런 걸로 태어나고 싶어.

멸망   (쓸쓸해 보이는 동경의 얼굴 바라보다가) 그럼 다시 돌아가면 뭐 할래?

동경   (보면)

멸망   시간을 거슬러 올라가면.

동경   글쎄…

멸망   난 다시 돌아가도 같은 선택을 할 거야. 널 만나고, 널 사랑하고, 너
            랑 이렇게 걷고.

동경   (말없이 보면)

멸망   알아. 넌 아니겠지.

동경   (보다가) 후회는 안 해.

멸망   (보면)

동경   널 알고 내 세상이 달라졌으니까.

동경, 가만히 주머니에서 무언가 꺼내든다. 보면, 소녀신이 동경에게 건넸던 구슬이다.

동경   이거, 병원에 있는 그 애한테 받았었어.
멸망   …
동경   이 안에 있는 모든 게 내 사랑 하나에 달려 있다고, 무섭지 않냐고 물어보더라.
멸망   …
동경   무서웠지. 근데, 이제 무섭지 않아.
멸망   (보면)
동경   (멸망의 손에 쥐여주며) 무섭지 않아. 나. 이제.

가만히 마주 보는 두 사람인데. 그때, 동경의 휴대폰이 울린다.

동경   (받으며) 여보세요. (하다 놀라는데)

S#41. 병원 / 응급실 (밤)

수자, 이마에 팔 올린 채로 베드에 누워 수액 맞고 있다. 케빈, 그 옆에 속상한 표정으로 앉아 있고. 그때, 다급하게 들어와 서는 동경이다.

동경   이모!!
수자   (여전히 손 올린 채로 차분히) 괜찮아. 호들갑 떨지 마. 그냥 스트레스 성 위경련이니까.
동경   위경련? 많이 아파? 나 지금 나가서 죽이라도 사올까? 이모부도 뭐 못 먹었지. (하는데)

수자	(눈 딱 뜨더니 고쳐 앉고) 탁동경.
동경	(뭔가 분위기가 이상한 걸 느끼고 긴장해서) …응?
수자	내가 병원에 왔다가 이상한 걸 들었는데 니가 설명을 좀 해봐.
동경	(아… 이모가 알았구나 싶고)
수자	그때 같이 상담한 의사 좀 만나러 왔는데 이 병원에 그런 의사는 없다더라.
동경	(미치겠고)
수자	그럼 내가 들은 것도 다 없는 사실이겠네?
동경	이모… 그게…
수자	됐어. 긴말하지 마. 당장 병원 들어가. 케빈이 새 병원 알아봐줄 거야.
동경	이모…
수자	새 병원도 여기 못지않게 유명해. 예약 잡아뒀으니까 거기 입원해서 검사 새로 싹 받고, (하는데)
동경	(담담히… 허나 괴롭고) 이모. 나… 병원 들어가도 어차피 죽어.
수자	그게 무슨 소리야 너 지금?!
동경	나… 죽는다고… 수술해도…
수자	니가, (말문 턱 막히고) 니가 왜 죽어. 니가 왜 죽어!
케빈	(영어) 수자. 진정해.
동경	(죄인처럼 서 있는데)
수자	너 지금 당장, 이 병원에라도 입원하자. (하다가 자기도 모르게 흐느끼는데) 입원하자 동경아.
동경	(따라 조용히 눈물 뚝뚝 흘리고)
수자	입원해! 입원해 당장!! (하다 통증 오는지 윽 소리와 함께 인상 확 찌푸리고 풀썩 옆으로 고꾸라지는데)

지나가던 간호사, 소리 듣고 침대로 다가오고. "괜찮으세요?" 하는데, 그사이

케빈, 얼른 동경 데리고 밖으로 나온다.

케빈 (어설픈 한국어로) 지금 수자 안정, 안정 필요해. 수자 동경, 같이 있
으면 같이 안 좋아. (영어) 일단 수자 진정할 때까지만 어디 근처에
있어. 내가 다시 부를게. 미안해. 동경.

다시 안으로 들어가는 케빈이고. 동경, 복잡한 얼굴로 뒤돌아 가는데.

S#42. 병원 / 대기실 (밤)

멸망, 불 몇 개 켜져 있는 조용하고 어두운 대기실 안에 홀로 앉아 동경을 기
다리고 있다. 살짝 고개 돌리면 어느새 열두 시를 향하는 시계 보이고.

S#43. 병원 / 복도 (밤)

응급실에서 나온 동경, 소매춤으로 눈물 슥슥 닦으며 힘없이 복도 걷고 있다.
언제 온 건지 복도 끝에 그런 동경을 보고 있는 소녀신 서 있고. 소녀신, 동경
이 자신을 발견할 때까지 가만히 그 자리에 서 있다. 이내 제 시야에 들어온
소녀신을 발견한 동경, 그 자리에 멈춰 서는데. 둘, 멀찍이 선 채로 서로를 바
라보고 있다. 이내 동경에게 소녀신, 천천히 다가온다.

동경 너무… 힘들어.
소녀신 (다 안다는 듯 보고)
동경 도와줘… 나 좀 도와줘… 어떻게 해야 할지를 모르겠어… 내가 어
떻게 해도 죽을 거라는 걸 설명할 방법이 없어. 차라리 몰랐으면,

그걸 몰랐으면 내가…

소녀신 도와줄게.

동경 (보면) 날 살려주겠다고…?

소녀신 아니. 널 살려줄 순 없어. 그건 원래 너의 운명이니까. 대신, (뜸 들이고)

동경 (간절히 보면)

소녀신 너희 둘의 운명을 조금 바꿔줄 순 있어.

동경 !!

소녀신 서로의 운명에서 서로를 지우는 거야. 처음부터 없었던 것처럼.

동경 !!

소녀신 그럼 넌 아무것도 모른 채로 원래 니 운명대로 죽을 거야. 보통 환자처럼 치료를 받고, 애를 쓰다가… 그렇게 천천히 죽음을 받아들이게 될 거야. 서로에 대한 기억도 없고, 계약도 없어. 하지만 니 선택 때문에 세상이 멸망하거나, 사랑하는 사람이 죽는 일은 없어.

동경 !!

소녀신 …그렇게 할래?

동경 (쉽사리 대답하지 못하고 망설이는데)

소녀신 시간이 얼마 없어. 빨리. 넌 선택해야 돼.

소녀신, 제 입을 가리고 작게 쿨럭이는데. 그러자 소녀신의 손에 피 한가득 고인다. 소녀신, 그 손 동경에게 향해 펼쳐 보이는데.

동경 !!

동경, 혼란스럽고 고민하는 얼굴에서…

S#44. 병원 / 대기실 (밤)

가만히 앉아 시계를 바라보던 멸망, 곧 시계 열두 시를 가리키고. 멸망, 안 되겠는지 동경에게 가려 자리에서 일어서는데. 그 순간, 동경이 준 구슬이 주머니에서 빠져 떨어진다!

멸망   !

그대로 바닥에 부딪혀 산산조각이 나는 구슬!! 멸망, 안 좋은 예감으로 어딘가를 향해 확 고개 돌리고! 고통스러운 듯 애절한 멸망의 얼굴과 당장이라도 슬픔으로 무너져내릴 것 같은 동경의 얼굴 나란히 놓이면서…

11부 엔딩!

12부

S#1. 골목길 (낮)

빛이 잘 들지 않아 어둑한 뒷골목, 문 닫은 점포들 사이를 홀로 걸어가고 있
는 남자. 멸망이다. 멸망, 주머니에서 담배 꺼내 입에 물고는 라이터 찾으려
는 듯 주머니 뒤지는데. 라이터가 없는지 멈칫하고.

S#2. 길거리 (낮)

택시 멈춰 서고, 동경 밝은 표정으로 택시에서 내린다. 병원 향해 걸어 들어
가다 멈칫. 보면, 운동화 끈 풀려 있다. 허리 숙여 운동화 끈 묶는데. 그때 동
경의 옆으로 자전거 한 대 휙 지나가고. 자전거, 동경을 지나 사과 파는 행상
할머니 앞에 놓인 과일바구니 툭 치고 지나간다. 자전거 멈추지 않고 그대로
가고.

할머니   (엉거주춤 일어서며) 아이구!

나동그라진 사과가 떼구르르 동경의 발치까지 굴러오는데. 동경, 할머니를
따라서 얼른 사과 줍기 시작하는데.

S#3. 다세대 빌라 앞 (낮)

왜소한 체격의 한 남자, 들고 있는 가방에서 작은 기름통 꺼내든다. 남자, 앞
에 있는 일층 빌라 입구 안에 마구잡이로 기름 뿌리고. 남자, 만족한 듯 씩 웃
더니 주머니에서 이윽고 라이터 꺼내든다. 탁, 라이터를 당기는 남자의 손.
그대로 던져지나 싶은데 누군가 확 라이터 낚아챈다! 보면, 멸망이다. 다른

한 손엔 담배 들려 있고.

남자   (놀라) 당신 뭐야.

멸망   (시선도 안 주고) 흡연자. (하더니 담배 물어 불 붙이려는데)

남자   뭐? 너 뭐 하는 새끼냐고.

멸망   (손 멈추고) 왜. 아, 금연구역인가?

남자   이 새끼가 지금 장난하나!

멸망, 인상 확 쓰고는 담배와 라이터 주머니에 집어넣는다. 한 손 주머니에 꽂은 채로 비스듬히 남자 처다보는데.

멸망   장난 같애? 흡연자가 불이 없는데?

남자   꺼져. 좋은 말로 할 때.

멸망   니가 언제 좋은 말을 했어. 나쁜 말만 하고 있는데.

남자   야이씨!! 꺼지라고!! 이게 이씨 내가 누군줄 알고!!

멸망   니가 누군지 내가 알 바 없고.

무시하는 멸망의 말에 남자 눈 확 돌아서 옆에 있는 돌 집어들어 멸망에게 달려드는데! 멸망, 주머니에 손 넣은 채로 가볍게 남자 복부 차 넘어뜨린다. 남자, 돌 놓치며 그대로 뒤로 고꾸라지고. 남자, 허둥지둥 일어서려는데. 멸망, 그대로 와 남자의 배 꾸욱 발로 밟아 일어나지 못하게 만든다.

남자   !!

멸망, 그대로 남자의 가방에서 기름통 꺼내들어 남자의 얼굴 위로 기름 들이붓는다. 남자, 켁켁 발버둥치는데. 멸망, 제 담배 꺼내 남자 입에 억지로 물린다.

멸망	(남자의 턱 쥔 채로 라이터 탁 켜서 가까이 대고) 불 붙여줘?
남자	!!! (으읍 입 벌리지도 못한 채 고개 막 젓는데)
멸망	싫으면 말고.

멸망, 라이터 거두고 남자 탁 놔주는데. 남자, 재빠르게 입에 문 담배 퉤 뱉는다. 남자 허둥지둥 일어나려는데 멸망, 비켜주지 않고 발로 더 압박하고.

남자	(겁에 질려) 뭐야… 너 뭔데… 나한테 왜 이러는 거야…
멸망	나? 너한테 권리 침해당한 피해자.
남자	(말 더듬으며) 뭐… 뭐… 니가 이 건물 주인이라도 돼?
멸망	그건 아니고. 그랬으면 대답할 시간도 안 주지.

멸망, 남자의 가방 거칠게 잡아끌어 탈탈 뒤집어 터는데. 우르르 쏟아지는 물건들. 보면, 투명한 비닐팩에 고양이 사료와 쥐약가루들이 섞여 있고. 압정 든 통도 나뒹군다.

남자	!!
멸망	(사료 주워들어 남자 눈앞에 흔들며) 처음엔 고양이, 그다음엔 방화, 그다음엔 아이, 노인, 여자. 너 같은 것들 순서는 대충 그래.
남자	(분노로 떨며) 너랑 상관없는 일이잖아. 그냥 가던 길이나 가. 하찮은 짐승새끼들 몇 마리 죽이는 게 뭐!
멸망	너 같은 거 뽑아버리라고 그렇게 말을 해도 걔는 꿈쩍을 안 해. 아무리 생각해도 나는 이게 남는 장사 같은데.
남자	애초에 그 짐승새끼들이 그 새끼들이 너무 시끄럽게!! (하는데)
멸망	그러게. 너무 시끄럽네.

멸망, 남자의 턱 다시 잡아쥐고.

남자   (버둥대는데!!)

멸망   (그대로 남자의 입에 사료 처넣으며) 하찮은 게.

남자, 괴로워 몸부림치고. 그런 남자의 모습 그저 비소 띤 채 보는 멸망인데.

S#4. 병원 / 로비 + 복도 (낮)

동경, 사과 담긴 비닐봉지 든 채로 병원 로비 가로지른다. 통화하며 빠르게 걷는데.

동경   (전화하며) 어어. 지금 막 병원 도착했어. (사이) 알았어. 좀 이따 봐.
         (끊고)

동경, 수자와 통화하는 내용이나 꼭 멸망과 통화하는 듯 보이고. 코너 돌면,

S#5. 병원 / 로비 + 복도 (낮)

멸망 역시, 다른 방향에서부터 병원 로비 가로질러 걷고 있다. 꼭 동경을 만날 듯, 비슷한 풍경을 지나는데. 코너 딱 돌면, 어느새 의사 가운 걸쳐져 있고. 거침없이 걸어가는 멸망의 뒷모습. 멸망, 그대로 병실 문 탁 열고.

S#6. 병원 / 진료실 (낮)

동경, 진료실 문 탁 열고 들어선다. 당면의 진료실이다. 당면, 웃으며 동경 반

기고.

당면   어, 편집자님. 어서 와요.

S#7. 병원 / 소녀신 병실 (낮)

멸망이 연 병실 문 안쪽으로는 파리한 안색의 소녀신이 침대에 기대앉아 있다.

소녀신   왔어?

S#8. 병원 / 진료실 (낮)

당면   내일부터 입원해서 조직검사 바로 하고 치료 시작할 겁니다. 정확한 진단은 조직검사 후에 또 말씀드리겠지만 보통 방사선 치료랑 항암치료가 들어가구요.

동경   들어도 아직 실감이 안 나네요…

당면   편집자님은 그냥 맘 편안하게 먹으세요. 예후가 좋으면 통원 치료도 가능해요. 편집자님 워낙 젊고 지금도 병증 크게 안 나타나는 거 보니까 기대할 만해요.

동경   네에… 작가님. 아니다, 이제 선생님이라고 해야겠죠? 정승준 선생님.

당면   네. 앞으로 의사로서 말씀드릴 거니까 환자로서 각오하시구요.

동경   와 무섭다. 의사로서의 작가님.

당면   거짓말. 무서웠으면 진작 왔겠지. 내가 얼마나 애가 탔는지 알아요?

동경   이유가 있었어요.

당면   무슨 이유요?

동경	분명히 이유가 있었는데… (하다가) 기억이 잘 안 나요.
당면	(맘 쓰여 보다가) 기억이 잘 안 나고 그럴 수도 있어요. 병중에 하나예요.
동경	아… 병중… (하다가 얼른 웃으며) 아, 맞다! 사과 좋아하세요? 오는 길에 빈손으로 오기 좀 그래서. 예비 신부님이랑 나눠드세요. (비닐 봉지에서 사과 몇 알 꺼내 열심히 책상에 올려놓고) 요 앞에 할머니가 사과 파시던데 자전거가 지나가다가 휙 바구니를 엎어가지구. 아니!! 엎은 사과는 아니구요. 이건 깨끗한 거예요. 엎은 건 (다른 봉투 들어 보이며) 이거. 제가 먹을라구요.
당면	(보다가) 참 남 생각 많이 해.
동경	네? (보면)
당면	편집자님 좀 이기적이게 살라고 하고 싶은데 그게 갑자기 되는 것도 아니고.
동경	…
당면	아냐. 그냥 편집자님 하고 싶은 대로 하고 살아요. 누구 도와주고 싶으면 도와주고 손해 보고 싶으면 손해 보고.
동경	…혹시라도 후회 없게요?
당면	아니. 착한 거 늘 보기 좋아서. 결국엔 늘 착한 게 이기게 돼 있거든요.
동경	(보면)
당면	착한 탁동경님. 열심히 이깁시다. 우리.

당면과 동경, 서로 향해 따뜻하게 웃는데.

S#9. 병원 / 소녀신 병실 (낮)

멸망, 소녀신이 누워 있는 베드 끝에 삐딱하게 걸터앉아 있다.

멸망	당신이 사랑하는 인간이란 건 어쩌 갈수록 더 지긋지긋해.
소녀신	(힘없이 픽 웃고)
멸망	당신 꼴을 봐. 진짜 이럴 가치가 있다고 생각해?
소녀신	…응.
멸망	걔넨 몰라. 아무것도 몰라.
소녀신	(가만히 보다) 너도 몰라.
멸망	난 알아. 지겹게 들어서 알아. 정원이 당신 것은 아니라는 거.
소녀신	(가만히 보고)
멸망	난 그 정원의 나비일 뿐이고.
소녀신	…그래.
멸망	나비는 정원사와는 다르지. 어떤 꽃에는 앉지도 않으니까. 당신과 나는 다르단 얘기야.
소녀신	(가만히 보는데)
멸망	마음에 드는 꽃이 하나도 없어.
소녀신	하나도?
멸망	하나도.
소녀신	불쌍하지 않아?
멸망	전혀.
소녀신	사랑스럽지도 않고?
멸망	단 한 번도 그래본 적 없어.
소녀신	(쓰게 웃고) …그래.
멸망	갈게. (일어나는데)
소녀신	미안해.
멸망	(돌아보면)
소녀신	(말없이 볼 뿐이고)
멸망	이제 와서.

멸망, 병실 나가는데. 소녀신, 창가에 시선 던지면 화분 안의 꽃봉오리, 조금 시들어 고개 숙인 모습이다.

소녀신   미안해…

S#10. 병원 / 복도 (낮)

멸망, 소녀신 병실 나와 복도 걸어가는데, 누군가와 탁 부딪친다. 본능적으로 어깨 잡아 휘청이는 몸 바로 세워주는데. 보면, 동경이다.

동경   아 죄송합… (멸망 물끄러미 보며) (NA) 아니 근데 뭔 얼굴이…
멸망   (무표정한) 잘생긴 거 아는데 바빠서.

멸망, 그대로 동경 지나쳐 걸어가고. 그러다 문득 뭔가 이상한 느낌에 뒤돌아본다. 멸망, 동경의 멀어지는 뒷모습 바라보는데.

S#11. 다른 병원 / 병실 (낮)

평소와 달리 화장기 없는 얼굴의 달고나. 환자복 차림으로 병실 침대에 기대앉아 있다. 화장기는 없지만 건강해 보인다.

동경   (사과 든 비닐봉투 내밀며) 이거… 빈손으로 오기는 그래서. 아 깨끗한 거예요.
달고나   깨끗한 건 또 뭐야. 안 깨끗해도 좋아. 편집자님이 준 거니까. (열어보고) 사과네. 나 사과킬러 거 어떻게 알고. 잘 먹을게.

170

동경	(배시시 웃고)
달고나	입원은, 하기로 했어요?
동경	네… 근데 막상 입원해서 검사 받고 치료 받는다고 생각하니까 좀 무섭고…
달고나	나 봐. 나 수술 잘됐잖아. 편집자님도 괜찮을 거야.
동경	다행이에요. 경과 좋아서… (웃어 보이는데)
달고나	(가만히 들여다보고) 반짝반짝하던 사람이 왜 이렇게 그늘이 졌어. 누구야. 누가 그랬어.
동경	반짝반짝요? 제가요?
달고나	나한테 사는 거 재밌다고 그랬잖아요. 그 재밌는 삶 더 살아보자고 입원하고 치료하고 그러는 거 아니야? 근데 왜 이렇게 축 처져 있어요. 안쓰럽게.
동경	아… 재밌다고 그랬었구나 내가…
달고나	(보면)
동경	사실… 기억이 잘 안 나요. 깜빡깜빡… (머리 가리키며) 이거 때문에 그렇다고 하더라구요. 살짝 무섭긴 한데. 계속 이렇게 행복했고 좋은 순간들을 잃어가는 걸까 싶어서.
달고나	(안쓰럽게 보고)
동경	(부러 밝게) 그래도 저 정도면 엄청 건강하고 양호한 편이래요. 잘하면 통원치료도 가능하대고. 좋은 쪽으로 생각하려구요.
달고나	그럼! 나도 응원할 거니까. (손 꼭 잡고) 이렇게 와줘서 고마워요 편집자님.
동경	이제 항암 시작하면 작가님 한동안은 못 뵐 거 같아서…
달고나	내가 갈게. 자주 갈게. 맛있는 거 많이 사들고 예쁜 거 많이 가지고 갈게. 다 잊어버려도 또 좋은 기억 생기게 내가 갈게.
동경	(그 마음에 찡… 한데)
달고나	(문득 생각나) 아, 튤립 좋아해요?

동경	튤립이요?
달고나	(한쪽에 놔둔 노란 튤립 꽃다발 꺼내고) 아까 누가 주고 갔는데 내가 꽃병이 없어서. 아깝잖아. 이렇게 예쁜데. 가져가요.
동경	(얼결에 받고)
달고나	오늘의 좋은 기억. (웃어 보이는데)
동경	(마주 웃고)

S#12. 동경의 집 / 거실 (밤)

한편에 달고나가 준 노란 튤립 꽃병에 꽂혀 있고. 한쪽에 동경이 사온 사과 놓여 있고. 동경, 옷가지 들어 있는 짐가방에 책 몇 권 챙겨넣고 있다. 다이어리도 넣으려다 무심결에 펼쳐보는데. 중간중간 미팅 일정 잡힌 메모 제외하곤 아무 내용 없이 비어 있다.

동경	내가 정신이 없긴 없었나보네…

그런 동경 뒤로 수자와 선경이 바쁘게 움직인다. 선경, 욕실에서 수건 챙겨 나오고. 수자는 부엌에서 냉장고 정리 중인데.

수자	(우유 들어 보며) 오늘 며칠이야.

수자, 벽에 달력 보는데. 멸망이 표시해놓은 흔적 말끔히 사라져 있다.

수자	세상에 세상에 이게 언제 적 우유야? 막 우유가 너무 소중해? 소중해서 보관하는 거야 너?

172

시끌벅적한 풍경이고. 그때, 테이블 위에 놓인 동경 핸드폰에 카톡 알림 울린
다. 이불 안고 방으로 가던 선경, 얼결에 동경의 핸드폰 보는데. (핸드폰 화면
은 보이지 않는다)

선경   누나 이 새끼랑 아직도 연락해?!

동경   누구?

선경   누나 전남친!!

동경   뭐?! (놀라 후다닥 달려와 핸드폰 뺏어들고)

수자   (싱크대에 우유 콸콸 붓고는) 야 너 남친이 있었어?? (흥미로운 듯 보며
              사과 하나 들어 깎기 시작하는데)

선경   남친 아니고 전남친인데 그놈이, (하는데)

동경   남친은 무슨. 그냥 미친놈이야! (선경 노려보는데)

동경, 핸드폰 보면 **조대한**에게서 온 카톡이다.

**소식 들었다. 오빠가 참… 많은 생각이 든다. 혹시 나 때문에 마음고생하다 그런 건 아닌가
싶고… 너 때문에 이혼하고 그때 머리 뽑혀서 탈모 치료도 한동안 다녔지만 이젠 나도 널
용서하려고 한다…**

동경   이 새끼가 돌았나… 무슨 낯짝으로 연락을 해?!

동경, 열 받아 메시지 보내려다 멈칫 프로필 사진 눌러보는데. 환하게 웃고
있는 갓난아기 사진 걸려 있고. **준우야 사랑해♡** 상태 메시지 보인다. 하… 짧
은 한숨 내쉬는 동경.

동경   됐다… 내가 참자… 다 용서한다… 용서한다 그래… 나쁜 기억도
              다 잊어야지.

선경	요옹서?! 용서 같은 소리 하고 있네!! 아니 왜 차단을 안 하고 그러
	고 있냐고!!
수자	아니 남친이 있었냐고!!
동경	남친 아니고 그냥 미친놈 개쓰레기라니까!!

동경, 이씨!! 그대로 조대한 번호 차단하는데.

선경	잘해쓰. 또 연락 오면 나한테 말해. 이 오빠가 바로 처리한다.
동경	닥쳐라. 그전에 내가 너부터 처리할 거 같으니까.
선경	아 왜!! 챙겨줘도 난리야. (하다 곰곰) 근데 누나 그 새끼 말고 남자
	또 있지 않았어?
동경	뭐래.
선경	아니. 나는 왜 자꾸 누나가 남자가 또 있었던 거 같은 그런 기분이
	들지?
수자	와우 탁동경. 잘 나간다~ 한번에 둘? (깎은 사과 가져와서 동경에게 하
	나 물리고)
동경	(자연스럽게 받아먹고) 아니야!! 둘은 무슨!!
수자	(재밌다는 듯 선경에게도 사과 물리고)
선경	(자연스럽게 받아먹고) 하긴. 그럴 깜냥이 안 되지 누난.
동경	이 시끼가 아까부터 진짜.

S#13. 멸망의 집 / 창가 (밤)

멸망, 홀로 동그란 창가에 앉아 술 마시고 있다. 홀로 고요와 여유를 즐기던
멸망. 시계가 자정을 가리키자 저도 모르게 탁 자리에서 일어나 어딘가로 나
가려 걸음 떼는데. 그러다 멈칫, 멈춰 서고.

멸망   ?

멸망, 우두커니 멈춰 서 있다. 내가 어디로 가려고 했던 거지? 알 수 없는 자신의 행동에 그저 창밖만 멀거니 바라보는데. 멀리 커다랗게 떠 있는 밝은 달. 툭, 힘없이 늘어져 있는 멸망의 빈손에서⋯

S#14. 동경의 집 / 옥상 (밤)

옥상 난간 짚고 서서 역시나 달 바라보고 있는 동경으로 이어진다. 싱숭생숭⋯ 복잡한 얼굴이고. 동경, 한참을 서 있는데 누군가 동경의 팔찌 낀 손을 탁 잡는다! 동경, 놀라 돌아보면 수자다.

수자   왜⋯ 마음이 좀 그래?
동경   아니⋯ 그냥⋯ 한동안 집 비겠구나 생각하니까.
수자   이모가 종종 들러서 들여다봐야지. 너 필요한 거 있대면 빨리 갖다
         주고.
동경   이모부는 어쩌고.
수자   이모부 캐나다 들어가서 정리할 거 하고 온다고. (하다가 맘 쓰는 거
         알고) 걱정 마.
동경   괜히⋯ 나 땜에.
수자   아이구? 제발 그런 생각 좀 하지 마셔.

손잡은 채로 따뜻하게 서로를 향해 미소 짓는데.

S#15. 지나의 집 / 거실 (다음 날 아침)

지나, 컴퓨터 앞에 앉아 있다. 밤새운 모양새고. 한글 창에 '사랑은 소나기처럼 2편'이라고 쓰여 있고 밑으로 아무 글도 쓰여 있지 않다. 깜빡이는 커서만 보고 있다, 안 되겠는지 자리에서 일어나 겉옷 들고 나가는데.

S#16. 병원 / 병실 (낮)

다인실 병실 안. 다른 환자들은 없다. 지나, 동경이 가져온 책 한편에 정리해서 놓고. 이불도 개서 보조 침대 한쪽에 정리해두는데. 그때, 욕실에서 환자복으로 갈아입은 동경이 나오고.

동경	(화드득 놀라 와서) 둬둬. 뭘 정리를 하고 그래.
지나	올 탁. 병원복 색깔 좀 잘 받는데. 울 탁이 쿨톤인가~ 웜톤인가~
동경	(기막혀 웃고)
지나	(픽 웃고) 이모 요 밑에 내려가서 필요한 것들 사오신다구. 금방 오신대.
동경	언니는 뭘 또 오기까지 해.
지나	얘 봐라? 내가 와야지 그럼 누가 와. 너 이 언니 프리랜선 거 잊었냐?
동경	아니 아침부터 움직이는 거 힘들어하잖아. 잠은 좀 잤어? 연재는.
지나	(대충) 아 했어.
동경	거짓말한다. 내가 맨날 들어가보는데 새 글 업뎃 안되드만. 왜. 안 써져?
지나	쓰고 있어… 아니… 썼다 지웠다 해. 마음이 잘 안 잡혀서.
동경	(지나 등짝 탁 치고)

지나	아.
동경	정신 차리서 작가님. 생업을 마음으로 하나. 기술로 하지. 작가는 뭐다?
지나	기술자다.
동경	나가서 커피 한잔 딱 찐하게 하고 정신 차린 담에 가서 써. (지나 데리고 나가고)
지나	(따라나가며) 넌 커피 안 돼. 주스 먹어. 착즙 주스. 백 프로.
동경	(웃음 터지고) 알았네요 알았어~

S#17. 병원 / 휴게실 (낮)

지나와 동경, 각자 커피랑 주스 담긴 테이크아웃잔 들고 휴게실에 앉아서 어느새 입원환자 아줌마들 얘기에 쏙 빠져서 듣고 있다.

입원환자1	그래가 이 병원 터가 이상하단 말이 나오기 시작한 기라.
지나 동경	대박…
입원환자2	그라믄 원래 여그가 장례식장이었던 거 아녀? 여기 뭔 건물 허물고 신관 세운 거라든디. 저짝 장례식장도 새로 지은 거잖어.
지나	허얼…
입원환자1	옴마야. 맞네 맞네! 그라이까는 귀신이 한 놈이 아인갑다…
동경	…한 놈이 아니에요?
입원환자1	키가 마 이따만시 크다가 쪼맨했다가 어쩔 때는 할배고 총각이고. 그렇다든데.
입원환자2	간호사쌤이 본 거는 여자였다 글드만.
지나 동경	소오름…
입원환자2	그니까 아가씨들도 밤중엔 엥간하면 돌아댕기지 말고 자중해.

입원환자1 아이고 마 대낮에도 돌아다닌다 카드만 밤에 조심해서 뭐 할라꼬.

입원환자2 그래도 밤이 더 무섭잖어. 캄캄~해가꼬.

입원환자1 글네 글네. 일리 있어. 일리 있어.

입원환자2 아가씨도 여 병원 자주 왔다매. 뭐 쎄~한 거 본 적 없는가?

지나 (긴장한 얼굴로 동경 보는데)

동경 쎄~한 거요? 완~전 잘생긴 의사 선생님은 봤는데? (쪼로록 음료 마시고)

입원환자1 잘생긴 의사? 아이고 무시라… 귀신인갑다.

지나 네?! 왜요?

입원환자2 나가 여기 일 년은 넘게 있었는디 잘생긴 의사는 한번도 본 적이 읎어.

입원환자1 (끄덕끄덕) 봤으면 기억을 못 할 리 없지. 세상에 잘생긴 남자 볼 기회가 얼마나 된다고.

입원환자2 보자… 내 평생 잘생긴 남자… (손가락 꼽아보며) 다섯 명 봤다 다섯 명. 병원에서 본 잘생긴 남자는 (심각) 영 명.

동경 아닌데. 분명히 봤는데. 의사가운도 입고 있었는데…

입원환자1 (손사래 치며) 마 내는 더 이상 못 듣겠다! 무숩다 무스워!

지나 왜요 왜요?!

입원환자2 (속닥) 여기 구신들이 하나같이 의사 행세를 하고 댕기거든.

그때, 옆으로 의사가운 입은 의사 한명 탁 지나가자마자 동시에 다들 흐어어 놀라고.

S#18. 병원 / 지하주차장 (낮)

주차장으로 나오는 동경과 지나. 지나 차 향해 걸어가는데.

지나	춥잖아. 올라가라니까!!
동경	언니 가는 거 보고 갈게.
지나	야!! 귀신 나오면 어쩌려고 그래. (하다가) 아니다. 아무래도 내가 너 병실 올려보내고, (하는데)
동경	아이 귀신은 무슨. 내가 본 건 사람 맞아.
지나	확실해?
동경	어. 지가 잘생긴 걸 알더라고. 백 프로지.
지나	자기가 잘생긴 걸 아는 잘생긴 남자… 너무 좋다… 위험하고…
동경	(으이그… 절레절레) 빨리 가서 연재나 하세요 작가님. 다 쓰기 전엔 여기 오지 마.
지나	야아…
동경	야아는 무슨 야아야? 쓰면 되지? 화이팅 나지나~
지나	이씨 내가 못해서 안 하냐 안 해서 안 하지! 알았다!! 빨리 쓰고 나 내일도 온다!! (하고 차에 타는데)
동경	아유 기백 좋아! 조심히 가고!!
지나	어~

이어 지나 차 출발하고. 동경, 가는 차에 대고 손 흔들며 인사하는데 그때 팔찌 뚝 끊어져 바닥에 떨어진다.

| 동경 | 엇! |

동경, 팔찌 찾으려 허리 숙여서 서 있는 차들 아래 살피기 시작하는데.

S#19. 장례식장 (낮)

예닐곱 살 정도로 보이는 남자아이 영정사진 보이고. 그 앞에 상주인 젊은 남자(삼십대)가 앉아 있다. 문상객 하나 없는 휑한 장례식장 풍경이고. 남자, 고개 숙인 채 무표정한 얼굴로 손톱 아래 후벼 파고 있다. 그때 그의 눈앞에 멈춰서는 구둣발. 남자, 올려다보면 멸망이다!

남자   (얼른 표정 바꾸며 일어나) 어떻게 오셨죠…?

멸망   애 때려 죽인 아버지 얼굴은 어떻게 생겼나 궁금해서 와봤는데 이렇게 생겼구나?

남자   (놀라서 주변 보다가 소리 낮춰서) 당신 뭐야. 애 엄마가 보냈어? 어디서 이상한 소리 듣고 왔나본데. 그 여자 제정신 아니라고.

멸망   이상한 소리는 (남자 가리키며) 여기서 나는데. 홀가분하다. 귀찮은 짐짝 하나 치웠네. 이제 새 출발하면 돼. 재수 없게 걸리지만 않으면, 그러게 누가 징징대래.

남자   !!

멸망   (보다가) 니가 죽였잖아.

남자   뭔 개소리야. 이렇게 하면 그년이 뭐 몇 푼 쥐어준다디? 나 보험금이고 위자료고 한 푼도 못 주니까 조의금이나 내고 나가시든지. 어디서 그딴 헛소리를 듣고 와서. (자리 피하려는데)

멸망   오른쪽 다리 골절.

남자   (곧바로 억! 소리 내며 오른다리 툭 꺾이고)

멸망   갈비뼈 두 개 나가고.

남자   허억! (신음하며 배 움켜쥐고)

멸망   성한 데가 없이. 그 조그만 몸을. 니 마음대로 짓밟고, 부수고.

남자   (본능적 공포심으로 뒷걸음치는데)

멸망   (천천히 따라가며) 즐거웠지 너. 니 멋대로.

겁에 질린 남자, 윽…! 겨우 바닥 짚고 일어나더니 절뚝이며 달려나가는데!

S#20. 병원 / 지하주차장 (낮)

동경, 떨어진 팔찌 찾기 위해 차 밑으로 팔 쭈욱 뻗어서 버둥거리고 있다.

동경   왜 이렇게 손이, 안 닿냐…

하는데, 장례식장에서 뛰쳐나온 남자, 주차장 가로질러서 도망친다. 이따금 뒤돌아 멸망이 쫓아오나 확인하는데. 동경, 그때 팔찌 손에 탁 잡히고. 멸망, 남자의 뒤를 여유롭게 쫓아나온다. 멸망이 한걸음 내딛을 때마다 양옆으로 주차된 차들 번쩍이며 라이트 켜지고, 경보음 울려대는데! 그 소란에 동경, 뭐지? 싶은 얼굴로 슬그머니 몸 일으켜 소리나는 쪽 바라보는데.

남자   ?! (멸망 보이지 않자 도망치다 멈춰 휙휙 둘러보는데)
멸망   (어느새 남자 앞에 서 있고)
남자   으아악!!! (놀라 뒤로 나자빠지는)
멸망   몰랐겠지만 멸망은 너의 권한이 아니라 나의 권한이거든.
남자   !!
멸망   니가 함부로 내 권한을 휘둘렀으니까 나도 좀 그래볼까 하는데. 어때.

멸망, 그대로 남자의 목을 조른다. 그러다 누군가의 시선을 느낀 멸망, 돌아보면, 어느 차 위로 고개 빼꼼 들어 놀란 얼굴로 자신을 보고 있는 동경과 눈 딱 마주친다!

동경   !!

멸망, 동경에게 시선 꽂은 채 남자의 목을 쥔 손에 힘 풀고 몸 일으키고. 그사이, 남자 달아나는데!

멸망   (계속 동경에게 시선 꽂은 채로) 귀찮게 됐네.

S#21. 주익의 집 / 거실 (낮)

주익, 씻고 나온 듯 편안한 차림으로 소파에 앉아 태블릿 PC 보고 있다. 스크롤 올리며 몇 번이나 새로고침 해보는데 지나의 새 소설 2편이 올라오지 않는다. 주익, 무슨 생각인지 입고 있는 옷차림 그대로 코트만 챙겨 들고 집 나서는데.

S#22. 주익의 집 / 현규 침실 (낮)

현규, 손에 핸드폰 꼭 쥔 채로 침대에 멍하니 누워 있다. 그러다 짧은 진동에 벌떡 일어나 핸드폰 확인하는데. 보면 스팸 문자고. 현규, 에이씨… 하며 다시 드러눕는다. 그때 탕, 현관문 닫히는 소리에 고개 드는데.

S#23. 주익의 집 / 거실 (낮)

현규, 뭐지? 싶은 얼굴로 방에서 거실로 나온다. 그러다 주익이 내려 둔 태블릿 PC에 시선 멈춘 현규.

현규   뭘 좀 끄고 나가지, (하며 태블릿 PC 집어드는데)

저도 모르게 화면 가득한 글자를 그 자리에 서서 읽기 시작한다. 소설 읽으면 읽을수록 표정 묘해지는 현규. 스크롤 올려 작가 이름 확인하는데.

현규   작가 이현…

S#24. 지나의 집 앞 (낮)

지나, 아파트 입구로 걸어 들어오는데 그러다 어딘가 시선 멎고 천천히 걸음 멈춘다. 보면, 지나 집 앞에 주익 서 있다.

지나   뭐예요?

주익   (지나 앞에 걸어와 서고)

지나   뭐냐구요. 여기 왜 있어요?

주익   연재 막혔죠.

지나   무슨 상관인데요. 일 때문에 마주칠 일도 없을 거라며. 그거 본인 입으로 말한 건데.

주익   그러게. 자꾸 내 말을 내가 어기게 되네. 그니까 왜 신경 쓰이게 해요.

지나   지금 내 탓 하는 거예요?

주익   네.

지나   (허 기막혀 보는데)

주익   나 회사 관뒀어요.

지나   (어쩌라고) 왜요. 나 때문에? 내가 깽판 쳐서?

주익   일부 책임은 있지.

지나	그래서 책임지라구요? 그거랑 연재가 무슨 상관인데요.
주익	아니. 책임감을 내가 느껴서. 나 때문에 연재 막힌 거 같으니까.
지나	못 알아들을 소리 하지 말고 가세요. (하고 가는데)
주익	그거 주인공 나잖아.
지나	!! (돌아보는데)
주익	내가 볼 것도 알았잖아.

지나, 당황해 흔들리는 눈으로 주익 바라보고. 반면 흔들림 없는 주익인데.

S#25. 지나의 집 / 거실 (낮)

주익과 지나, 여느 때처럼 작업테이블에 마주 앉아 있다. 둘 앞에 머그잔 놓여 있고. 지나 말없이 머그잔 괜히 쓰다듬으며 할 말 고른다. 주익, 느긋하게 그런 지나 기다리고 있는데.

지나	(동시에) 그거,
주익	(동시에) 내가, (하다가) 먼저 말해요.
지나	(보다가) 그거 그쪽 주인공 아니라구요.
주익	(말없이 보고)
지나	이제 그쪽 차례. (보는데)
주익	(보다가) 내가 지금부터 중요한 거 물어볼 건데.
지나	(보면)
주익	나 좋아해요?
지나	(예상치 못한 말에 말문 턱 막히는데)
주익	분명하게 대답해줬으면 좋겠어요.
지나	(눈빛 단단해지고) 왜요.

주익	그래야 내가 분명하게 처신할 수 있으니까.
지나	(보면)
주익	뺏을지,
지나	(픽) 잊을지?
주익	아니. 혼자 사랑할지.
지나	!!!

지나, 갑작스런 주익의 고백에 놀라 굳는데. 주익, 아무렇지도 않게 자리에서 일어나고.

주익	생각할 시간 필요하겠죠? 생각해보고 대답 줘요. (현관 향해 가려는데)
지나	어디 가요 지금?!
주익	집에.
지나	이러고?!
주익	(가며) 다음 편은 그 남자랑 그렇게 헤어지고 구 년 만에 다시 만난 거 써요.

주익, 그대로 나가고. 탕 닫히는 현관문. 지나, 멍한 얼굴로 그 자리 앉아 있는데. 그러다 목이 탄지 손에 든 컵 들어 꿀꺽꿀꺽 마신다.

| 지나 | (컵 탕 내려놓고) 뭐 저런 놈이 다 있어 진짜?! |

S#26. 병원 일각 (밤)

멸망, 귀찮은 표정으로 벤치에 앉아 있다. 동경, 자판기 커피 한잔 뽑아서 멸망에게 건네면. 멸망, 힐끗 쳐다보고선 받지도 않는데.

멸망   난 이런 거 안 마셔.

동경   커피 못 드세요…?

멸망   아니.

동경   아 자판기라서? 입이 되게 고급이시네…

멸망   난 원래 뭘 안 먹어.

동경   (조심스럽게) …안 먹어요 못 먹어요?

멸망   안 먹어.

동경   헉… 그럼 혹시… 제사상 음식은 드시고?

멸망   (어이없고) 뭐?

동경   실례지만… 한 번만 찔러봐도 될까요? (대답도 하기 전에 쿡 찌르고) 만져지는데. 그럼 귀신은 아닌데.

멸망   (픽 웃는데)

동경   아니 그럼 아까 그런 거는 어떻게 하신 거예요?

멸망   그런 거?

동경   막 차 삐용삐용 울리고 번쩍번쩍… 아 혹시 능력이 그쪽이신가…

멸망   그쪽?

동경   기계 쪽? 전기 쪽?

멸망   (픽 웃는데)

동경   (그 웃음에 멈칫) (NA) 아니 저번에 봤을 때도 그렇게 생각했지만 뭔 귀신 얼굴이 저렇게 잘생겼… (하는데)

멸망   (놀라며) 너. 나 본 적 있어?

동경   네? 아 저번에 병원에서… 의사가운 입고… 일케 부딪혔었는데. 기억 안 나세요?

멸망   날 기억한다고? 내 얼굴을?

동경   당연히 기억하죠. 잊기 쉬운 얼굴은 아니신데… (혼자 중얼) 와 그래서 그때 아주머니들이 잘생긴 남자 못 봤다고 그랬구나? (하다가) 아 제가 직업상 웹소설을 많이 봐서 이런 비정상적인 상황에 되게 익숙하거든요. 신경 쓰지 마세요.

멸망   그래 뭐… (찬찬히 동경 보다) 신경 안 써도 되겠네.

동경   (생각에 빠져서) (NA) 아니 근데 내가 왜 갑자기 귀신을 보게 된 거지? 뇌종양 증상 중에 환각 증상도 있다. 귀신이야 헛거야. (하는데)

멸망   그게 편하겠다.

동경   네?

멸망   환각이라고 생각해.

동경   아 네… (하다 놀라고) 네? 지금 제 마음을 읽은 거예요?

멸망   읽는다기보다는 듣는 쪽에 가까운데.

동경   아니 왜 몰래 들어요 남의 생각을?!

멸망   지금 그게 중요할까? 니가 지금 (자기 가리키며) 이상한 걸 보고 있는데.

동경   그러게요… 대체 왜 보는 걸까요? 저한테 용건이 있으세요? 제가 그쪽의 한을 풀어드려야 하나요? 아까 누구 쫓아가시는 거 같던데. 제가 뭘 좀 도와드려요?

멸망   누가 누굴 동정해. 같은 처지 될 거 같은데.

동경   …네?

멸망   너 곧 죽을 거잖아.

동경   !!

멸망   너 죽어. 무슨 수를 써도 죽는 운명이야.

동경   …저 죽어요?

멸망   어. (자리에서 일어나며) 이만, 난 하다 만 일이 있어서. (가다) 아, 나에 대해 얘기해봤자 사람들은 너 아파서 그런 거라고 생각할 테니까 입 다물고. (가는데)

동경   (벌떡 일어나) 아니 잠깐만요! 저기!! 야!!

멸망	(멀어져가고)

동경	뭐 저런 재수 없는 놈이 다 있지? (하다 다시 휙 째려보며) 아니 그리고 왜 반말이지?!

S#27. 남자 차 안 (밤)

식은땀에 젖은 얼굴로 운전하던 남자, 골목 한쪽에 차 세우고 백미러와 사이드미러를 통해 멸망이 쫓아오는지 확인하는데. 멸망 없자 안심하고. 몸에 긴장이 풀리는지 핸들에 얼굴 박은 채로 후… 그렇게 숨 고르다가 고개 들어 차 시트에 몸 기댄다. 몇 번 심호흡하던 남자, 갑자기 눈꺼풀이 무거워진다. 뭐지… 내가 왜 이러지… 잠을 떨치려 해도 그럴 수 없다. 그러다가 자신도 모르게 눈 감고 꾸벅 고개 떨구는데,

S#28. 병원 / 영안실 (밤)

남자, 눈 확 뜨면 어둠뿐이다. 그대로 급하게 몸 일으키지만 쿵, 하고 코앞에 내리 앉은 천장에 머리 박는다. 남자, 좁은 시체 보관함 안에 누워 있다.

남자	!!

탈출하려고 발버둥치는 남자. 그러나 팔다리도 묶여 있다.

남자	(절박하게) 누구 없어요?!! 여기 사람 있어요!! 살려주세요!!! 살려주세요!!!

그때, 시신 꺼내지듯 남자가 누워 있던 칸 드륵 열리고. 열린 틈으로 빛 새어 들어오는데. 남자, 살았다는 얼굴로 시선 들어 보면, 시야로 멸망의 얼굴 쑥 들어선다.

남자   !!!
멸망   어때. 맨날 가두기만 하다가 갇혀보니까.
남자   내가 잘못했어!! 내가… 제가 잘못했어요… 제가… 용서해주세요… 용서해주세요… 으흐흑… (급기야 울음 터지는데)
멸망   그렇게 수백 번을 말해도, 들어주지 않았잖아 너.
남자   !!

그대로 쾅, 닫아버리고 유유히 영안실 나서는 멸망이고. 뒤로 남자의 으아아악 하는 비명 소리 들린다.

입원환자1 (E) 어제 병원 난리난 거 들었으예?

S#29. 병원 / 병실 (다음 날 낮)

병실에 한 침대에 옹기종기 모여 있는 환자들. 동경도 자기 침대에 앉아서 신경 안 쓰는 척 그 얘기 슬쩍 듣고 있고. 수자는 옆에서 짐 정리하느라 정신없다.

입원환자1 아니 응급실에 쥐약 먹고 들어온 놈 있는데 눈이 헤까닥 돌아가지고 잘못했어… 잘못했어어… 이 소리만 했다네.
입원환자2 어제 영안실에는 살아 있는 미친놈 하나가 기어들어갔다는디… 아침에 발견했는데 완전히 미쳐부러가지고 지가 지 애를 죽였다고 횡설수설 했다드만.

입원환자1   아~ 그래가 경찰이 왔었는가배.

수자, 그러든지 말든지 수건이나 가습기, 물병 같은 거 옆에 잘 정리해두는데.

동경   (작게) 이모… 병원 옮길까? 아냐 그래도 작가님이 계시는데… (하
         다가) 근데 여기 진짜 이상해 이모…
수자   사람 모인 곳이 다 그렇지. 딴 병원 가도 똑같애! 그래도 아는 의사
         있는 데가 낫지.
동경   여기… 진짜 귀신이 있다니까…

하는데, 선경이 빼꼼 병실 안으로 고개 내민다. 양손 들어 보이는데 양손 가
득 호두과자고.

선경   짠! 누나!! (신나서 병실 들어서는데)

얘기하던 아줌마들 시선 선경에게 쏠리고.

동경   너 지금 알바할 시간 아니야? 이 시간에 여길 왜 왔어.
선경   아니 알바 가기 전에 우리 누나 얼굴 볼라고 왔지. 올 이쁜 이모랑.
동경   참나. (웃음 터지고)
수자   저거저거 말이나 못하면.
선경   (호두과자 안겨주고) 이거 호두과자. 식을까봐 내가 막 달려왔어. 아
         직 뜨끈뜨끈해.

선경, 나머지 봉투들 꺼내 다른 침대에 나눠주며 붙임성 있게 인사하고.

선경   안녕하세요. (주고) 잘 부탁드립니다. (주고) 이거 좀 드세요. (주고)

190

입원환자2	아이고 고마워요. (호두과자 입에 넣으며) 총각이 얼굴이 아주 화안
	하네. 병원에서 본 잘생긴 남자 1번이다 1번. 자주 좀 들러.
선경	예~ (동경과 수자한테) 나 갈게. 이따 알바 끝나고 또 올게! (문 향해
	가고)
동경	오지 마!
선경	어 올게~ (나가는데)
수자	어휴 정신없어.
박영	(E) 누나.
동경	(벌떡 일어나며) 야 빨리 출근하라니… 까…?

보면, 턱에 마스크 한 채로 서 있는 박영이다.

| 입원환자2 | 왐마… 2번… |

S#30. 병원 / 휴게실 (낮)

박영과 동경, 휴게실에 마주 앉아 있다. 옆에 사람들 속닥대며 박영 쳐다보고. 박영, 아랑곳 않고 동경이 내준 호두과자 집어먹고 있다.

박영	(먹으며) 제가 얼마나 바쁜 사람인지 알아요?
동경	(바쁘다면서 왜 맨날 와…) 예… 여긴 웬일이에요. 그렇게 바쁜 사람
	이. 호두과자 먹으러 온 건 아닐 거고.
박영	(호두과자에만 집중하고 대충) 아 근처에 스케줄 있어서 왔어요. 지나
	가다가.
동경	지나가다가 왜 하필… 아니, 어떻게 알고…?
박영	(와구와구 먹으며 아무렇지 않게) 엄마한테 물어봤죠. 엄마가 박대표

님한테 물어봤을걸요.

동경 박대표가 조주임한테 물어봤겠지… 아니 왜 왔냐니까.

박영 그걸 몰라서 물어요? 당연히 누나 병원 생활 편해지라고 온 거지.

동경 작가님이 오는데, (하는데)

박영 (쓱 눈치 주면)

동경 아니… 우리 영이씨가 오는데 왜 제 병원 생활이 편해질까…?

박영 지나가는 사람들 눈길 못 느껴요? 아까도 봐요. 병실에 아줌마들
눈빛 달라진 거. 팬들이 그러는데 제 얼굴이 그냥 복지래요.

동경 (어이없고) 그래 참… 우리나라 복지국가다. 솔직히 본인 인기 확인
해보려고 온 거죠.

박영 아 뭐 겸사겸사. (쑥스… 헤 웃는데)

동경 (어이없고 귀여워 픽 웃고)

박영 그때 그건 어떻게 됐어요?

동경 그때 그거?

박영 그 왜 사랑하는 사람을 선택하면 세상이 멸망하고 세상을 지키면
사랑하는 사람이 죽는다고 했던 거요. 결말 정해졌어요?

동경 음? 제가 그런 걸 물어봤어요?

박영 뭐야. 그새 까먹었어요? 아 나 궁금해서 죽는 줄 알았는데. 제가 계
속 생각해봤거든요? 이거 딱 회귀물로 쓰기 좋은 소재예요. 시간
을 돌려서 그 선택의 순간 자체가 오지 않도록 피하는 거지. 어쩌면
최선을 다해서 피했는데도 운명처럼 또다시 사랑에 빠지고 선택을
해야 하는 결과가 올 수도 있고.

동경 (보다가 픽 웃고) 회귀물로 탑텐 먹은 작가답네. 재능이 아깝다. (목
소리 낮춰서) 진짜 계속 쓸 생각 없어요?

박영 (목소리 낮춰서) 있어요.

동경 있어요?!

박영 근데 비밀로 쓸 거거든요. 안 들키게. (하다 핸드폰 꺼내 시간 보고) 아

이제 진짜 가야겠다 스케줄. 다음에 또 올게요. (일어서는데)

동경   (엉거주춤 일어서며) 다음에 또? 아니 뭘 또 굳이. 안 그래도 돼요.

박영   올 건데요?

동경   왜요?

박영   나 친구 없어서.

동경   (안 믿겨서) 친구 없어요?

박영   네.

동경   진짜? 왜?

박영   낯가려서.

동경   낯을 가려요? 어떤 쪽으로? 진짜 낯? 아니면 낯짝을 가린다 그 소린 가.

박영   (풉 터지고) 이 누나 진짜 웃겨.

동경   (? 뭐야 왜 웃지)

박영   누나 웃겨서 좋다구요.

동경   웃으라고 한 소리 아니고 진짜 물어본 건데.

박영   아 진짜 웃겨.

S#31. 병원 / 엘리베이터 앞 + 복도 (낮)

박영과 동경, 엘리베이터 앞에 서 있다.

동경   와줘서 고마워요.

박영   네. 또 올게요. 바쁘지만.

그때, 엘리베이터 문 열리고.

박영   갈게요.

쿨하게 엘리베이터에 올라타는 박영.

박영   화이팅 누나!

그대로 엘리베이터 문 닫히고. 동경, 픽 웃고는 뒤돌아 병실로 향하는데. 걷
던 동경의 시야에 복도 벽에 기댄 채 낑낑대며 병뚜껑 열고 있는 소녀신 들어
온다. 동경, 지나치려다가 안 되겠다… 돌아가 소녀신 앞에 서는데.

동경   제가 따줄까요?
소녀신 (그런 동경 보다가 가만히 병 내밀고)
동경   (병뚜껑 따 내밀고 다시 가던 길 가는데)
소녀신 저기. 언니.
동경   (돌아보면)
소녀신 여기… 옥상 올라가봤어요?
동경   옥상?
소녀신 좋아요 거기… 한번 가보세요.

그러더니 소녀신, 뒤돌아 제 병실로 들어가고. 동경, 뭐지… 싶어 잠깐 보는
데.

S#32. 병원 / 로비 (낮)

박영, 엘리베이터에서 내려 로비 가로질러 걸어간다. 멸망, 맞은편에서 걸어
오고. 멸망, 왠지 모르게 박영에게 시선이 가는데. 박영도 시선을 느낀 건지

가만히 멸망을 쳐다본다. 그러다가 둘 탁 마주치는데.

박영   (가던 걸음 멈추고) 사인해드려요?
멸망   (가던 걸음 멈추고) 니가 누군데.
박영   저 누군지 몰라요?
멸망   알아야 돼?
박영   모르는데 왜 보세요?
멸망   내 눈으로 뭘 보든.
박영   어우 유치해.
멸망   뭐?
박영   유치하다구요. 누군지 모르면서 길은 왜 막아.
멸망   충분히 지나가겠는데. 쪼꼬매서.
박영   허. 왜 시비지?
멸망   왜 시비 걸고 싶지?
박영   아 비켜요. (하고 가는데)
멸망   익숙하게 기분이 나쁘네. (뒤돌아보고) 쥐톨만 한 게.

멸망, 가던 대로 다시 걸어가는데.

S#33. 병원 / 소녀신 병실 (낮)

소녀신, 창가에 앉아 동경이 따준 음료수 마시고 있다. 멸망, 병실 어딘가 한
쪽에 앉아 있고.

멸망   아무리 생각해도 좀 이상하단 말이지.
소녀신   (보면)

멸망	누가 날 알아보더라고.
소녀신	(괜히 병 만지작대고) …누가?
멸망	신기하지. 나 알아보는 인간은 한 명도 없었는데. 재미 좀 보다가 이상한 애한테 딱 걸렸는데. (하다가) 아 괜찮아. 어차피 죽을 애더라. 다음 달쯤.
소녀신	(말없이 음료 마시며 화분 바라보는데)
멸망	(일어나 곁으로 오며) 근데 그거 화분. 뭐길래 그렇게 공을 들여? 다 죽어가네.
소녀신	(담담히) 너.
멸망	이게 왜 나야.
소녀신	(대답 않고 음료만 꼴깍꼴깍 마시는데)

S#34. 지나의 집 / 거실 (낮)

지나, 노트북 앞에 앉아 미친 듯이 키보드 치다가 백스페이스 버튼 거칠고 빠르게 누르고. 그러다 하… 한숨 푹푹 쉬며 책상에 머리 콩콩 박는데.

인서트. 12부 S#25

주익	나 좋아해요?

/ 다시 현재

지나	내가 미쳤어!?!

하면서 한숨 푹푹 쉬며 빈 한글 창 바라보다가. 지나, 심지 굳은 얼굴로 핸드폰 드는데.

S#35. 현규 카페 (낮)

현규, 포스기 앞에서 핸드폰으로 지나의 다른 소설들 읽고 있다. 그러다 핸드폰 내려놓고 골똘히 생각하는 얼굴로 중얼거리기 시작하는데.

현규	이현… 이현…
선경	(쑥 나타나서) 규!
현규	깜짝이야. 뭐라고?
선경	사장님 자기 이름 까먹었어요? 왜 자꾸 자기 이름 중얼거리고 있어요?
현규	(!!) 이현… 규. 그래 이현규네… 이현규…
선경	(왜 이래?) 네. 사장님 이름 이현규예요.

하는데, 현규 휴대폰에서 카톡 알림 울린다. 현규, 재빠르게 확인하면 지나에게서 온 메시지다. **밥 먹자 우리 옛날에 가던 멍청이 떡볶이**

현규	(앞치마 벗으며) 나 어디 좀 갔다 올 테니까 오늘 마감은 혼자 좀 해.
선경	에? 어디 가시는데요?!
현규	(대꾸 않고 빠르게 나가는데)
선경	(가는 뒤에다 대고) 어디 가시는데요!!

현규, 뒤도 한번 안 돌아보고 가게 나가고.

선경 와 저거 누가 봐도 여자 만나러 가는 거네… 참나… 나 빼고 다 연애
하네… (하다가 손님 오니 방긋 웃는) 어서 오세요!

S#36. 떡볶이집 (밤)

벽에 낙서들 가득한 작은 떡볶이집이다. 지나와 현규, 마주 앉아 떡볶이 먹고
있다. 현규, 지나 눈치 보며 먹고, 지나는 떡볶이만 보며 먹고 있는데.

현규 너… 떡 싫어한다며.

지나 (먹으며) 어 싫어해.

현규 (가만히 보면)

지나 트라우마 극복.

현규 (픽 웃고) 오징어튀김도 시킬까? 너 여기 오징어튀김 엄청 좋아했잖
아.

지나 맛있었지… 근데 나 이제 오징어 못 먹어.

현규 왜?

지나 스물세 살 땐가? 먹고 체한 뒤로 오징어만 먹으면 두드러기 올라
와.

현규 아… 그래?

지나 너 먹고 싶으면 시켜.

현규 아냐. (괜히 젓가락질 하는데)

지나 너 그때는 수영 때문에 몸 관리한다고 떡볶이 잘 먹지도 않더니 이
젠 잘 먹는다?

현규 …그냥 뭐. 이제 수영도 안 하니까.

지나 (현규 쪽으로 고개 내밀고 작게) 근데… 이 집 맛이 좀 변한 거 같지 않
아?

198

현규   (떡볶이 먹으며) 모르겠는데. 난 여전히 맛있는데.

지나   그런가. (떡볶이 먹는)

잠시 둘 사이 침묵 흐르고. 현규, 가게 벽에 새겨진 낙서들 둘러보다가…

현규   이쯤 어디 아니었나? 우리도 낙서해놓지 않았어?

지나   (그 말에 문득 고개 들고) 요즘 애들도 이런 거 하는구나. 귀엽네.

현규   여기 오 년 전 거도 있다. 우리 거도 있는 거 아냐? (하며 눈으로 훑는데)

지나   (떡볶이만 먹으며) 없어.

현규   (보면)

지나   예전에 와서 찾아봤거든. 그 위로 사람들이 낙서해서 안 보이더라
          이제.

현규   (짧게 침묵하다가 일부러 웃으며) 내일은 뭐 해?

지나   내일? 병원 갈걸.

현규   (놀라서) 어디 아파?

지나   아니. 아는 애가.

현규   나도 아는 애야?

지나   아니.

현규   아…

시간이 흘러 서로 모르는 이야기들이 많아졌다. 그 간극에 씁쓸하게 웃는 현
규인데.

S#37. 지나 차 안 (밤)

지나, 운전 중이고. 조수석에 현규 타 있다.

현규	신기하다. 니가 운전하는 차 타니까.
지나	나이가 몇인데. 넌 왜 차 안 가지고 왔어?
현규	어… 그게… 가까워서?
지나	멀잖아.
현규	(웃고) 넌 왜 가져왔는데. 가까우면서.
지나	술 마실까봐.
현규	(보면)
지나	술 마시면 솔직해지고 솔직해지면 실수하니까. 실수하기 싫어서.
현규	… (마음 복잡한데)

현규, 말없이 창밖으로 시선 돌리는데. 그때 컵홀더에 꽂혀 있는 담뱃갑 발견한다.

현규	너 담배 펴?
지나	(흘깃) 아 어.
현규	… 몰랐네.
지나	당연히 모르지. 스무 살 때부터 피웠으니까.
현규	아 그치… 스무 살 때부터 피웠으면. 근데 너 담배 연기 죽어라 싫어했잖아.
지나	그러게. 나도 내가 흡연자가 될 줄은 상상도 못했다. 넌 안 펴?
현규	그냥 옛날에 몇 번 펴보고 말았어.
지나	하긴 운동하는 애들은 안 피더라.
현규	…운동 안 해 지금은.
지나	(아… 맞다… 이제 너 열여덟 이현규 아니지…) 아… 그치… (씁쓸한데)

S#38. 지나 차 안 + 현규 카페 앞 (밤)

지나 차, 현규 카페 앞에 멈춰 서고.

현규   데려다줘서 고마워.

지나   잘 들어가. 연락할게.

현규   (미소로 대답하고 안전벨트 풀다 멈칫) 저기.

지나   (보면)

현규   너 소설 쓴다고 했지.

지나   (멈칫) 어.

현규   너 필명이 뭐야?

지나   …왜?

현규   혹시 이현이야?

지나   (놀라서) 그걸 니가 어떻게 알아? 혹시 차주익이, (하는데)

현규   맞구나.

지나   (멈칫하고)

현규   형이 말한 건 아니야.

지나   …

현규   니 소설들 주인공 그거, (하는데)

지나   읽었어?

현규   (보다가) 몇 개.

지나   읽지 마. 앞으로.

현규   (보다가 눈빛 가라앉고) 왜?

지나   (보면)

현규   다 내 얘기던데. 왜 보면 안 되는데.

지나   (흔들리는 얼굴로 보다가 곧 표정 단단해지고) 그러니까 보지 말라고. 다 아는 얘기니까.

현규	그럼 이번에 새로 쓰는 건.
지나	!!
현규	새로 쓴 거, 그건 내가 모르는 얘기던데.
지나	(!!) 그건… (하는데)
현규	(왠지 그 대답이 두렵고 그 대답을 알 것도 같다) 갈게. 괜한 걸 물었다. (문 열고 내리는데)
지나	이현규.
현규	(허리 숙여 지나 보더니 웃어 보이는) 다음엔 술 한잔하자.
지나	(보면)
현규	니가 솔직해져도 실수해도, 괜찮은 사람 해볼게. 오늘은 내가 준비가 안 됐어.
지나	(이미 현규가 다 알고 있는지도 모르겠다 싶고…)
현규	조심히 가. (차 문 닫는)

지나, 얼마간 창밖의 현규 보다가 한숨 푹 내쉬더니 이내 출발하는데. 현규, 밝은 얼굴로 사라지는 차 보고 있다가 시야에서 차 완전히 사라지자 이내 눈빛 내려앉는다. 현규, 그대로 뒤돌아 집 올라가려는데, 그때 다른 편에서 오는 주익과 딱 마주치고!

현규	…
주익	…

말없이 서로를 바라보는 둘. 알 수 없는 긴장감 흐르고.

S#39. 병원 / 옥상 (밤)

동경, 홀로 병원 옥상에 올라와 있다. 늦은 밤이라 사람 없고 넓은 옥상에 동경뿐이고.

동경   와… 달 밝다… 진짜 좋네…

난간에 기대 잠시 긴장된 마음 탁 푸는 동경인데.

멸망   (E) 또 너야?

보면, 한쪽에 멸망 서 있다. 멸망의 입에 담배 물려 있고. 갓 담배에 불을 붙이려던 모양이다.

동경   병원에서 웬 담배를.
멸망   (담배 빼 넣고 걸어나오며) 남이사.
동경   남이니까 그러죠. 남이 나한테 피해 끼치는 거 싫어서.
멸망   너나 피해 끼치지 마. 죽을 거면 딴 데 가서 죽어.
동경   아니 옥상이 니 거세요?
멸망   어. 내 거야. 그러니까 딴 데 가서 죽어. 나 두 번 말했다.
동경   뭐 자꾸 나만 보면 죽는다 타령이야. 지는 벌써 죽었으면서.
멸망   (허 웃고) 나 귀신 아니야.
동경   귀신 아니면 더 잘 알겠네. 사람은 어차피 다 죽거든요?
멸망   사람이라고 한 적도 없는데.
동경   응 어디가 아프긴 아픈가보네. 시비 트지 마세요. 저 지금 딱 세상
           다 멸망했으면 좋겠다 싶은 심정이니까.
멸망   (그 말에 재밌다는 듯 얼굴 변하는데) 그 말 참 마음에 드네.

동경	그 말? 뭔 말이요.
멸망	세상 다 멸망했으면 좋겠다는 말. (다가가며) 다시 보니까 너 마음에
	든다. 가능성이 있겠어.
동경	무섭게 갑자기 왜 이러세요?!
멸망	무서워? 이제서야 무서워? 조금 늦지 않았나? 혹시 평소에 좀 둔하
	단 얘기 많이 듣지 않아?
동경	와… 진짜 옥상에서 내쫓으려고 별 방법을 다 쓰네. 간다 가. 드럽
	고 무서워서 간다 내가.

동경, 나가고. 멸망, 재밌다는 얼굴로 그런 동경 보는데.

S#40. 병원 / 엘리베이터 (밤)

동경, 엘리베이터 타는데 언제 온 건지 멸망, 휙 따라 탄다.

동경	(놀라 보면)
멸망	(아랑곳 않고 옆에 서고)
동경	왜 따라오는데.
멸망	따라가는 거 아닌데. 존댓말할지 반말할지 노선 하나로 하지?
동경	그래? 그럼 반말. 몇 층 가는데.
멸망	글쎄.
동경	(열 받고… 하는 수 없이 일층 버튼 탁 누르는데)
멸망	(아무렇지 않게 엘리베이터 표시판만 올려다보며) 너 곧 아플 거야.
동경	뭐?
멸망	(대답 않고 표시판만 보고)
동경	그게 뭔 소리, (하는데)

동경, 갑자기 멀리 이명이 들려오기 시작한다. 순식간에 몰려오는 두통. 동경, 이마에 손 짚으며 비틀대다 겨우 손잡이 잡고 버티는데. 그럼에도 점점 더 엄청난 통증 밀려오고.

멸망   거봐. 그럴 거랬잖아.

동경, 결국 버티지 못하고 악, 비명 지르며 주저앉는데. 멸망, 주저앉은 동경을 내려다본다. 동경, 멸망 향해 손 뻗고.

동경   도와줘.
멸망   (싱긋 웃고) 소원이야?
동경   (힘겹게) 도와줘…
멸망   소원이냐고 묻잖아. 내가 도와주면 넌 뭘 해줄 건데 나한테.
동경   (겨우 멸망 옷자락 잡아 쥐고)

그때, 엘리베이터 덜컹 멈춰 선다. 고장난 듯 전등 깜빡거리고. 그 깜박거리는 가운데 멸망, 가볍게 한쪽 무릎 꿇으며 동경과 눈 맞추고 동경이 내민 손 잡는다. 그러자 고통 사그라지는지 편안해지는 동경의 얼굴. 그 모든 과정을 여전히 동경의 손을 잡은 채로 지켜보는 멸망이고. 동경, 기운이 다 빠진 듯 앞에 있는 멸망의 어깨에 쓰러지듯 기대는데. 다시 깜빡, 전등 들어온다.

멸망   괜찮아?
동경   (고개 끄덕끄덕)
멸망   괜찮으면 이제 세상을 멸망시켜달라고 나한테 빌어봐.
동경   (그 말에 떨어져 멸망 보며) 뭐?
멸망   빌라고 나한테.
동경   (어이없고) 그게 무슨…

멸망   너 곧 죽잖아. 억울하지 않아? 너 같이 착한 애는 이렇게 허무하게
                  죽는데 나쁜 놈들은 오래오래 계속 살아갈 거라는 게. 너 가는 길에
                  이 세상도, 그놈들도 다 같이 날려버리자.

동경   (어이없고 헛웃음) 내가 빈다고 한들 니가 들어줄 순 있고? 뭔 헛소리
                  를 계속… (하는데)

멸망   (동경과 잡은 손 흔들어 보이며) 이건 어떻게 설명할 건데.

동경   …

멸망   내가 손 잡아줘서 너 지금 멀쩡해졌잖아.

동경   (보다가) 우연이야.

멸망   아, 우연. 오케이.

멸망, 동경의 손 놓고 뒤돌아 일어서는데. 그때 엘리베이터 떵 소리 내며 문
열리고.

동경   !!! (앞에 보이는 풍경에 놀란 눈이고)

문을 통해 들어오는 바람에 동경의 머리 흩날린다. 문 너머로 제주도 바다가
펼쳐져 있다.

S#41. 제주도 바닷가 (밤)

멸망이 먼저 백사장을 걷고 있고. 동경, 홀린 듯 이리저리 두리번대며 따라
걷고 있다.

멸망   그럼 여긴 어떻게 설명할 건데. 이것도 우연?

동경   이게… 무슨… 이게 어떻게…

멸망   원하던데.

동경, 파도치는 바다를 가만히 바라본다. 멸망, 그런 동경의 옆에 서고.

동경   너 대체 뭐야? 귀신도 아니고 사람도 아니고.

멸망   멸망. 니가 그렇게 바라던.

동경   (보다가) 설마 나 지금 죽었니? 죽어서 막 어딜 온 거야?

멸망   지금은 아니고. 곧 그렇게 되겠지.

동경   허…

멸망   그래서 내가 널 좀 도와줄까 하는데.

동경   (보면)

멸망   내가 너 죽을 때까지 아프지 않게 해줄게.

동경   어떻게.

멸망   아까처럼 손잡아서?

동경   대가는.

멸망   계약. 죽기 전에 세상을 멸망시켜달라고만 하면 돼.

동경   니가 하지 왜.

멸망   할 수 있으면 진작 했겠지?

동경   나는 할 수 있고?

멸망   아마도?

동경   왜?

멸망   (보다가) 몰라.

동경   (보면)

멸망   몰라. 그냥… 그런 생각이 드네.

멸망, 가만히 손 내밀고. 동경, 멸망의 내민 손 보는데.

멸망   할 거면 손잡고.

동경   (가만히 멸망의 손 바라보는데)

멸망   (기다리고)

동경   (산뜻하게) 안 할래.

멸망   (보는데)

동경   아플 거 같애. 머리가 아니더라도 어디든. 그 손 잡으면.

멸망   (손 거두고) 보기보다 의심이 많은 편이네.

동경   잠깐 혹하긴 했어. 나 여기 되게 좋아하거든.

멸망   울고 싶을 때 온 곳이면서.

동경   (보다가) 좋은 추억도 많아.

멸망   좋은 추억 뭐. (살펴보고) 그런 건 안 보이는데.

동경   그건 내 병 때문일 거야.

멸망   (보면)

동경   분명 누구랑 왔었는데… 기억이 안 나. 되게 행복했던 거 같은데.
       (피식) 너도 알다시피 내가 여기가 (머리 가리키며) 안 좋아서. 지금.
       (애써 웃는데)

멸망   (보다가) 그 팔찌는 뭐야.

동경   팔찌? (하다가) 아 이거. 몰라? 그냥… 안 차면 불안해서.

동경, 멀리 바다 바라보는데. 멸망, 그런 동경의 쓸쓸한 모습 보다가 저도 모
르게 바람에 날리는 동경의 머리칼을 귀 뒤로 넘겨주는데.

동경   !! (놀라 보면)

멸망   (멈칫 굳는데)

마주친 둘의 눈. 그 순간,

S#42. 병원 / 엘리베이터 (밤)

획, 어느새 동경 엘리베이터 안에 홀로 서 있다. 닫힌 엘리베이터 멈춰 서 있고. 거울과 마주 보고 있는 동경. 방금 있었던 일들이 현실인지 꿈인지… 그러다,

동경   …어?

거울 보면, 자신이 조용히 눈물을 흘리고 있다.

S#43. 멸망의 집 / 거실 (밤)

거실 한가운데 홀로 서 있는 멸망. 동경의 머리카락이 닿았던 손 가만히 바라본다. 자신도 모르게 한 이 행동이 뭘까 싶은데.

멸망   …?

뭔가 이상한 느낌에 제 얼굴 만져보면 자신이 조용히 눈물을 흘리고 있다.

멸망   !!

뭔가를 직감한 멸망, 획 뒤돌아 어딘가로 향하는데.

S#44. 병원 / 소녀신 병실 (밤)

소녀신, 창가에 힘겹게 서서 화분 바라보고 있다.

소녀신   (시든 꽃 안쓰럽게 쓰다듬는데)

그때, 문 거칠게 열리고 멸망 들어선다.

멸망   (무섭게 다가오며) 너 나한테 무슨 짓 했지.
소녀신   (흐트러짐 없이 바라보고)
멸망   말해. 나한테 무슨 짓 했어!
소녀신   너 아니고. 걔한테.
멸망   (보면)
소녀신   걔한테… 탁동경한테…

멸망, 잠시 소녀신 노려보다가 병실 나간다. 그 뒷모습 길게 바라보던 소녀
신, 화분 돌아보면 시들었던 꽃이 조금씩 고개 들기 시작하는데!

소녀신   (꽃 가만히 보며) …역시… 어쩔 수 없는 게 있구나.

S#45. 병원 / 엘리베이터 (밤)

동경, 홀린 듯 주머니에서 핸드폰 꺼내 연락처에서 천천히 '사람' 검색해보는
데. 번호 하나 저장돼 있다. 떨리는 손으로 전화 거는 동경. 핸드폰 귀에 대면
신호음 가기 시작하고!

동경   !!

그때, 엘리베이터 문 열린다. 동경, 놀라 뒤돌아 바라보면 거기 멸망, 날 선 눈으로 동경 바라보고 서 있다. 동경, 휴대폰 쥔 손 내리며 그런 멸망 마주보는데. 알 수 없는 긴장감 속 서로를 바라보는 둘.

멸망   …탁동경.
동경   내 이름은 어떻게…
멸망   너 누구야.
동경   넌, 누군데…?

텅 빈 복도에 서 있는 멸망. 엘리베이터 안쪽에 서 있는 동경. 아슬아슬한 경계에서 마주보고 있는 둘의 모습에서…

12부 엔딩!

*13*부

S#1. 병원 / 엘리베이터 + 복도 (밤)

멸망   ···탁동경.

동경   내 이름은 어떻게···

멸망   너 누구야.

동경   넌, 누군데···?

텅 빈 복도에 서 있는 멸망. 엘리베이터 안쪽에 서 있는 동경. 아슬아슬한 경계에서 마주보고 있는 둘. 그때 복도 쪽에서 수자의 목소리 들린다.

수자   아니 얘가 날도 추운데 감기 걸리면 어쩌려고 또 기어나가 기어나
           가길. 탁동경! (하는데)

동경   !!

동경, 멸망의 옷깃 확 잡아끌어 엘리베이터 안으로 당기고. 빠르게 엘리베이터 닫힘 버튼 누른다. 엘리베이터 닫히고.

S#2. 병원 / 엘리베이터 안 (밤)

동경, 쥐었던 멸망 옷깃 탁 놓고는 아무렇지 않은 표정으로 선다. 멸망, 어이없어 보다가,

멸망   뭔데.

동경   (일층 버튼 누르며) 이모. 들키면 상황 복잡해져. 안 들켜야 뭔 얘기
           라도 해볼 거 아니야.

멸망   무슨 얘기.

동경	너도 나한테 할 얘기 있어서 온 거 아니야? 방금 헤어져놓고 보고
	싶어 또 보러 온 건 아닐 거고.
멸망	(그저 보면)
동경	너 누구냐는 말, 무슨 뜻이야? 내 이름도 알고 있으면서.
멸망	넌 무슨 뜻인데. 내가 누군지, 뭔지, 설명해줬잖아.
동경	…모르겠어. 그냥 기분이 좀 이상하고… (하는데)
멸망	(그대로 지하층 버튼 누르고)
동경	어디 가는데?
멸망	주차장. 얘기가 길어질 거 같아서.

S#3. 현규 카페 근처 벤치 (밤)

현규와 주익, 서로에게 시선 주지 않은 채 나란히 놓인 두 개의 벤치에 각자 앉아 있다. 현규, 뭔가 생각을 정리하는 듯 침묵하고 있고. 주익은 현규가 먼 저 입을 열 때까지 기다려주는 듯하다.

현규	물어볼 거 있어.
주익	추운데 들어가서 얘기하지.
현규	(시선 주지 않고 앞만 보며) 거기선 못 해.
주익	(보면)
현규	거기선 내가 져. 거기 형 구역이니까.
주익	(웃지 않고) 여긴 괜찮고?
현규	아니. 어디든 괜찮은 데는 없어. 여긴 그냥 여차하면 도망치기 쉬
	우니까.
주익	(보다가) 도망치지 말자 이제.
현규	(보다가 결심해서) …형.

주익	어.
현규	걔랑 키스했어?
주익	(물을 줄 알고 있었고. 가만히 보는데)
현규	십 년 전에, 걔랑 키스했냐고.
주익	어.
현규	왜?
주익	쫓아내려고. 너랑 못 만나게 하려고.
현규	…왜?
주익	매일 그 앞에서 울었거든 걔.
현규	(보면)
주익	내가 그날 그렇게 해서 안 보냈으면 걔는 며칠을, 몇 달을 거기서 더 울었을 거거든.
현규	…
주익	오지 말라고. 더 이상 여기 와서 울지 말라고. 그래서 그랬다.
현규	내 생각은… 안 났어?
주익	났어. 그래서 더 그랬어.
현규	(보면)
주익	너 알았잖아. 걔 거기 와서 너 기다리는 거. 너 다 알고도 한 번을 안 나갔잖아 쪽팔리다고. 영원히 안 올 것처럼 가놓고 고작 몇 달 만에 힘들어서 돌아온 거, 그거 들키는 거 싫다고.
현규	(할 말 없고… 그저 입술 꾹 깨무는데)
주익	무슨 말이든 해. 욕이든 뭐든 다 입 다물고 들을 테니까. 난 도망 안 가.
현규	(보다가) 왜 그렇게까지 솔직해?
주익	(보면)
현규	대충 얼버무리고 미안하다 넘길 수도 있잖아. 말도 잘하는 인간이. 왜 나한테 그렇게까지 솔직하냐고.

주익	너 좋아하니까.
현규	(놀라서 보면)
주익	너 내가 드물게 좋아하는 놈이거든. 니 앞에서 비겁하기 싫어 난. 너무 오래 숨겼어. 그게 내내 (명치쯤 가리키며) 여기 걸렸어 나도.
현규	(확 일어나고) 짜증나.
주익	(보면)
현규	형은 진짜 이 순간까지도 나를 너무 하찮게 만들어. 진짜 짜증나는 인간이야. (그대로 뒤돌아 가려는데)
주익	(현규에게 시선 주지 않은 채 앞 보며) 어디 가는데.
현규	(뒤돈 채로) 카페.
주익	왜.
현규	형이랑 도저히 오늘 한 집에서 못 잘 거 같아서.
주익	(그저 잠잠한 얼굴로 시선 떨어뜨리고)
현규	모든 순간이 다 후회돼. 도망 간 거, 늦은 거, 물어본 거, 전부 다.

현규, 그대로 가고. 주익, 복잡한 얼굴로 그저 그 자리에 앉아 있는데.

S#4. 현규 카페 (밤)

창고 가득 원두와 각종 필요한 재료 물품들 쌓여 있고. 그 구석에 대강 자리 만들어 몸 구겨 누워 있는 현규. 잠 오지 않아 몇 번 뒤척이다가 멀거니 천장만 보는데…

S#5. 주익의 집 / 침실 (밤)

주익, 책상 앞에 앉아 노트북 타자 치고 있다. 그러다 집중되지 않는지 의자에 고개 기대 눈 지그시 감는데… 책상 보면, 어지러이 흩어져 있는 사업계획서, 원고, 소설책들… 쌓여 있는 책들 중에 한 권만이 펼쳐져 있다. 페이지 속 글귀. 꼭 주익의 마음 같다.

《로맨틱 에고이스트》, 43p ─ 내가 하는 사랑고백은 언제나 너무 이르든지 너무 늦다.

S#6. 병원 / 주차장 (밤)

멸망, 자기 차 향해 성큼성큼 걸어가고 동경, 그 뒤를 가만히 따라가는데.

동경   나 울고 있더라.

멸망   (멈칫, 서고)

동경   (혼자 생각하는 얼굴로) 돌아와서 거울을 봤는데 나 울고 있었어. 나는 나 우는 줄도 몰랐어. 근데 거울을 보니까 울고 있어 내가.

멸망   (뒤돌아보는데)

동경   나 왜 울고 있었지…?

멸망   (그대로 걸어가 차 문 열어주고) 타.

동경   어디 가는데.

멸망   나쁜 데 안 가니까 타라고.

S#7. 병원 근처 카페 (밤)

카페 안, 사람들 드문드문 앉아 있다. 동경과 멸망, 앞에 음료 둔 채로 앉아 있다. 멸망, 앞에 음료는 형식상 시킨 듯 쳐다도 안 보고. 동경만 고개 빼 빨대로 쪼로록 음료 마시고 있는데.

멸망　　너 키 이만하고 머리 이만큼 짧은 여자애 만난 적 있어?

동경　　키 이만하고 머리 이만큼 짧은 여자애 너무 많은데?

멸망　　(확, 올라오고) 병원에서. 만난 적 있냐고.

동경　　아, 걔가?

멸망　　만난 적 있어? 걔가 너한테 뭐했는데.

동경　　걔가 아니라 내가 뭘 했는데. 걔 병뚜껑 따줬어 내가.

멸망　　또.

동경　　또? 음… 따주니까 고맙다고 옥상 가보라던데? 거기 풍경 좋다고.

멸망　　그거 말곤 없었어?

동경　　웅.

멸망　　잘 생각해봐. 걔가 너한테 뭘 했어.

동경　　뭘 했는데?

멸망　　그걸 모르겠으니까 잘 생각해보라고.

동경　　음…

멸망　　(보고)

동경　　으음…

멸망　　(보는데)

동경　　모르겠는데.

멸망　　(확…) 넌 대체 아는 게 뭐냐?

동경　　아니 걔랑 우리가 무슨 상관인데. 걔가 날 안대? 나 또 기억 못 하는 건가?

220

멸망   머리가 아픈 게 아니라 나쁜 거 아니야?

동경   나쁜 건 너고.

멸망   그래 뭐, 착하진 않지 내가.

동경   (말을 말자… 절레절레) 됐지? 이제 내 차례.

멸망   (보면)

동경   넌 안 울었어?

멸망   (동요했지만 티내지 않으려 하며)

동경   왜 대답을 안 해. 넌 안 울었냐고. 나만 울었냐고.

멸망   (말 돌리며) 내 질문 아직 안 끝났어. 아까 누구한테 전화 걸고 있었
        던 건데.

동경   (질문에 홀랑 넘어가서) 그니까 진짜 이상하다니까. 막 우는데 이상
        하게 그 생각만 나는 거야. 전화를 해야겠다… 너한테…

멸망   너?

동경   근데 그 '너'가 누군지를 모르겠어. 내 핸드폰에 번호가 저장돼 있는
        데 누군지를 모르겠다니까?

멸망   다시 걸어봐.

동경, 휴대폰 꺼내 **사람**에게 다시 전화 거는데. 통화 연결음만 길게 이어지고.
어디서도 벨소리 나지 않는다.

동경   (끊고) 뭐지… 안 받네. 사람… 사람이 누구지?

멸망   글쎄. 확실히 난 아니네. 가봐야겠다. (일어나는데)

동경   (휘둥그레) 나는??

멸망   뭐가.

동경   나 안 데려다주냐고.

멸망   가깝잖아. 걸어가. 오 분 거리야. (휙 나가고)

동경   아씨 진짜 저게 사람이기만 했어도 내가 확!

S#8. 길거리 (밤)

동경, **사람** 연락처 화면에 시선 꽂은 채 털레털레 걸어가고 있다.

동경   아니 누구지…

그때 앞에 돌부리 같은 거에 걸려 휘청 넘어지려는데! 뒤에서 누가 안듯이 양 팔 탁 잡아준다!

동경   !!

돌아보면 멸망이다!

멸망   넌 애가 왜 이렇게 잘 넘어지냐. 앞을 보고 걸어 앞을. (탁 놔주고)
동경   너 간다며.
멸망   어 갔어. (하고 휙 다시 돌아서 가는데)
동경   저거 진짜… (또라이… 자기 머리 근처에 손가락 뱅뱅 돌리고)

S#9. 멸망의 집 / 거실 (밤)

멸망, 외투 아무렇게나 툭 벗어놓는데. 시선 테이블에 멎는다. 보면, 웬 핸드폰이 놓여 있다.

멸망   ??

멸망, 핸드폰 집어드는데. 액정에 **동경**에게서 온 부재중전화 내역 떠 있고. 화면 열어 들어가면, 동경과 찍은 사진이 배경화면으로 되어 있다!

멸망   ?!

S#10. 현규 카페 / 창고 (다음 날 아침)

출근한 선경, 가방 내려놓고 콧노래 흥얼거리며 카페 창고 여는데. 구석에 구
겨져 자고 있던 현규 발견하고.

선경   어우씨!!! 깜짝이야!!!
현규   (비몽사몽 일어나며) 어… 출근했냐.
선경   사장님 여기서 주무신 거예요??
현규   어… (상체 일으켜 앉고)
선경   왜요? 혹시 주익 형님이랑 싸우셨어요?
현규   (일어나 나가며) 아니…
선경   (뒤에다 대고) 그럼요?
현규   싸우는 중.

S#11. 골프장 라운지 (낮)

골프복 입고 앉아 있는 주익부, 맞은편엔 주익 앉아 있다.

주익   (서류봉투 테이블 위로 슥 밀어 넘기며) 요청하신 사업계획서예요. 검
        토하세요.
주익부   (심드렁하게 받아 봉투에서 서류 꺼내 몇 장 대충 넘겨보며) 너 현규랑 싸

웠냐?

주익 　　뭘 싸워요. 싸운 얼굴로 보여요?

주익부 　아직 치고 박고는 안 했나보네.

주익 　　안 싸워요. 싸워도 내가 이기고.

주익부 　그래? 니가 이겨? 확실해?

주익 　　(말 없는데)

주익부 　졌구만.

주익 　　아직 안 붙었어요.

주익부 　그럼 붙어봐.

주익 　　(보면)

주익부 　붙어봐야 알지. 걔가 이길지 니가 이길지.

주익 　　아버지는 제가 누구랑 싸우고 다녔으면 좋겠어요?

주익부 　내가 현규 고놈을 왜 예뻐하는지 알아?

주익 　　내가 먼저 물었잖아요. 내가 누구랑 싸우고 다녔으면 좋겠냐구요.

주익부 　그놈은 어릴 때부터 운동을 해서 그런가 실실 웃고 있어도 눈빛에
　　　　승부욕이 그득그득하거든. 난 그게 참 마음에 들어.

주익 　　그러든지 말든지…

주익부 　니놈이랑은 다르지. 걔는 승패가 걸린 거라면 눈에 불을 켜고 달려
　　　　드는데 너는 만~날 상관없다는 듯이 져주고 말이야. 그놈도 약 좀
　　　　오르겠어. 맨날 니가 싸워주지도 않고 그냥 져주니까. (재밌다는 듯
　　　　껄껄 웃고)

주익 　　이번엔 상황이 좀 달라요.

주익부 　뭐가 다른데.

주익 　　싸우는 게 아니라 내가 뭘 좀 뺏어야 돼서.

주익부 　(흥미로운 듯) 그래? 그럼 이번엔 니가 이기겠네.

주익 　　(보면)

주익부 　난 니가 갖고 싶은 걸 손에 못 넣는 꼴을 본 적이 없다~ 이거(사업계

획서)도 그렇고.

주익   (보는데)

주익부   (서류 보며) 기대가 되네. 졌는데도 니가 깨끗하게 승복 안 하면 너
          는 못난 스승이고 졌는데도 걔가 깨끗하게 안 물러나면 니가 잘못
          가르친 거고.

주익   …어쨌든 내가 다 잘못한 거네.

주익부   이러든 저러든 잘못이면 이기는 게 낫지 않겠냐?

주익   …

주익부, 골똘한 주익 얼굴 재밌다는 듯이 슬쩍 보고.

S#12. 병원 / 소녀신 병실 (낮)

소녀신, 침대에 기대앉아 피노키오 읽고 있다. 그 앞으로 핸드폰 휙 날아오
고. 보면, 멸망 서 있다.

멸망   니 짓이지.

소녀신   (대답 없이 책장만 넘기고)

멸망   도대체 걔랑 나랑 뭔데.

소녀신   (여전히 대답 없다)

멸망   말 안 하겠다 이거지.

소녀신   (시선도 주지 않고 그저 책만 보는데)

멸망   말하기 싫으면 하지 마. 내가 직접 알아볼 테니까. 어차피 말해줄
          거란 기대도 안 했어. (핸드폰 휙 가져가며) 대신, 무슨 일 생겨도 나
          원망 말고. (그대로 나가는데)

S#13. 병원 / 병실 (낮)

동경, 이어폰 낀 채 노트북으로 드라마 보고 있다. 〈호텔 델루나〉다. 그때 가습기 물 갈던 수자, 화면 흘깃 본다.

수자   애는 계속 귀신 타령하더니 이제는 무슨 귀신 드라마를 다 보고…

동경   (이어폰 빼고) 어? 뭐라고?

수자   넌 금식 중인 애가 에너지가 남아돌아? 아침부터 왜 무서운 걸 보고 있어!

동경   (심각) 이모, 나 노는 거 아니야. 지금 공부 중이야. 이상한 존재에 대해서 이런 식으로라도 공부를… (하다가) 잠깐만, 나 왜 이런 상황 익숙하지? 데자뷰가?

하는데 그때 병실 문 열리고 회진 들어온다. 보면, 당면이 아니라 의사가운 입은 멸망이 선두로 들어오는데!

동경   뭐야?! 니가 여길 왜 와?

수자   (화들짝) 얘가 얘가. 너 왜 선생님한테 반말이야? 왜 오긴 왜 와! 회진 오셨지!

동경   선생님?! 누가? (멸망 가리키며) 얘가?

수자   (쑵!!) 죄송합니다… 얘가 잠이 덜 깨서…

멸망   (인자하게 웃으며) 괜찮습니다. 아무래도 몸이 안 좋다보니까 히스테릭해져서 싸가지가 없어지는 경우 종종 있거든요.

동경   뭐? 싸가지?!

멸망   (아무렇지 않게 바로) 상태 좀 볼까요? (다가와 동경 눈 괜히 손가락으로 내려 라이트로 비춰보고)

동경   아 잠깐, (속수무책으로 당하는데)

멸망	괜찮고. (다시 동경 귀 한쪽 잡아 휙휙 돌려보고)
동경	아 잠깐만!!
멸망	(탁 놔주고) 괜찮네요.
수자	아유 감사합니다. 선생님…
동경	(기막혀 수자 보며) 아니 진짜 나만 이상해 이모? 나만 이상한 거야?!
멸망	이따가 간단한 검사 좀 할게요. (동경 향해 픽 웃어 보이고) 그럼 이만.

멸망, 그대로 병실 나가는데.

| 동경 | 저이씨… |

S#14. 병원 (낮)

/ 1. 엑스레이 검사실

검진복 차림의 동경, 촬영 기계 앞에 어처구니없는 얼굴로 서 있다.

| 동경 | 또 너야? |

보면, 방사선사가 아닌 멸망이 서 있다.

멸망	(아랑곳 않고) 자, 떠들지 마시고 여기 똑바로 서보세요.
동경	(허리 손 올리며) 하 나 진짜 어이가 없네. 너 왜 자꾸 나 따라다니는데?
멸망	(동경 팔 잡아 그대로 휙 돌리고)

동경	야!! (다시 홱 돌리려고 하자마자)
멸망	(팔 잡아 자세 고쳐주고) 가만 있어. 손 여기 잡고.
동경	(이씨… 멈춘 채 눈알만 굴리며) 너 진짜 이거 할 줄은 알고 하는 거야?
멸망	말하지 말고.
동경	(그 말에 반사적으로 입 다물었다가, 잠깐만 내가 왜?) 야, 너 도대체 나한테 이러는 저의가, (하는데)
멸망	숨 참고.
동경	(허업, 그 말에 또 반사적으로 숨 참는데)
멸망	말 잘 듣네.
동경	(?!)
멸망	(뒤에서 픽 웃는데)

/ 2. MRI 촬영실

동경, 누워 있고. 멸망이 들어선다. 동경, 멸망인 거 보더니 포기했다는 듯 한숨 푹 내쉬고.

동경	(상체 천천히 일으키며) 너는… 직업이 도대체 몇 개니? 나한테 진짜 왜 이러지?
멸망	너 살려주려고 온 건데.
동경	뭘 살려.
멸망	(동경 환자복 주머니에 손 쑥 넣는데)
동경	??
멸망	(동경의 핸드폰 꺼내서 들어 보이고) 이거 들고 찍으면 죽어. 너 (MRI 기계 가리키며) 이거 고장 나면 얼만 줄 알아? 내가 너 살렸다.
동경	아니 그니까 내 걱정이 아니라 기계 걱정… (하는데)

멸망	(그대로 나가며) 누워.
동경	야!
멸망	(나가다 말고) 말하지 말고.
동경	(주춤 누우며 중얼) 뭘 맨날 말하지 말래…

/ 3. MRI 촬영실 2

유리창 너머로 MRI 촬영 중인 동경 보던 멸망. 시선 옮겨 동경의 핸드폰 열어
본다. 보면, 배경화면 자기랑 다르게 평범한 화면이고. 핸드폰 갤러리 들어가
사진들 넘겨보는 멸망. 그러나 동경과 자신이 함께 찍혀 있던 그 사진은 찾지
못한다. 가만히 동경의 핸드폰 속 웃고 있는 독사진에서 시선 멈췄다가 다시
유리창 너머 동경 바라보는 멸망. 좀 전의 장난스럽던 얼굴과는 다르게 가라
앉은 시선으로 동경 바라보는데.

S#15. 병원 / 복도 (낮)

MRI 촬영 끝난 동경, 쪼르르 복도 밖으로 멸망 찾아 나오는데. 멸망, 아무렇
지도 않게 걸어나오고.

동경	야 아무리 생각해도 나는 내가 왜 너한테 이런 취급을 받아야 되는 지, (하는데)
멸망	(핸드폰 툭 던지고는 그대로 가버리고)
동경	(얼결에 핸드폰 탁 받고) 아니. 야, 거기 잠깐 서봐. 서보라고! 사람이 말을 하는데 지금, (따라가려는데)
간호사	탁동경님? 채혈하러 가실게요.

동경   (따라가려던 걸음 어쩔 수 없이 멈추고) 하… (멸망이 가는 쪽 노려보다가
         하는 수 없이 간호사 쪽으로 발걸음 돌리는데)
정민   (E) 주임니이이이임!

S#16. 병원 / 병실 (낮)

주익 포함 편집팀이 병문안 와 있다. 병실에 환자는 동경뿐이고. 예지, 다인,
정민은 병실 입구 등지고 있고, 주익은 병실 입구 정면에 앉아 있다.

정민   (옆에 과일바구니 쿵 올려놓으며) 자고로 병문안에는 과일바구니가
         정석이라 골고루 준비해봤는데 먹을 수 있는 상태시긴 한 거예요?
동경   금식 막 풀렸어.
정민   오 굿타이밍. (동경이랑 하이파이브 짝 하고)
예지   야 병원에서 너 굶겨? 아플 땐 먹는 게 최고야. 먹어 막 먹어. 말만
         해 다 사온다. 24시간 대기조야 나.
다인   (무심하게) 잘생긴 남자 사진 모아둔 거 보내드릴게요. 여기 계시면
         심심하실 거 같은데.
정민   아니 나 진짜 궁금한데 잘생긴 남자 사진 보면 막 덜 심심하고 그러
         나?
다인   네. 살맛 나는데요.
정민   (으이구… 쳐다보고)
다인   (뭐. 쳐다보는데)
동경   (예지에게) 애들 많이 친해졌다?
예지   그러게나 말이야. 내가 아주 뿌듯해 뿌듯해.
정민 다인 (기함하며 동시에) 친해지긴 누가요?!
예지   (휙 주익 돌아보며) 팀장님은 뭐 준비한 거 없어요? 건물주 아들이라

는 분이?

동경   에이 설마. 준비한 멘트라도 있으시겠지.

모두가 다 심드렁하게 앉아 있던 주익 돌아보는데.

주익   어… 잘 지냈냐.
동경   그거 말고.
주익   음…
일동   (말 기다리며 보는데)
주익   급전 필요하면 말하고.
정민   대박…
다인   대박…
예지   멋있어…

동경, 여전한 편집팀들 분위기에 피실피실 웃는데.

S#17. 병원 / 복도 + 병실 (낮)

지나, 병원 복도 걷고 있다. 별생각 없이 열려 있는 동경의 병실로 들어서려
던 순간, 동경 베드에 모여 있는 편집팀 발견하고 주춤하는데. 그때, 주익과
눈 딱 마주친다!

지나   !!

지나, 차분하게 걸음 멈추고는 그대로 탁 뒤돌아 이내 왔던 길로 조용히 돌아
간다. 그러자 주익, 바로 외투 챙겨 일어서는데.

주익   나 먼저 가봐야겠다. 급한 일 생겨서.

동경   네? 갑자기요?

주익   (동경 보며) 미안. 연락할게.

주익, 뭐라 대꾸할 틈도 없이 급히 나가는데. 다들 황당해 서로의 얼굴 잠시
바라보다가…

동경   …신데렐라야 뭐야.

예지   팀장 저 인간 요새 이상해.

동경   퇴사했는데도 아직 팀장이야?

예지   정정. 저 인간 요새 이상해.

다인   원래 좀 이상하잖아요.

정민   이상해요? 팀장님이? 난 몰랐는데.

예지   모르겠지. 여기서 니가 제일 이상한데.

정민   저 이상해요?? 저 되게 평범한 편 아니에요?

다인   본인이 생각하신 평범이 뭔지 모르겠지만…

동경   (아무렇지도 않게) 사랑에 빠져서 그래.

그 말에 예지, 다인, 정민 헉 놀라고.

예지   너 뭐 아니? 너 혹시… 팀장님, 아니아니 그 인간이랑 사귀어?

정민   사귀어요?

다인   사귀세요?

동경   화내기도 싫다. 나 사내연애물 읽지도 않는 사람이거든? 얼굴만 봐
        도 빡치는데 무슨 연애를.

정민   하긴… (끄덕끄덕하며 다인 보는데)

다인   (?) 누가 할 소리를 지금.

S#18. 병원 / 복도 1 (낮)

주익, 빠른 걸음으로 코너 딱 돌면 지나가 주익이 나올 줄 알고 있었다는 듯 기다리고 서 있다.

주익	(멈칫하고)
지나	나 현규랑 술 마실 거예요.
주익	(보다가) 마셔요.
지나	(?!) 나 좋아한다면서 말려야 되는 거 아니에요? 취해서 실수하면 어쩌려고?
주익	실수? 해요. 그런다고 달라질 감정 아니에요.
지나	(예상치 못한 반응인데)
주익	그런 쉬운 감정이었으면 말하지도 않았어.
지나	(보다가) 진짜 나 좋아해요? 언제부터?
주익	처음부터.
지나	처음부터가 언젠데.
주익	(보다가 가만히 웃고) 처음부터. (니가 생각한 그 처음부터라고)
지나	!!
주익	(가만히 보는데)
지나	…미쳤나봐. 어떻게 그쪽 같은 사람이 이런 바보 같은 선택을 해요?
주익	그러게. (하다가) 근데 놓치는 게 바보 같은 거야.
지나	!!
주익	놓치는 게 바보라고. 나지나씨.
지나	…누구보고 바보래.
주익	나도 되게 오래 생각했거든. 내가 왜 알지도 못하는 여자한테 키스 했을까. 내가 왜 알지도 못하는 여자 우는 게 그렇게 마음 쓰였을까.

지나	(보는데)
주익	처음부터 답이 있었던 거지. 근데 그래선 안 된다고 생각했을 뿐이고.
지나	…현규도 알아요?
주익	뭘. 우리 키스한 거? 아니면 내가 나지나씨 좋아하는 거?
지나	…
주익	다 알아요. 걔는 다 알고 있었어. 그래서 내가 물러설 데가 없네.
지나	(마음 복잡한데)
주익	그쪽이 생각하기에 어떨 거 같아요. 내가 이길 수 있을 거 같아요?
지나	…몰라요.
주익	왜 그렇게 아는 게 없어요.
지나	참나. 본인은 뭐 아세요?!
주익	알아요. (니가 나 좋아하는 거. 가만히 지나 보는데)
지나	!

S#19. 병원 / 복도 2 (낮)

지나, 터덜터덜 병실로 돌아오는데 갑자기 누군가 지나 잡아 돌려 벽에 밀어 세우더니 벽에 손 탁 올리는데. 보면, 동경이다.

지나	?!
동경	바른대로 말해.
지나	하…
동경	어허.
지나	몰라… 나도 미치겠어. 내가 어쩌다가 나쁜 년 포지션이 됐지?!
동경	(손 내리고) 나쁜 년은 뭔 나쁜 년? 이제야 보상 받는 거지.

지나	보상?
동경	아니다 포상! 차팀장… 언니 포상이야.
지나	뭔 포상이야. 나한테 맨날 지네 팀장 욕해놓고.
동경	내 그 인간 입사 이래로 늘 재수 없다 생각했지만 인간성은 나쁘게 안 봐. 그 인간 쉬운 사람 아니다? 마음 되게 어렵게 줘. 그래서 아직도 나한테 마음 안 줬잖아. 재수 없는 인간…
지나	(픽 웃고)
동경	(지나가 제 말에 웃으니 좋고) 드디어 눈물 마를 날 없던 나지나 러브 스토리에 제대로 된 인간이 들어왔구나. (하다 헉) 맞다. 언니 그거 모르지…
지나	(보면)
동경	그 인간 개부자야…
지나	진짜?! (하다 뭔 헛 생각이야… 절레절레) 아니 그런 거 상관없어.
동경	상관이 없긴 왜 없어?! 솔직히 생기기도 좀 생겼잖아. 글구 이건 비밀인데… 그 인간이 좋아할까봐 한 번도 말한 적 없거든? 그 인간… 솔직히 가끔 되게 웃겨.
지나	(픽) 웃기긴 웃기더라…
동경	사귀면 맨날 언니 웃겨줄걸?
지나	(픽 웃다가 다시 복잡해져서 시무룩) 몰라… 점이라도 볼까?
동경	(눈 번쩍) 점? 같이 볼까?
지나	넌 왜.
동경	아니 나도 어떤 미친놈이, 아니 의사가, 아니아니… 뭐 어떻게 얘기해야 돼.
지나	뭔데. 의사가 너 꼬셔?
동경	(바로) 어. 자꾸 나보고 같이 세상을 멸망시키재.
지나	(허억) 대박… 세상이 멸망해도 오로지 너만을 사랑하겠다 이런다고?

동경	(답답) 내가 언제 그렇게 말했어. 그 말이 아니라, (하는데)
지나	(말 안 통하고) 대애박… 첫눈에 환자한테 반한 잘생긴 의사가 절절하게 구애를? 완전 초절정 병원 로맨스…
동경	아니라니까! (하다가) 됐다 됐어… (으휴 제 가슴이나 팡팡 치는데)

S#20. 현규 카페 (밤)

카페 안 한산하다. 현규와 선경 쓸고 닦으며 카페 마감 중이다. 현규, 뭔가 기분 가라앉아 있는데.

선경	(바닥 닦으며) 사장님.
현규	(별 신경도 안 쓰고 대답) 어.
선경	사장님은 카페 왜 차렸어요?
현규	(그제야 보는데)
선경	옛날에 수영했다면서요. 유학도 갔다 오고.
현규	그건 왜 묻는데.
선경	저 요즘 진지하게 카페 일 재밌는 거 같아서… 사장님 보면 진짜 카페사장 천직인 거 같아요. 근데 전 잘 모르겠어서…
현규	(보다가) 뭐… 유학 중에 부상 입고 한참 방황할 때 한국이 너무 그리운 거야. 그때 어떤 카페를 들렀는데 그때 깨달았지. 커피향은 여기나 한국이나 똑같구나…
선경	(감동이고) 진짜요? 그렇게 커피와 처음 만나게 되신 거예요?
현규	아니? 가짜. 그냥 있어 보이잖아. 백수보다는 카페사장이.
선경	(쩝… 난 또…)
현규	내 일이다 싶은 뭐 그런 거 운명처럼 기다리는 거라면 꿈 깨. 나도 내가 카페사장 하고 있을 줄 몰랐으니까. 재밌으면 그냥 해. 뭐 거

창하게 계획 세우지 말고 그냥 일단 해. 계속하다보면 잘하게 되겠지. 그럼 언젠가 천직이다 싶어지기도 하고. (하다 픽) 너 잘해. 잘하고 있어.

선경 (그 말에 기분 좋아 씩 웃고… 그러다 물끄러미) 근데 좀 아쉽지 않아요?

현규 아쉬워도 뭐 어쩌겠냐. 어차피 국대 할 수 있는 성적도 아니었고, (하는데)

선경 아니요. 첫사랑이요.

현규 (보면)

선경 사장님 천직이 카페사장인 거 알았으면 그때 유학도 안 갔을 거고, 그럼 그분이랑 계속 만나고 있었을 수도 있잖아요. 사장님 이렇게 마음고생도 안 하고.

현규 마음고생은 내가 아니라 걔가 했지. 난 그냥… (말 고르는데)

선경 (보면)

현규 난 그냥 쭉 도망만 쳤어.

선경 (보다가 와서 현규 어깨 툭툭) 괜찮아요 사장님. 지금부터라도 도망 안 가면 되지.

현규 (픽) 왜. 한심하냐?

선경 음, 쪼끔?

현규 이 자식이…

선경 (얼른 창고 쪽으로 피하며) 아니 누가 원두 정리를 이렇게 해놨어!! 나네 나야!! 못난 나!! 한심한 나!! (창고 안으로 쏙 사라지는데)

현규, 그런 선경 모습 픽 웃으며 보다가 점차 다시 가라앉는 얼굴. 잠시 고민하다가 핸드폰 꺼내드는데, 그대로 지나에게 전화 건다.

지나 (F) 여보세요.

현규 오늘 술 마시자 나랑.

그때 딸랑, 문 종소리 울리고. 현규, 핸드폰 든 채 입구 보는데. 들어오는 사람, 지나다!

지나   (핸드폰 내리고) 어. 그러자.

현규   (놀라 보는데)

선경   (창고에서 나오며) 사장님, 이거 원두 날짜 지난 거는… (하다 지나 보고 멈칫… 뭐지? 하는데)

지나   (탁선경…?!)

현규   나 옷만 갈아입고 올게. (그대로 창고로 들어가고)

지나   (목소리 낮춰서 얼른) 너 일한다는 카페가 여기였어?!

선경   어 여기였는데 누나는 여기 왜… (하다 그간의 얘기 머릿속에 빠르게 스쳐 지나간다) 운동… 수영… 잠수… (하다가) 헐!!!

지나   (아 저거 골치 아프게 됐네… 싶은데)

선경   (얼른 다가와서 속닥) 나 대충 눈치 까긴 깠는데 확인 차 한 번만 물어볼게요 누님.

지나   뭐.

선경   우리 사장님이 1번이야 2번이야.

지나   어?

선경   그때 말한 1번 죽이고 싶은 놈, 2번 죽이고 싶은 놈 중에 몇 번이냐고.

지나   …1번.

선경   (울상) 헙… 사장니임…

옷 갈아입은 현규, 창고에서 나오고.

현규   (선경에게) 문단속 좀 해줘. 부탁한다. (지나에게) 가자.

지나   (나가며 선경에게 눈짓으로 입 다물라고 눈치 주고)

현규와 지나 나가고. 선경, 입 틀어막은 채로 가는 현규의 뒷모습 짠하게 보
는데.

S#21. 술집 (밤)

조용한 술집 안, 현규와 지나가 한 테이블에 마주 앉아 술 마시고 있다. 현규
는 천천히 지나가 마시는 걸 지켜보며 마시고 있고, 지나는 빠른 속도로 들이
켠다.

지나   (술잔 비우고 바로 술 따르는데)

현규   (가볍게 막으며) 천천히 마셔.

지나   (멈칫하고)

현규   너 그러다 실수해.

지나   (보는데)

현규   (웃어 보이며) 실수해도 돼. 내가 다 잊을게.

지나   (가만히 보다가 술잔 내려놓고) …넌 참 그게 쉽나보다.

현규   (보는데)

지나   (각 잡고) 너, 나 만나러 한국 오고 나 만나러 동창회 왔댔지.

현규   …어.

지나   나도. 나도 매년 너 만나려고 동창회 갔어.

현규   !

/ 어느 때의 동창회 (밤)

떠드는 사람들 사이에서 혼자 잠잠한 표정으로 앉아 있는 지나의 모습.

지나   (E) 안 오면 어쩌나… 근데 진짜 오면 어쩌나 그 생각하면서 매번
        실망하고 또 기대하면서 거기 앉아 있었어.

        / 다시 현재

지나   그뿐인 줄 알아? 너네 집 앞엔 못 가서 괜히 그 주변 서성거리고 그
        랬어. 근처 카페에도 앉아 있어보고, 너네 집 근처 지하철역에 내려
        서 괜히 앉아 있다 가고… 그랬어.

        / 지하철역 (밤)

역 벤치에 혼자 앉아 있다가 지하철 문 열리면 고개 들어 내리는 사람들 긴장
된 얼굴로 확인하는 지나의 모습.

지나   (E) 혹시 너 내릴까봐 지하철 문 열릴 때마다 긴장하고… 또 긴장
         하고…

        / 다시 현재

지나   혹시라도 너 마주칠까봐 그런 짓 엄청 했어 나.
현규   (마음 아프고) …몰랐어.
지나   원망하는 거 아니야. 죄인 같은 얼굴 하지 마. 그냥 말해주려는 거
        야. 나 혼자 되게 오래 너 사랑해왔다는 거.
현규   (보는데)

240

지나	내 머릿속에서 나는 내내 혼자 너 계속 사랑했어. 근데 요즘 너 만 나고 나서 그런 생각이 들어. 내가 계속 사랑했던 거, 그거 진짜 니 가 맞을까?
현규	무슨… 뜻이야?
지나	난 너에 대해서 아는 게 아무것도 없는 거 같아. 다시 만나보니까 알겠어. 내가 계속 사랑해온 거 그거, 열여덟 때 너야. 나 혼자 계속 거기 서 있었어. 너는 저만치 가고 있었는데.
현규	(가만히 보다가) 그건 나도 마찬가지야.
지나	(보면)
현규	나도 너에 대해서 아무것도 몰라.
지나	…그래 그러니까, (하는데)
현규	그래도 상관없어.
지나	(보면)
현규	나 이제 도망 안 가.
지나	(슬프고… 자조적으로) 우리가 끝난 지가 언젠데…
현규	끝? 나 수영만 십 년 넘게 했어. 출발지점으로 돌아오는 거? 그거 나한테 어려운 일 아니야. 몇 번이고 돌아갈 수 있어.
지나	(괴롭고… 양손으로 얼굴 가리고 겨우) 나 차주익이랑 키스했어.
현규	알아. 상관없어.
지나	(여전히 가린 채로) 내가 상관 있어.
현규	!!
지나	(손 내리고) 내가… 상관 있는 거 같아.

S#22. 지나의 집 앞 (밤)

술 취한 지나 질질 짜며 걸어가고 있다.

지나   (중얼) 나지나… 나쁜 년… 나쁜 년…

그러다 순간 비틀하는데 누군가 탁 팔 한쪽 잡아 부축한다. 보면, 주익이다!

지나   !!

주익   또 우네.

지나   왜… 여깄어요?

주익   몰라요.

지나   언제부터 이러고 있었는데요?

주익   모르겠어요.

지나   내가 안 나타났으면 어쩌려고.

주익   그것도 몰라요.

지나   (피식 웃고) …하여튼 웃겨.

주익   그런 말 많이 들어요.

지나   진짜 안 어울리는 짓만 골라해. 사람 헷갈리게.

주익   헷갈려요? 나 헷갈리게 안 했는데.

지나   (보면)

주익   헷갈리지 마요. 보고 싶어서 온 거고 좋아서 온 거예요.

주익, 가만히 지나 보다가 손으로 지나 눈물 닦아주는데.

지나   !!

지나, 그대로 주익에게 충동적으로 가볍게 입 맞춘다!

지나   (떨어져서 주익 보면)

주익   …뭐예요?

지나	술 먹으면 실수할까봐 안 먹으려고 했던 건데… (하고 푹 주익한테
	고꾸라지면)
주익	(받아 안고) 나지나씨. 나지나씨?

S#23. 지나의 집 / 현관 + 거실 (밤)

주익, 지나 부축해서 들어온다. 지나, 집에 들어서자 술김에도 불구하고 신발
벗고 외투 벗더니 그대로 소파에 가 눕고. 주익, 허… 그 모습 대단한 듯 보다
가 소파로 향한다. 벌써 깊은 잠에 빠져 있는 지나. 그런 지나의 머리에 쿠션
받쳐주고 담요 찾아 덮어주는 주익. 그리고 시선 맞춰 앞에 앉아 자는 지나의
얼굴을 골똘히 바라본다.

주익	왜 맨날 내 앞에서만 실수해요.
지나	…
주익	본인이 무심코 하는 실수에 나는 맞아 죽어요.
지나	…
주익	(쓸쓸하게 웃는데)

S#24. 지나의 집 / 거실 (다음 날 아침)

지나, 창문으로 들어오는 아침 햇살에 천천히 눈을 뜬다. 잠시간 눈 껌뻑이다
가 벌떡 몸 일으키는데. 두리번거리다 집인 걸 확인하고 안심하다가, 스쳐 지
나가는 어제의 기억으로 눈 커지는데!

주익과 키스하는 지나.

/ 다시 현재

지나   나지나 이 미친년!!!

지나, 소파에 누워서 허공 향해 발길질하는데.

동경   (E) 네…? 머리카락을요…?

S#25. 병원 / 진료실 (낮)

당면의 진료실이다. 당면 앞에 동경과 수자 앉아 있고.

당면   네… 아무래도 항암이랑 방사선이 동시에 들어가니까 빠르게 빠질
         거예요. TV 같은 데서 봤죠? 그전에 정리하는 게 마음이 더 나을
         거예요… 권해드리는 편이고…
동경   아…
수자   (동경 안쓰럽게 바라보고)
당면   빠지는 걸 눈으로 보는 게 더 힘들 수도 있거든요…
동경   네…

괜히 제 머리카락 만지작거리는 동경. 수자와 당면, 그런 동경의 모습 안쓰럽

게 바라보는데.

S#26. 병원 / 병실 (낮)

동경, 베드에 앉아 있고, 수자, 그 옆에 걸터앉아 동경의 긴 머리 쓰다듬고 있다.

수자   너는 어렸을 때부터 머리통이 예뻐가지고 머리 짧게 잘라놓으면
          지나가는 할머니 할아버지들이 어떻게 이렇게 깎아놓은 밤톨같이
          예쁘냐고 맨날 칭찬하고 그랬어. 기억나지?

동경   응… 기억나…

수자   머리는… (치고 올라오는 울음 참고) 또 기르면 되지. 금방 길어. 머리
          빨리 기는 샴푸도 있고 그러더라.

동경   응…

수자   이참에 이모도 같이 자를까? 선경이 자식도 세트로 밀어버리고.

동경   (픽 웃고) 걔 군대 갈 때 머리 밀었던 거 기억 안 나? 엄청 못생겼던
          거. 걔 머리빨이라서 안 돼. 이 집안에 머리털 없는 사람은 나 하나
          인 걸로 합시다 수자씨.

수자   아그 이뻐. 아그 말 잘 들어. (애써 웃고선 자리에서 일어나며) 이모 얼
          른 나가서 모자나 몇 개 미리 사와야겠다. 이쁜 걸로 금방 사올게.

동경   무슨? 나 모자 많잖아. 저번에 이모가 사온 것도 있고.

수자   그건 너무 크잖아. 니 머리통이 워낙 작아야지. (손으로 동경 머리 사
          이즈 재고) 음 요 정도~ (하며 장난치며 나가고)

동경, 웃으면서 보다가 수자 사라지자마자 올라갔던 입꼬리 툭 떨어지는데.

S#27. 병원 / 복도 (낮)

웃으며 병실 나오던 수자, 복도 한참 걸어가고는 병실 안 보이게 코너 돌자마자 벽에 기대 숨 죽여 울기 시작하는데. 지나가던 입원환자1, 2 그 모습 보고는 익숙한 듯 다가와 말없이 수자 토닥여준다.

입원환자1 정신 단디 붙들어 매소.
입원환자2 암만… 인자부턴디… 그래도 (하…) 울 땐 울어브러…

아줌마들 위로 속에서 수자, 꾹꾹 입 틀어막고 우는데.

S#28. 병원 / 병실 (낮)

동경, 가만히 옆에 놓인 거울 들어 자신의 모습 비춰본다. 머리카락 이리저리 만져보다가 탁 결심한 얼굴로 거울 보다가 거울 내려놓고 일어서 외투 집어 들고 병실 나서는데.

S#29. 미용실 (낮)

동경, 환자복 차림에 가디건만 걸친 채다. 거울 바라보는 얼굴 비장하다. 디자이너 주춤 다가와서…

디자이너 어떻게… 해드릴까요?

동경, 잠시 주변에 머리하는 사람들 살핀다. 다들 각자 파마, 염색 등 다양하

246

게 시술받고 있고.

동경   (후… 결심하고) 연예인 머리 해주세요.

디자이너 네?

동경   연예인 머리요. 파마. 막 이렇게 화려하고 막 구불구불한 거. (하다
           가 벽에 붙어 있는 웨이브 머리의 모델 포스터 가리키며) 저렇게요!

디자이너 손님.

동경   (? 해서 보면)

디자이너 저건 고데긴데요.

동경   …

/ Cut to

동경, 예쁘게 고데기 세팅한 자신의 모습을 거울로 보고 있다. 한참 동안 거
울 속 자신의 모습 바라보고 있는데.

디자이너 저 솔직히 아까 환자복 입고 오서가지고 살짝 쫄았거든요? 저 앞에
           병원에서 가끔 오서가지고 (머리 바리깡으로 미는 모션 하며) 자르고
           가서서.

동경   아…

디자이너 아니 너무 예쁘다. 너무 잘 어울려. 이거 저희가 사진 찍고 게시해도
           될까요? 얼굴은 안 나와요. 머리만, 머리만. (직원들한테 손짓하고)

직원들 기다렸다는 듯이 와서 폰으로 동경 사진 찍기 시작한다.

디자이너 (찰칵찰칵 찍으며) 컬 너무 잘 나왔다. (직원에게) 그치.

동경   다 찍으셨어요?

디자이너 (찰칵찰칵 찍으며) 잠시만요. 한 장만 더 한 장만 더. (찰칵) 아우, 이
         뻐. 됐습니다~ (하는데)

동경   그럼… 이제 밀어주세요.

디자이너 …네?

동경   밀어주세요. 싹 다…

디자이너와 옆에 서 있던 직원들 놀라 굳고. 동경, 굳건한 표정으로 거울을
통해 디자이너 바라보고 있다.

동경   죄송해요… 애써서 해주셨는데… 마지막으로 해보고 싶어서. (쓸쓸
         하게 웃는데)

디자이너 (그 말에 핸드폰 탁 집어넣고는 표정 정리하고) 마지막이라뇨. 또 오세
         요.

동경   (보면)

디자이너 또 해드릴게요. 또 와요. 그땐 더 예쁘게 해줄게요. 아니다. 손님은
         머리 짧아도 잘 어울릴 거 같네. 지금 보니까 머리가 예쁜 게 아니
         라 손님이 그냥 예쁜 거였구나.

동경   (위로해주는 말이 고맙고… 그저 작게 미소 짓는데)

디자이너 …괜찮겠어요?

동경   (단단한 얼굴로) 네.

디자이너 (동경 머리카락 한 뭉텅이 들고 가위 갖다대며) 그럼 자를게요?

디자이너, 그대로 동경 머리카락 자르려는데 그 순간,

직원들   (놀라서) 어?!

보면, 동경의 코에서 후드득 코피가 쏟아진다!

디자이너   (놀라며) 어어??! 괜찮으세요?
동경   (손으로 막고 애써 웃으며) 아 괜찮아요… 죄송…
디자이너   (급하게 휴지 가지러 가며) 잠시만요! 휴지 좀!

동경, 손으로 막은 채 일어서려는데 순간 어지러움을 느낀다! 비틀, 쓰러지는데! 누군가 탁, 그런 동경을 가볍게 받아 안는다! 보면, 멸망이다! 멸망, 무심한 얼굴이고. 동경, 흐린 시야로 멸망의 얼굴을 확인하고는 그대로 정신 잃는다.

S#30. 병원 / 병실 (밤)

동경, 말끔한 모습으로 병실 침대에 누워 자고 있다. 여전히 아픈 듯 끙끙대고 있고. 동경의 곁엔 아무도 없는 듯한데.

S#31. 꿈. 장례식장 (밤)

누군가의 장례식장. 환자복 입은 동경, 홀린 듯 그 안으로 걸어 들어간다. 그러다가 무언가를 발견하고 문득 멈추는 동경의 걸음. 흔들리는 동경의 시선 따라가보면, 단 위에 자신의 영정사진 놓여 있다.

동경   !!

웃고 있는 사진 속 자신의 얼굴과 마주한 동경. 그 사이에 남자 하나 무릎 꿇

고 앉아 있다. 고개 숙인 채로 뚝뚝 울고 있는 모습이고. 동경, 흘린 듯이 천천
히 걸어가 남자의 앞에 주저앉는데. 보면, 울고 있는 남자, 멸망이다.

동경   !!

그때, 멸망 고개 들어 단 위의 동경의 영정사진 바라본다. 눈앞에 앉아 있는
동경은 보이지 않는 듯하다. 동경의 영정사진만 바라보며 뚝뚝 우는 멸망.

동경   울지 마… 울지 마…

동경, 저도 모르게 멸망의 얼굴로 손 가져간다. 그대로 멸망의 얼굴 손으로
감싸보지만 멸망은 눈앞의 동경이 보이지도, 느껴지지도 않는 듯하고. 동경,
달래지지 않는 멸망 보며 저도 눈물 흘리기 시작하는데.

동경   울지 마… 울지 마… 응?

S#32. 다시 현재. 병원 / 병실 (밤)

동경, 지금 자신이 꾸고 있는 꿈처럼 눈물 흘리고 있다. 꿈이 괴로운 건지, 몸
이 아픈 건지… 그때 누군가 동경의 손 가만히 잡아준다. 멸망이다. 그러자
거짓말처럼 평온해지는 동경의 얼굴. 한결 편안해 보이지만 여전히 얼굴은
눈물범벅인데. 그 얼굴을 읽히지 않는 표정으로 들여다보고 있는 멸망. 그 순
간, 동경 가만히 눈 뜬다. 동경, 눈물로 시야 흐리고. 꿈결에 제 앞에 있는 멸
망에게 손 뻗는데. 멸망, 동경이 뭘 하려는 건지 그저 지켜보는데.

동경   … 울지 마.

250

멸망   ?!

동경   (멸망의 얼굴 어루만지며) 내가 미안해… 울지 마.

동경, 후두둑 눈물 흘리고. 그런 동경을 보는 멸망, 왠지 모르겠지만 마음 일렁인다. 그 마음 혼란스러워 자리에서 벌떡 일어나는데. 그대로 뒤돌아 가버리는 멸망. 동경, 힘없이 손 떨구고 다시 까무룩 잠든다.

S#33. 병원 / 복도 (밤)

멸망, 불편한 표정으로 복도 걷고 있는데. 머릿속에서 제주도 절벽에서 뒤돌아 자신을 보며 환하게 웃는 동경의 모습(11부 S#9)이 빠르게 지나간다. 그 자리에 우뚝 서는 멸망. 이게 무슨 기억이지? 떠올리려 하지만 생각나지 않는데. 답답한 마음으로 다시 걷기 시작하고, 이윽고 소녀신의 병실 앞에 다다르고 거침없이 문 여는데.

멸망   !!!

황량하게 비어 있는 소녀신의 병실. 열린 창문으로 바람만 들어와 커튼을 흔든다. 아예 환자가 나간 것처럼 베드에 깔려 있는 이불도 벗겨져 있다. 늘 창틀에 있던 화분도 보이지 않고. 소녀신, 어디론가 완전히 숨어버린 느낌이다.

S#34. 꿈. 멸망의 집 / 거실 (밤)

동경, 잠들어 있다가 이윽고 잠에서 깬 듯 천천히 눈을 뜨는데. 가만히 천장 바라보며 눈 깜빡인다. 어? 보던 천장이 아니다. 낯설다. 토끼눈이 되어 몸 일으키는데. 화면 넓어지면 자신이 누워 있는 곳 병실이 아니라 멸망의 거실이다. 멸망의 거실 한복판에 동경의 병실 침대 그대로 놓여 있고. 동경, 침대째로 멸망의 집 거실에 와 있는 건데.

동경   뭐야?!

멸망, 소파에 앉아 흔들림 없이 책 읽고 있다. 손에 들린 책, 빅토르 위고의 《레미제라블》이다.

동경   (놀라 휙휙 둘러보며) 여기 어디야?!
멸망   (책 읽으며) 우리 집.
동경   내가 너네 집에 왜 있는 건데? 설마 나 지금 납치당했니?!
멸망   (책 넘기며) 뭐 비슷해. 내가 이 꿈에 허락 없이 널 끌어들인 거니까.
동경   꿈?

인서트. 13부 S#32

병실 베드에 누워 잠든 동경의 진짜 모습.

/ 다시 현재

동경   이게 꿈이라고? (침대에서 일어나 막 돌아다니며) 이렇게 생생한데?
멸망   (여전히 책 보며) 어.

동경, 믿기지 않는 얼굴로 침대에서 일어나 문 벌컥 여는데, 문 너머 책 읽고 앉아 있는 멸망까지 그대로인 멸망의 거실이고. 똥그래진 눈으로 다시 옆에 문 벌컥 여는데. 여전히 멸망의 거실이다.

멸망   (여전히 책 읽으며) 정신없다.

동경   와… (문 탕 닫고 돌아보며) 여기 감옥이야? 나 가둔 거야 너 지금?

멸망   (책 탁 덮고) 너 구해준 사람한테 할 말이 그거밖에 없어?

동경   구해… (하다 다가와서) 그거 꿈 아니었어?!

멸망   아니었어.

동경   그럼, 그 꿈도… 아니지. 그건 꿈이 맞지. 꿈이 확실하지… 근데 왜…

멸망   그 꿈?

동경   (혼자 생각 더듬으며) 아까 꿈에서 니가 막 울고 있었는데…

멸망   (픽) 꿈 맞네. 난 먹지도 자지도 울지도 않아.

동경   (계속 생각 더듬으며) 내가 죽었는데… 내 장례식장에서 니가 막… 내 사진을 보고 눈물을 뚝뚝…

멸망   (가만히 보다가 일어나 동경 앞으로 확 다가와 서는데)

동경   (갑자기 다가오자 멈칫 얼고)

멸망   (가만히 동경의 눈 들여다보는데)

동경   (긴장해 바라보고)

멸망   안 슬픈데.

동경   …?

멸망   아무리 봐도 안 슬픈데. (떨어지고)

동경   이씨. 깜짝 놀랐잖아!

멸망   웃어봐.

동경   뭐?

멸망   나 보고 웃어보라고.

동경   내가 왜.

253

멸망	니가 누군지, 뭔지 알아야겠어서.
동경	(허 웃고) 웃으면 뭐 알아?
멸망	(표정 없이 그저 보는데)
동경	(보다가 어색하게 히… 웃어 보이는데)
멸망	한 번 더 웃어봐.
동경	(어색하게 또 히… 웃어 보이고)
멸망	(보다가) 모르겠네. (그대로 돌아 현관문 향해 가는데)
동경	이씨… 어디 가는데!!
멸망	밖. 좀 뚫린 곳으로 가야지 위험해서 안 되겠어.
동경	허 참나. 내가 너 뭐 어떻게 할까봐?
멸망	아니. 내가 너 어떻게 할까봐.
동경	(쿵 해서 보다가) 어떻게.
멸망	그거야 모르지. 니가 누군지를 모르니까. 만약에 그러면 도망가. 할 수 있는 한 힘껏. (문 열려는데)
동경	(얼른) …밖이 더 안전한 건 맞지?
멸망	(돌아보고) 위험한 건 없어. 살아 있는 게 없으니까.

멸망, 그대로 문 열면 문 밖으로 멸망의 흑백의 정원 펼쳐지는데.

S#35. 멸망의 정원 (밤)

동경, 모든 게 시들어 있는 흑백의 정원을 어리둥절한 얼굴로 걷고 있다. 멸망, 동경의 뒤를 가만히 따라 걷고 있고.

동경	여긴… 뭐야?
멸망	내 무의식.

동경   무의식?

멸망   너한테 그 바다 같은 곳.

동경   아…

무의식의 공간이 이토록 황폐하다니… 동경, 알 수 없이 마음이 쓰인다. 가만
히 걷다가 쪼그려 앉아 시든 풀꽃 한 송이 들여다보는데. 멸망, 가만히 그런
동경 내려다보고.

동경   그래서 그랬구나.

멸망   뭐가.

동경   여기가 내 바다 같은 곳이라며. 이런 마음으로 살아가고 있어서 니
        가 그렇게 뾰족했구나 싶어서.

멸망   (보다가) 쓸데없는 소리 하지 말고 기억이나 해봐. 너 진짜 나 몰라?

동경   응 모르는데.

멸망   생각을 좀 하고 말해.

동경   뭘 그런 걸 생각까지 하고 말해. 보면 알지. (멸망 올려다보며 샐쭉 웃
        는데)

멸망, 자신을 보며 웃는 동경의 모습에 묘한 기시감을 느낀다.

멸망   너 여기 온 적 있어?

동경   와봤겠냐? 생각을 좀 하고 말해. 왜. 너는 여기서 나 본 것 같아?

멸망   (가만히 보는데)

동경   (보다 일어나서) 진짜 본 적 있나보네.

멸망   없어.

동경   근데 왜, (하는데)

멸망   몰라. (휙 걸어 동경 지나치는데)

동경   하여간 너는 언어교육을 다시 받아야 돼.

멸망   (걸음 툭 멈춰, 보면)

동경   말을 좀 알아듣게 해봐. 길~게. 책을 들여다보고 있으면 뭐해? 너
       솔직히 말해봐. 책 그냥 들고 있는 거지. 안 읽지?

멸망   (어이없어 픽 웃고) 그 작가가 쓴 글 중에 이런 게 있어.

동경   (보면)

멸망   '죽는 건 아무것도 아니야, 무서운 건 진정으로 살지 못한 것이지.'

동경   그거 나한테 하는 말이야?

멸망   아니. 나한테 하는 말. 난 아무것도 아니니까. 살아 있지 않으니까.

동경   (보다가) 그 작가의 명언 중에 이런 말도 있어. '우주를 단 한 사람으
       로 축소하고 한 사람을 신으로 확대하면 그것이 바로 사랑이다.'

멸망   (그말에 자기도 모르게 마음 일렁이는데)

동경   좀 아름다운 걸로 기억해봐 앞으로. 그럼 여기도 좀 괜찮아지지 않
       을까? (환히 웃는데)

그 순간, 멸망의 머릿속으로 정원에서 자신을 보며 환히 웃던 동경(10부 S#9)
의 모습 스친다! 멸망, 동경의 웃는 얼굴에 시선 꽂힌 채로 꼭 누군가에게 떠
밀리기라도 한 듯이 그대로 걸어가 동경에게 입 맞추는데!

동경   !!

짧은 입맞춤 뒤 멀어지는 둘. 시선은 서로의 눈에 멎어 있고. 그런 둘의 모습
은 고정인 채로 배경만 짧게 탁탁 바뀌어 지나가는데. 골목길, 버스정류장,
벚꽃길, 바닷가. 지금은 기억하지 못하는, 함께했던 기억 속 장소들 지나가고.
마지막으로 다시 멸망의 정원인데! 마주보던 시선 혼란스러움으로 바뀌고.

동경   왜… 이게 무슨…

동경, 그 순간 번뜩 무언가 생각난다!

S#36. 회상. 병원 / 복도 (밤)

11부 S#43 이어서…

소녀신   …그렇게 할래?

동경   (쉽사리 대답하지 못하고 망설이는데)

소녀신   시간이 얼마 없어. 빨리. 넌 선택해야 돼.

소녀신, 제 입을 가리고 작게 쿨럭이는데. 그러자 소녀신의 손에 피 한가득 고인다. 소녀신, 그 손 동경에게 향해 펼쳐 보이는데.

동경   !!

동경, 혼란스럽고 고민하는 얼굴이다가 이내,

동경   그렇게… 그렇게 할게.

모든 걸 받아들이는 듯 천천히 눈감는 동경. 그 얼굴에서…

S#37. 다시 현재. 병원 / 병실 (밤)

동경, 갑자기 탁 눈 뜬다. 보면, 동경 병실에 누워 있는 채고. 모든 게 꿈이었나… 이 모든 게… 하다, 동경, 갑자기 다이어리 꺼내 미친 듯이 펼쳐 넘겨보는데!

동경   !!

보면, 아무 글씨도 없던 페이지에 글자들 나타나기 시작한다. 멸망과 썼던 계약서부터, 보이지 않게 찍찍 그어진 '멸망'과 '사랑하는 사람' 글자까지.

동경   !!

동경, 그대로 일어나 뛰쳐나가는데!

S#38. 멸망의 정원 (밤)

홀로 흑백의 정원 한가운데 서 있는 멸망. 동경이 사라진 빈자리를 보고 있다가 뭔가 깨달은 듯 확 뒤돌면 정원의 모든 풍경이 다시 색을 찾기 시작하는데! 그 순간, 멸망의 머릿속으로 빠르게 사라졌던 기억들이 스쳐 지나간다.

/ 횡단보도에서 동경에게 손 내밀던. (1부 S#52)

/ 담배 문 채로 동경을 바라보는. (2부 S#36)

/ 옥상에서 동경의 허리를 확 끌어당기는. (3부 S#44)

/ 피 묻은 얼굴로 동경을 내려다보던. (4부 S#45)

/ 밤하늘 아래 나란히 앉아 있는. (5부 S#35)

/ 빗속에서 간절하게 키스하는. (6부 S#33)

/ 제주도 바닷가에서 엉엉 울던 동경을 안던. (10부 S#41)

/ 멸망에게 구슬 건네주는. (11부 S#40)

/ 산산조각 나는 구슬 보는. (11부 S#44)

멸망   !!!

S#39. 병원 / 병실 (밤)

멸망, 동경의 병실 문 거칠게 열며 들어선다. 단번에 동경의 자리로 가 커튼 걷으면 침대 텅 비어 있다. 멸망, 고민도 없이 휙 다시 나가고.

S#40. 길거리 (밤)

동경은 길바닥 정신 없이 빠르게 걸어가고 있다. 그러다 둘이 처음 손잡았던 횡단보도 앞에 서는데.

동경   어떡해… 어떡해…

신호 기다리며 동동거리며 선 동경. 초록불 되자마자 사람들 제치며 미친 듯

이 뛰어 건너고.

S#41. 동경의 집 / 옥상 (밤)

동경, 급하게 계단 오른다. 달려와 떨리는 손으로 열쇠 꺼내고는 문 열어젖히
는데. 기대와 달리 아무것도 없는 텅 빈 집이다. 불 꺼진 빈 집 안을 보자 동
경, 맥 탁 풀린 듯 현관문 붙잡고 그 자리에 스르륵 주저앉고.

S#42. 횡단보도 앞 (밤)

멸망, 동경이 지나간 횡단보도를 절박한 얼굴로, 어쩌면 무서워 보이기까지
하는 얼굴로 건너고.

S#43. 동경의 집 / 옥상 (밤)

동경, 현관에 주저앉은 채로…

동경   미쳤나봐… 진짜… 아픈가봐 나…

하는데 동경의 휴대폰 울린다. **수자씨**에게서 온 전화다. 동경, 주저하다가 천
천히 받고.

수자   (F) 너 어디야?
동경   어 이모… 나 잠깐 집에. 두고 간 거 있어서. 금방 가. (끊고)

동경, 이제야 조금 정신이 차려지는 것 같다. 동경, 제자리에서 일어서는데. 그 순간 동경의 휴대폰 다시 울린다. 휴대폰 화면 보면 **사람**에게서 온 전화다!

동경   !!

동경, 천천히 통화 버튼 누르고 귓가로 휴대폰 가져가는데.

동경   …여보세요.

하는데 대답 없고. 그 순간, 동경, 이상한 느낌에 탁 뒤돌아보면 거기 멸망이 핸드폰을 든 채로 서 있다.

동경   !!
멸망   …

동경, 스르르 핸드폰 내리고. 멸망도 핸드폰 내린 채로 가만히 동경 바라보는데. 잠시간 말없이 먼발치에서 서로의 생각을 파악하려는 듯 마주보는 둘이고.

동경   …
멸망   …
동경   너… (금방이라도 무너질 듯한 얼굴로)
멸망   (보면)
동경   너 어떻게…
멸망   (그제야 무너질 듯 힘겨운 얼굴로 동경 바라보는데)
동경   (하다가 확 변하며) 너 어떻게 날 까먹어?! (말과는 달리 눈물 차오르는데)
멸망   내가 할 말이야.

동경   (멸망에게 마구 걸어오며) 내가 암만 그런 선택을 했더라도 보자마자
        알아챘어야지!! 넌 기억을 했어야지이!!

멸망   (자신처럼 기억 찾은 동경이 기특하고 안심되고, 하지만 마음과는 다른 말
        투로) 그게 내 잘못이야? 누가 그런 선택을 하래 그니까? 니 멋대로,
        나한테 말 한마디 없이.

동경   넌 어떻게 기억을 잃어도 애가 그렇게 한결같이 못됐어?

멸망   넌 기억을 잃어도 내가 잘생겨 보이냐?

서로 픽 웃고선 누가 먼저랄 것도 없이 다가가 확 껴안는다. 꼭 눈앞에서 사
라지기라도 할 것 같아서⋯ 다시 눈앞에서 사라지면 죽을 것만 같아서 간절
히 서로를 붙잡는 둘인데.

S#44. 소녀신의 정원 (밤)

알고 보면 소녀신의 정원이지만, 지금은 미지의 공간으로 보이는 어딘가에
소녀신의 화분 속 꽃 옮겨 심어져 있다. 시들어 있던 꽃, 갑자기 순식간에 생
기를 찾는데. 시든 꽃이 허리를 편 마지막 순간 오므라들어 있던 꽃망울, 툭
작게 터진다! 그 신비로운 모습에서⋯

13부 엔딩!

*14*부

S#1. 동경의 집 / 옥상 1 (밤)

동경   너… (금방이라도 무너질 듯한 얼굴로)

멸망   (보면)

동경   너 어떻게…

멸망   (그제야 무너질 듯 힘겨운 얼굴로 동경 바라보는데)

동경   (하다 확 변하며) 너 어떻게 날 까먹어?! (말과는 달리 눈물 차오르는데)

멸망   내가 할 말이야.

동경   (멸망에게 마구 걸어오며) 내가 암만 그런 선택을 했더라도 보자마자 알아챘어야지!! 넌 기억을 했어야지이!!

멸망   (자신처럼 기억 찾은 동경이 기특하고 안심되고. 하지만 마음과는 다른 말투로) 그게 내 잘못이야? 누가 그런 선택을 하래 그니까? 니 멋대로. 나한테 말 한마디 없이.

동경   넌 어떻게 기억을 잃어도 애가 그렇게 한결같이 못됐어?

멸망   넌 기억을 잃어도 내가 잘생겨 보이냐?

서로 픽 웃고선 누가 먼저랄 것도 없이 다가가 확 껴안는다. 꼭 눈앞에서 사라지기라도 할 것 같아서… 다시 눈앞에서 사라지면 죽을 것만 같아서 간절히 서로를 붙잡는 둘인데.

S#2. 동경의 집 / 옥상 2 (밤)

멸망과 동경, 난간 앞에 나란히 앉아 멀리 밤하늘 바라보고 있다.

동경   미안해…

멸망   (흘깃 보고) 둘 중에 뭐가 미안한 건데. 기억을 지운 선택, (부러 농담)

아니면 내 얼굴에 또 반한 거.

동경   ··· (웃음기 없이) 다. 다 미안해.

멸망   내가 미안해. 그 와중에도 잘생겨가지고.

동경   (어쩔 수 없이 픽 웃고)

멸망   되짚어보니 다 그런 것들이었어.

동경   (보면)

멸망   다시 널 향해 가고 있었던 거 같아. 모든 게.

동경   (괴롭고) 내가 다··· 감당하고 싶었는데. 도망칠 수 있을 거라고 생각했는데··· 근데 결국 이렇게 돼버렸네···

멸망   (보고)

동경   어떡하지··· 우리 이제 어떡해야 되지···

멸망   이제 알았잖아. 무슨 수를 써도 도망칠 수 없다는 거. 그러니까 이제··· 인정하자.

동경   (알지만 괴롭고) 뭘···

멸망   (단단한 얼굴로) 운명을.

동경   (아무 말도 못 하는데)

멸망   받아들이자.

동경   (여전히 아무 말도 못 하고)

멸망   (달래듯) ···응?

동경   ···넌 그럴 생각이지.

멸망   (보면)

동경   넌 날 위해··· 사라질 생각이지.

멸망   (마음 아파 보고)

동경   내가 어떤 말을 해도 바뀌지 않을 거고···

멸망   (보고)

동경   어떤 방법으로도··· 우리는 이 운명을 벗어날 수 없는 거지···

멸망   ···그래. 미안해···

동경	니가 왜… 니가 뭘… 다 내 잘못이야… 내가 그때 그걸 빌지만 않았어도, (하는데)
멸망	그럼 우린 만날 수 없었겠지.
동경	(그말에 흔들리는 눈으로 멸망 보고)
멸망	(마주 보며) 그럴 수는 없어. 그랬으면 난 여전히 아무것도 아닐 테니까. 난 너한테 아무것도 아니고 싶지 않아. 그런 경험은 한 번으로 족해.
동경	(보고)
멸망	(가만히 웃으며) 그러니까 넌 잘못하지 않았어. 잘못은 늘 내 몫이니까 그냥 양보해. 알았어?
동경	(초연한 멸망의 모습에 오히려 차오르는 눈물… 멸망이 마음 아플까 싶어 흘리지 않고 꾹꾹 눌러 참는데… 참느라 윽… 윽… 하는 소리 새어나오고)
멸망	(웃으며 가만히 소중하다는 듯 동경의 머리칼 쓰다듬고) 미안해. 내가 다 잘못했어.
동경	(참고 있던 눈물 후두둑 떨어진다)
멸망	(그대로 껴안는데)

둘의 머리 위로 밤하늘의 별들, 속도 모르고서 그저 아름답게 빛나는데.

S#3. 병원 / 병실 앞 (밤)

수자, 병실 앞에서 불안하게 서성이다가 다시 어딘가로 전화 거는데. 그 순간, 수자 등 뒤로 벨소리 울린다. 돌아보면, 동경 빨개진 눈으로 서 있다.

수자	내가 너 얼마나 찾아다녔는 줄 알아? 집에 뭐 찾으러 갔는데!
멸망	(어디선가 쑥 나와 동경 옆에 서고) 저요.

수자	(누구지? 하고 보다가) 의사 양반?
동경	(작게 놀라고) 이모… 애… 기억 나?
수자	얘가 얘가 기억나지 그럼. 너 그거 무슨 뜻이야. 이모가 벌써 깜빡 깜빡할 나이다 이거야?
동경	아니 그게 아니라, (하는데)
멸망	하도 못 봬서 혹시 잊으셨을까봐 제가 걱정을 좀 했거든요. 그래서 묻나봐요.
수자	응? 그러고 보니 요새 통 얼굴을 못 봤네. 아니 그동안 뭘 하느라 못 왔어요 그래.
멸망	아, 주변 정리 좀 하느라구요.
수자	주변 정리?
멸망	아무래도 결혼하려면 준비할 게 많으니까요.
동경	(갑자기 이게 뭔 소리야… 놀라 보면)
멸망	결혼하려구요. (동경 손잡고) 저희.
동경	(이 상황은 뭐지…? 황당하고 갑작스러워 그저 손잡힌 채로 보다가 뒤늦게) …어?!
수자	(놀라 멈췄다가 뒤늦게 터져서) …결혼?!!

놀란 수자와 동경 굳어 서 있는데. 멸망, 혼자 여유롭게 미소 짓고 있고.

S#4. 현규 카페 (밤)

현규, 축 처진 채로 카운터 쪽 테이블에 거의 엎드리다시피 기대 있다. 선경, 그 뒤에서 이것저것 바쁘게 정리 중인데.

현규	(힘없이) 오늘은 가게 일찍 문 닫자.

선경	(휙 뒤돌고) 벌써요? 아직 문 닫을 시간 아닌데요? (하다 허리 손 탁 올리고 혼내듯 다가오며) 아니 사장님, 자영업은 자고로 고객과의 약속이 생명인데!
현규	(멍한 시선으로 후… 한숨만 푹 쉬고)
선경	(한숨에 힐끗 현규 보고) …사장님 무슨 일 있어요?
현규	무슨 일 있어 보여…?
선경	엄청요. 막 눈에서 비 쏟아질 거 같아. 혼자 폭우 속을 걷고 있는 거 같거든요?
현규	비… 그날 비가 왔다던데…
선경	그날? 언제요. 어젠 비 안 왔는데.
현규	그날… 걔가 나 말고 다른 남자랑 키스한 날…
선경	(식겁해서) 예에? 누가요. 누님, (하다 헙!) 아니 그… 그 어제 그분이요?
현규	(기댄 채로 반대쪽으로 고개 돌리고) 근데 상관없어… 어차피 엄청 지난 일이고… 그건 문제가 안 돼…
선경	그게 문제가 안 된다고? 와 진짜 참사랑이다.
현규	어… 그건 문제 안 돼. 진짜 문제는… (천천히 상체 일으켜세우고 선경 보며) 나 어제 차였다.
선경	(손에 들고 있던 뭔가 탁 놓치고 가만히 현규 보다가 화닥닥 뛰어와서 현규 다시 엎드리게 하며) 사장님 누워 있어!! 누워 있어!! 제가 다 할게요!! 그냥 쉬어 쉬어!!
현규	(선경 손길에 고분고분 다시 엎드리는데)
선경	(현규 다독이며 입모양으로 '나지나 아오씨!!' 하는데)

딸랑, 문 종소리와 함께 누군가 들어서고.

| 선경 | (반사적으로) 어서 오세요!! |

보면, 들어선 사람, 주익이다.

선경   어, 형님, (하는데)
주익   (말없이 저벅저벅 걸어와 현규 앞에 서고) 집에 들어와.
현규   …
주익   (그 말만 하고 뒤돌아 나가버리고)
선경   (이 분위기 뭐지… 갸웃하다가 순간 뭔가 떠올린다)

인서트. 11부 S#19

지나   그놈이랑 그놈이랑 서로 아는 사이래. 둘이 같이 살기까지 하는데
        나한테 말을 안 했더라고. 이거 완전 나 갖고 논 거 아니냐?

/ 다시 현재

선경   (입 틀어막으며 작게) 2번…

S#5. 병원 앞 (밤)

지나, 동경에게 가는 길이다.

선경   누님!!

언제 온 건지 타다닥 뛰어 따라붙는 선경인데.

지나	깜짝이야. 일찍 오네. 일찍 끝났냐?
선경	누님 누님!!
지나	왜.
선경	누님 우리 사장님 찾어요?
지나	…소식 빠르네.
선경	진짜 찾어요?!
지나	(마음 아직 복잡하고) 찾다기보다…
선경	키스는 누구랑 했는데?
지나	(그말에 우뚝 서고) 니가 그걸 어떻게 알아. 아니 한 지 얼마나 됐다고 이 인간이 벌써 입을 털고, (하는데)
선경	한 지 얼마 안 됐다고?! 뭐 언제 거 말하는 건데. 엄청 지난 일이라고 들었는데 난?
지나	어? 아… (내 무덤을 내가 팠구나…)
선경	얼마 전에도 했어요?! 누님 아주 키스만 하고 사는 거야?! 아니 나 지나 매력 대체 뭔데!!
지나	(미치겠고. 후닥닥 먼저 뛰어가는데)
선경	(따라가며) 누구랑 했는데!! 언제 했는데!!
지나	(대답 없이 뛰고)
선경	2번이랑 했지!? 어?
지나	(뛰고)
선경	했네 했어!! 2번이랑 했어!!!

S#6. 병원 / 병실 (밤)

지나, 정신없이 병실 들어오고 그 뒤로 쫓아 들어오는 선경이다.

선경   누나!! 지나누님이 얼마 전에 남자랑 키스를,

지나   아니!! 얘 말 듣지 마!! (하는데)

수자   (팔짱 낀 채로 차분히) 얘네 결혼한댄다.

보면, 동경 베드에 어색한 얼굴로 앉아 있고, 수자와 멸망 마주 보듯이 양쪽
으로 서 있다.

선경/지나   (그 자리에 우뚝 멈춰 서고)

동경   아니 이모 한다는 게 아니라…

멸망   그렇게 됐어.

동경   아니라니까!

멸망   맞아.

수자   (바로) 어. 맞는 거 같애.

동경   (미치겠는데)

선경과 지나, 멈춰 선 채로 가만히 정면 노려보다가 동시에 휙 움직이며,

선경   (다가와 멸망 팔 탁 잡으며) 형님 저랑 얘기 좀 하시죠.

지나   (동경 팔 탁 잡으며) 넌 나랑 얘기 좀 해.

그대로 선경과 지나에게 끌려 나가는 동경과 멸망인데. 수자, 팔짱 낀 채로
다들 나간 문 쪽 보고 있고. 입원환자1, 입원환자2 침대에 모여 앉아 귤 까먹
으며 힐끔거린다.

입원환자1   (속닥) 이 무신 일이고.

입원환자2   (속닥) 아이고 경사 났네.

S#7. 병원 / 옥상 (밤)

멸망과 선경, 나란히 옥상 난간에 기대 서 있다. 선경, 뭔가 복잡한 얼굴이다.

선경   그래서 요즘 통 안 보인 거예요?

멸망   (픽 웃고) 통 안 보였다기보다… 그냥 니가 날 몰랐던 거긴 한데.

선경   아 나야 몰랐죠. 형님이 거기까지 생각하고 있을 줄은. (휙 돌아보고) 형님… 형님 진짜 그릇이 크구나. 내가 따라갈 수가 없어. 솔직히… 쉬운 결정은 아니잖아요. 나도 마음이 마냥 편하진 않네…

멸망   (여러 생각 들고… 속이는 것 같아 씁쓸한데)

선경   이거는 내가 늘 이런 순간이 올까봐 품고 다니던 건데. (품에서 탁 통장 꺼내 내밀며) 이거 이십 살 이후로 알바해서 모은 거예요.

멸망   (그저 보며) 이걸 왜 나한테 주는데.

선경   이거 누나 언제 줄까 어떻게 줄까 늘 들고 다니면서 타이밍 재고 고민했는데 딱 지금이다 싶어서. (쥐어주며) 결혼자금에 보태 써요.

멸망   (쥔 채로 다시 내밀고) 됐어. 누나 주든지.

선경   (다시 밀고) 아이 그냥 형님이 받아요. 우리 누나 또 이런 거 주면 안 받지.

멸망   (통장의 의미가 참 따뜻하고 무겁다…)

선경   솔직히 처음엔 막… 웬 놈팽인가. 저게 얼굴도 있고 돈도 있어 보이는데 왜 아무것도 없는 우리 누나 좋아하나 했는데… (헤헤 웃으며) 형님. 제가 이런 생각 하는 거 꿈에도 몰랐죠.

멸망   (피식…) 어. 꿈에도 몰랐어.

선경   근데 지금은 우리 누나 뭔 복이냐 싶고 그러잖아. 우리 누나가 착하게 살아서 그런가? 형님도 디게 착하게 살았나봐. 우리 누나 같은 사람 만난 거 보면.

멸망   (여러 생각 드는데)

선경	우리 누나 옆에 계속 있어줘요 형님.
멸망	(그럴 수 없음에 마음 무겁고)
선경	그래줄 거죠?
멸망	(겨우 웃어 보이며) …그래.
선경	(멸망이 웃자 아무것도 모르고 그제야 맘 편히 헤헤 웃는데)

S#8. 병원 / 휴게실 (밤)

인적 드문 휴게실 한쪽. 지나, 일어서서 왔다 갔다 하고 있다. 동경, 벌받는 사람처럼 가만히 시선 떨군 채로 의자에 앉아 있는데.

지나	(멈추고 확 동경 돌아보며) 결혼? 결혼을 하겠다고 니가?
동경	(담담히) 그러고 싶나봐.
지나	(그말에 이상한 듯 보다가) 넌. 넌 아니고?
동경	난 걔가 하고 싶은 건 다 해주고 싶지…
지나	(그말에 흥분해 동경 코앞까지 허리 숙이고 다가와) 야. 결혼 의리로 해주고 그러는 거 아니야. 아무리 사랑해도, (하는데)
동경	(그대로 손 뻗어 지나 허리께 탁 끌어안고)
지나	(!… 뭐지? 굳는데)
동경	언니…
지나	야… 니가 아무리 이래도 언니는 따질 거 따지고 너 시집보낼 거고, (하는데)
동경	나 어떡해? (순간 울컥 울음 터져나오는데)
지나	…너 울어?
동경	(안은 채로) 내가 아무리 도망치려고 해도 아무리 끝내려고 해도 제자리로 돌아와. 어떡해? 잊으려고 해도 안 잊어지고 버리려고 해도

안 버려. 시간이 없는데… 방법도 없어. 어떡해 언니… 어떡해…

지나　(시간이 없다는 말에 머리 하얘지고 괴로워 눈 질끈 감는데)

동경　도대체 내가 어떻게 해야 될까… 아무것도 모르겠어… 모르겠어
　　　언니…

지나　동경아…

동경　다 내 잘못이야… 다 내 잘못이야… (하는데)

지나　(확 끌어안고 울먹이며) 아니? 넌 잘못 없어. 넌 하나도 잘못 없어. 그
　　　러니까 니가 하고 싶은 거 다 해. 언니는 뭐든 상관없어. 언니가 아
　　　까 한 말 싹 다 잊어버려. 나는 니가 지금 행복하면 다 괜찮아. 나는
　　　니가… (살기만 한다면… 차마 말 못 하고 그저 꽉 끌어안는데) 그니까
　　　시간 없다는 말 하지 마… 그런 말 하지 마.

지나, 동경을 애절하게 안을 뿐이고. 동경, 그 품에 안겨 속절없이 눈물 흘리
는데.

S#9. 병원 / 병실 (밤)

동경, 침대에 누워 멀거니 천장 보고 있다. 수자, 보호자 침대에 누워 있는데.
수자도 잠이 안 오는지 천장만 끔뻑끔뻑 보다가 흘깃… 동경 바라본다. 동경,
그것도 모르고 그저 천장만 보고 있는데.

수자　잠이 안 와?

동경　어…

속삭이듯 조근조근 대화 나누는 두 사람인데.

수자	(동경 쪽으로 돌아누우며 피식) 진짜 피 못 속인다.
동경	(그말에 수자 쪽으로 시선 돌리면)
수자	너네 엄마도 딱 그랬거든. 형부 만나고 얼마 되지도 않아서 달려 들어와서는 나 결혼할래! 그러고. 완전 초고속이었잖아. 내가 어찌나 놀랬던지. 처음 보자마자 딱 꽂혔다나? (보다가) 너도 그랬어?
동경	(수자 쪽으로 돌아눕고) 응… 말 한마디 한마디가 심장에 턱턱 꽂히더라. 눈빛 하나하나가 다… 마음에 남더라.
수자	(보다가) 탁동경.
동경	(보면)
수자	꽂히면 가는 거야. 올인. 그거 집안 내력이니까.
동경	(픽… 힘없이 웃는데)
수자	(손 뻗어 동경 손 잡고) 우리 동경이 잘 살 거야. 행복하게… (눈물 삼키며) 오래오래…

서로가 애달파 웃는 둘. 그렇게 마주 본 둘의 얼굴에서…

S#10. 멸망의 정원 (밤)

정원을 가로질러 집으로 향하는 멸망. 마음을 읽을 수 없는 얼굴이다. 그렇게 아무렇지도 않은 듯 걸어가다가 문득 다리 툭 꺾여 바닥에 꿇어앉더니 참았던 눈물 쏟아내기 시작하는데. 자신과 동경의 운명이 너무도 가혹하다. 그러나 이 가혹한 운명을 어찌 피할 도리가 없다. 그저 자신이 그녀를 위해 사라지는 수밖에… 동경과 더는 함께할 수 없다는 고통과 홀로 남을 동경의 고통… 이 모든 것이 그를 짓누른다. 그렇게 울고 있는 멸망의 옆에 떨어진 나비 한 마리. 죽어가는 듯 힘겹게 바닥에 파닥거리다 이내 날갯짓을 멈춘다.

S#11. 주익의 집 / 부엌 (밤)

주익과 현규, 마주 앉아 말없이 식사하고 있다. 서로 바라보지도 않고 그저 밥만 먹는데. 현규, 먼저 식사 끝내고 그릇 들고 일어선다. 여느 때처럼 싱크대로 가 설거지하려 장갑 집어드는데.

주익	둬. 내가 할게.
현규	(돌아보면)
주익	(아무렇지도 않게 밥 먹고 있고)

/ Cut to

주익, 묵묵히 설거지 중이고. 현규, 꼭 주익이 했던 것처럼 주익이 앉아 있던 자리에 앉아 그런 주익의 뒷모습 보고 있다.

현규	여기 있으니까 알겠다.
주익	(손 멈칫했다가 다시 설거지하며) 뭘.
현규	형 이렇게 나 기다렸구나. 맨날 안 들어가고 여기 앉아서 뭐 하나 했는데.
주익	…
현규	항상 내가 다 끝내기를 기다려줬네 형은.
주익	(가만히 설거지하며 담담히) 그런 거 아니야.
현규	나 그만 봐줘도 돼.
주익	(멈칫, 돌아보지 않고)
현규	나 그만 기다려줘도 돼.
주익	(물 탁 잠그고 장갑 빼 옆에 두고는 돌아보는데)

현규	(가만히 미소 짓고… 웃고 있는데 단단한 얼굴이다) 형이 나 잘 키웠으니까.
주익	이현규.
현규	이제 그만 귀찮게 할래 형. 나 이제 진짜 커야겠거든. 형이 계속 내 뒤를 봐주고 있으면, 나는 계속 형한테 기대고 싶어. (하다 픽 웃고) 이거 봐. 이 와중에도 나 형 탓 하잖아.
주익	나가겠다는 뜻이야?
현규	(보다가) 응. 하산.

두 남자, 서로 다른 마음으로 마주 보는데.

S#12. 주익의 집 / 현규 침실 (밤)

현규, 방문 열고 들어와 선다. 그러다 한쪽에 놓인 의자에 가만히 가 앉고. 앉은 채로 방을 한번 휘 둘러본다. 후련하기도 또 막막하기도 하다. 여러 생각이 교차하는 듯한 얼굴이다.

| 현규 | …이걸 언제 다 가져가냐… |

그러다 곧 단단한 얼굴로 가만히 웃고.

| 현규 | 그래도… 가야지 이제. |

S#13. 주익의 집 / 주익 침실 (밤)

불 꺼져 어둑한 방 안. 주익, 이마께에 팔 올린 채로 침대에 그저 누워 있다.
가만히 천장만 응시하는 주익. 언젠가 이날이 올 줄 알았다. 그게 이런 식일 줄
은 몰랐지만. 복잡한 마음으로 잠들지 못하고 그저 어둔 천장만 보고 있는데.

S#14. 병원 / 진료실 (다음 날 낮)

당면의 진료실. 당면과 동경 마주 앉아 있다.

동경   저기 선생님…

당면   (환히 웃으며) 얘기 들었어요. 결혼하신다고.

동경   네?! 아니 그걸 언제 들으셨…

당면   병원에 듣는 귀가 워낙 많아야지. 결혼 축하해요.

동경   네… 그래서 드리는 말씀인데…

당면   조직검사… 안 하겠다는 말이죠?

동경   (조금 놀라 보다가 다시) 위험…하다고 그러셨잖아요. 위치가…

당면   (마음 복잡하고… 그러나 동경의 마음도 알겠고) 그럼 이렇게 합시다.

동경   (보면)

당면   결혼식 할 때까지, 그때까지만 미루는 걸로 해요.

동경   (거짓말을 해야 하는 마음이 무겁고) 네…

당면   솔직하게 말하면… 맞아요. 많이 위험해요. 열었다가 손도 못 대고
             그대로 닫을 수도 있어요. 그래서 수술이 아니라 조직검사만 하고
             치료 진행하려고 했던 거고. 근데… 더 살아보자고, 좀더 살아서 좀
             더 행복해보자고 결심한 치료니까요.

동경   네…

당면	대신에 결혼식은 되도록 빨리 진행하세요. 이상 있으면 바로 병원에 오시고. 약속할 수 있죠?
동경	(차마 네라고 대답은 못하겠다) 감사합니다⋯
당면	(믿음직스럽게 웃어 보이며) 그렇다고 너무 겁먹지 마요. 지금도 훌륭하게 잘 버텨주고 있으니까.
동경	(흐리게 웃어 보이는데)
당면	결혼식 꼭 갈게요. 언제 예정이에요?
동경	아직⋯

S#15. 병원 / 병실 (낮)

동경, 복잡한 마음으로 터덜터덜 병실로 돌아온다. 그대로 침대에 가 털썩 걸터앉고.

동경	후⋯
멸망	(E) 매리지블루인가? 나랑 결혼하는 게 그렇게 심난해?

커튼으로 가려진 옆 침대에서 들려오는 소리고. 동경, 다가가 커튼 걷어보면 환자복 차림의 멸망이 천연덕스럽게 누워 있다.

멸망	섭섭하네. 내가 잘생겼네 어쨌네 그럴 때는 언제고.
동경	(가만히 보는데)
멸망	결혼해주면 감사한 줄 알아야지. 첫눈에 잘생겼다고 생각한 남자랑 결혼하기 쉬운 줄 알아?

멸망, 일부러 동경 웃게 해주려고 장난치는데. 동경 여전히 가만히 그런 멸망

보고만 있고.

멸망	이젠 대꾸도 안 하네. 근데 이거 보면 대꾸 안 할 수가 없을걸? (통
	장 꺼내들고) 선경이가 주더라. 결혼자금하래. 키운 보람 있다 너.
동경	(그저 멸망만 보고)
멸망	왜 그렇게 봐. 새삼 또 내가 잘생겼어? (하는데)
동경	(가만히 팔 뻗어 멸망 끌어안고)
멸망	(예상치 못한 상황에 잠시 멈췄다가) …
동경	(여전히 꾹 멸망을 안고 있는데)
멸망	(조금 슬픈 얼굴로 가만히 손 뻗어 동경의 등을 토닥인다… 네 마음 다 안
	다는 듯이)

S#16. 병원 / 소녀신 병실 (낮)

비어 있는 소녀신 병실 안. 사복 차림의 멸망, 그 안에 서서 가만히 빈 침상 보
고 있는데.

| 소녀신 | (E) 나 보러 왔니? |
| 멸망 | ! |

돌아보면 사복차림의 소녀신, 어느새 와 어딘가에 기대앉아 있다.

멸망	(올라오는 감정 삼키고…) 어디 갔었는데.
소녀신	잠깐. 여행. 죽기 전 마지막으로 본 풍경이 이 병실뿐이면 너무 쓸
	쓸할 거 같아서.
멸망	(열 받고 걱정되고) 그 몸을 하고 지금…

281

소녀신   걱정 마. 신의 권능을 아주 살짝 써먹고 있는 중이니까.

하더니 소녀신, 앉은 데서 탁 내려와 멸망의 앞에 와 서고.

소녀신   결국 다시 서로를 서로의 운명 속으로 끌어당겼네.

멸망   (말없이 보는데)

소녀신   사라질 거지. 그 애를 위해서.

멸망   그거 말고 방법 있어?

소녀신   없어.

멸망   (보면)

소녀신   이미, 끝의 끝까지 가봤어 너흰. 더는 방법이 없어. 그냥 사랑하는
             수밖에.

멸망   (초연히) 그래.

소녀신   다 알고 있었다는 얼굴이네.

멸망   차라리 잘됐어.

소녀신   (가만히 보다가 마음 아파서) 이런 기분이었구나. 항상, 사라지는 나
             를 지켜보는 기분이.

멸망   (괜히) 됐어. 그딴 소리 하지 마. (외면하려는데)

소녀신   (다가가 탁 안고)

멸망   …

소녀신   (가만히 안아주고) 사라지는 것을 지켜보는 기분이 참… 쓸쓸하네.

멸망   (그저 슬픈 아이처럼 안겨 있는데)

S#17. 병원 일각 (낮)

지나와 선경, 병원 한편의 벤치에 제법 심각한 얼굴로 앉아 있다.

선경	누나 퇴원할 거래요.
지나	이모는 뭐라시는데.
선경	이모는 걱정하지…
지나	걱정 마시라고 해.
선경	(보면)
지나	내가 다 책임질 테니까. 내가 책임지고 데려다주고 데려오고 다 할 거니까. 그니까… 걱정 마시고 동경이가 하고 싶다는 대로 다 해주자고 해.
선경	(무슨 마음인지 알겠고…) 웬일이래… 쌍심지 켜고 반대할 줄 알았더니…
지나	…애가 막 울더라. 나 잡고.
선경	…
지나	안 그런 척해도 힘들겠지. 다 불안하고… 진짜 생각도 하기 싫지만 (말하기 힘들고) 혹시라도… 혹시라도 후회 안 하게… 그냥 다 해주자.
선경	…네.

에휴… 두 사람 마음 착잡해 괜히 한숨 푹 쉬는데 그때, 지나의 핸드폰 울린다. 보면, **이현규** 이름 떠 있고. 받을까 말까, 화면만 보는 지나인데. 선경, 그런 지나 이상해서 힐끔 화면 보고 헙, 놀라고. 지나, 결심한 듯 전화 받는다. 선경, 슬쩍 눈치만 보는데.

지나	어.
현규	(F) 만나자.
지나	…어. 어디서? 응. 알았어. (끊고. 핸드폰 넣고 일어서며 선경에게) 나 먼저 가봐야겠다.
선경	누님.

지나   어?

선경   누님도 후회 안 하게 잘해요.

지나   (멈칫하다가 픽 웃고) 니 걱정이나 해, 인마.

지나, 걸어나가는데 방금 전의 웃음기 사라지고 복잡한 얼굴 되고.

S#18. 학교 운동장 (저녁)

지나와 현규의 모교다. 둘, 계단에 앉아 텅 빈 운동장 보고 있다.

지나   되게 오랜만에 온다 여기…

현규   그때는 엄청 넓어 보였는데.

지나   그만큼 우리가 큰 거겠지.

둘이 잠시 말없이 다시 운동장 보다가…

지나   (시선 운동장 보며) 저번에 내가 아는 애가 아프다고 했던 거 기억
        나?

현규   …어.

지나   교모세포종이야. 죽을 수도 있다더라.

현규   (…뭐라 말해야 할지 모르겠고 그저 듣는데)

지나   난 걔가… (하다가 감정 올라오는지 참고) 그렇게 될 줄 몰랐어. 걔가
        내 옆에서 사라질 거라는 생각… 한 번도 해본 적이 없어서. (자조적
        으로 픽 웃고) 그러니까 얼마나 바보 같아 내가…

현규   (그저 듣는데)

지나   근데 어제 걔가 결혼을 하고 싶다고 하더라. 펑펑 울면서. 되게…

많은 생각이 드는 거야.

현규 　(보다가) …무슨 생각?

지나 　오늘이 마지막이라고 생각하면 나는 뭘 할까… 나도… 저렇게 사
　　　랑을 하려나. (멀리 어딘가를 바라보고)

지나의 그 눈이 이제 자신을 향하지 않는다는 걸 안다. 현규, 지나의 눈 가만
히 보다가…

현규 　(툭) 너 처음 봤을 때 말이야. 진짜 귀여웠어.

지나 　(보면)

현규 　복도에서 눈 마주쳤을 때. 나 처다보는 니 눈에 니가 하고 싶은 말
　　　이 다 쓰여 있어서. 그게 그대로 읽혀서. 그게 너무 좋았어. 니 눈이
　　　너무 솔직해서.

지나 　…

현규 　근데 그거 알아? 넌 지금도 그래. 니 눈은 아직도 너무 솔직해. 나
　　　랑은 너무 다르게.

지나 　…

현규 　그때… 수능 떡 먹고 체해서 아침부터 병원에 실려 가는데 그런 생
　　　각이 들더라. 잘됐다…

지나 　(보는데)

현규 　니 앞에서는 호기롭게 같이 대학 가자, 같이 인서울 하자 그랬는데.
　　　알잖아. 나 솔직히 실력 안 되는 거. 근데 니 앞에서는 그말을 하기
　　　가 싫었어. 너무 쪽팔려서. 니가 너무 좋아서. 니 앞에서는 늘 멋있
　　　고 싶어서.

지나 　…

현규 　무작정 유학 가서는 내가 니 연락 피했지? 그래놓고는 SNS에는 맨
　　　날 그럴싸한 사진만 올리고. 사실 나 매일 자기 전에 울었어. 말도

안 통하고 아는 사람은 하나도 없고 훈련에서는 뒤처지고 진짜 엉망진창이었거든.

지나 (몰랐다… 처음 듣는 사실에 놀라고 이어 마음 아픈데)

현규 매일 집에 가고 싶었어. 매일 니가 보고 싶었어. 근데 니 목소리 들으면 울 거 같더라. 그걸 니가 알아챌 거 같더라. 그래서 피했어. 그래놓고는 또 돌아와버렸어. 그렇게까지 해놓고 돌아와버렸다는 게 너무 창피해서 연락 못 했어.

지나 왜… (왜 그랬어… 차마 끝까지 못 묻는데)

현규 난 너한테 나쁜 놈인 게 낫지, 한심한 놈이고 싶지 않았거든. 근데 그게 진짜 한심한 거지. 내가 그렇게 애였어. 그렇게 덜 큰 놈이었어. (보다가) 미안해…

지나 말을 하지… 말을 하지 그랬어…

현규 이 운동장… 아직도 내 눈엔 넓어 보인다. 나 하나도 안 컸나봐. 넌 나보다 큰데, 지금.

지나 현규야…

현규 (일어서고. 산뜻하게) 니가 만나자고 한 거 아니고 내가 만나자고 했으니까 한 번 남은 거다?

지나 (올려다보면)

현규 그 한 번은, 정말 니가 만나고 싶을 때 만나자. 정말 내가 보고 싶을 때. 억지로 만나지 말고. 구걸 안 할게 나. 그럴 자격도 없으니까. (지나 향해 악수 청하는 손 내밀고) 마지막으로,

지나 (보면)

현규 졸업기념 악수. (환히 미소 짓고)

/ 학교 복도에서 돌아보던 현규의 미소. (4부 S#9)

지나   (여전한 현규의 미소…여전히 아름답고 여전히 마음 아프다… 하지만 이
        제는 끝내야 한다. 가만히 보다가 손잡는데)

그렇게 뒤늦은 이별이다. 그런 둘의 맞잡은 손에서…

S#19. 학교 정문 앞 (밤)

현규와 지나, 서로 등진 채 정반대 방향으로 멀어진다. 지나, 걸어가다가 잠
시 멈춰 뒤돌아 현규 바라보는데. 현규, 서서히 멈추는 발걸음. 뒤돌아볼까
잠시 고민하는 듯하다가 이내 다시 발걸음 뗀다. 그런 현규의 뒷모습 바라보
고 있던 지나…

지나   …잘 가.

S#20. 현규 카페 앞 (밤)

울컥울컥 올라오는 감정 삼키며 카페 향해 걷고 있는 현규, 그러다 카페 앞에
다다라 고개 드는데. 문 닫혀 있는 카페 앞에 주익이 현규를 기다리고 있다.

현규   !
주익   (그저 보고 있는데)

현규, 주익 보자마자 후두둑 눈물 떨어지고. 주익은 표정 변화 없이 현규 향
해 천천히 걸어온다. 현규, 허리 굽혀 펑펑 눈물 쏟기 시작하고. 주익, 다가와
그런 현규의 등을 말없이 토닥여주는데.

현규	(울며) 나 포기 안 했어.
주익	(그저 말없이 봐주고)
현규	(울며) 도망가는 거 아니라고.
주익	(토닥이며) 알아.
현규	(울며) 삐끗하기만 해봐. 달려가서 채울 거니까.
주익	(보는)
현규	(주익 팔 확 잡고) 긴장해. 늘 긴장해.
주익	그렇게.

그저 가만히 그런 현규 토닥여주는 주익인데.

S#21. 지나의 집 / 거실 (밤)

불 꺼져 어둑한 집 안, 책상에 앉아 가만히 화면만 보고 있다. 보면, 지나 자신의 소설들 슥슥 스크롤 내려보고 있고. 다 현규와의 추억들이다. 보고 있는 마음 복잡하고. 그러다 어떤 댓글에 시선 멎는데. 최근에 달린 댓글이다.

하품고래 ― 작가님의 첫사랑 이야기는 늘 새드엔딩이네요. 그래서 좋았지만요. 긴 여운에 이따금씩 정주행 중입니다. 늘 응원합니다.

지나, 댓글 가만히 보다가 차분한 얼굴로 아래에 답 댓글 쓰는데.

감사합니다. 이제부터는 저도… 행복한 이야기를 써보려구요. 충분히 슬펐거든요.

지나, 자기가 쓴 댓글 가만히 보다가 결심한 듯 자리에서 일어서는데. 한쪽의 차 키 들고 외투 챙겨 밖으로 나가고.

S#22. 남산 (새벽-다음 날 아침)

해조차 뜨지 않은 어둑한 새벽임에도 꽤 많은 사람들이 산을 오르내리고 있다. 그 틈에 지나도 껴 있고. 묵묵히 땀 닦으며 열심히 등산로를 따라 걷는 지나. 숨이 차면 잠시 멈춰 정상 쪽을 올려다봤다가 물도 마시고 다시 걷기를 반복하고. 마침내 정상에 올라온 지나. 삼삼오오 모여 있는 사람들. 지나, 팔각정 한편에 철퍼덕 앉아 숨 고른다. 그렇게 홀로 어둑한 하늘 한참 바라보고 있는데… 잠시 후, 해 떠오르기 시작한다. 지나 얼굴에 붉은빛 어리고. 지나, 깊이 숨 들이마시고 내쉬며 멀리 일출을 바라본다. 여러 감정이 스친다. 슬프기도 개운해 보이기도 하는 지나의 얼굴 위로,

동경　　(NA) 언니는 그제야 열여덟, 열아홉을 지나 스물, 마침내 지금에 서 있는 기분이라고 했다. 그리고 그게 언제였어도 결국… 이런 결말이었을 거라고…

S#23. 병원 / 복도 (낮)

동경　　(NA) 결국 이런 결말… 그건 운명의 또 다른 이름이었다. 나 또한 그런 결말로 향해 가고 있었다.

사복 차림의 동경, 소녀신을 만났던 그 복도에 멀거니 서 있다. 그때 뒤에서 들려오는 목소리.

소녀신　　안녕.
동경　　(놀라 돌아보고)
소녀신　　퇴원하나보네.

289

동경	(말을 잃고 소녀신 바라보고 있는데)
소녀신	놀랐어? 놀래키려던 건 아닌데. (다가가 동경 얼굴 쓰다듬고) 얼굴이… 많이 상했네. 도와주고 싶었는데… 미안.
동경	(그제야 번쩍 정신 들어서 소녀신 손 탁 잡고 간절하게) 도와줘. 한 번만 더 도와줘.
소녀신	(마음 아프고) 이제 내 손을 벗어난 일이야.
동경	그럼 난… 어떡해야 돼? 우린 이제 어떡해야 돼?
소녀신	(보다가) …받아들여.
동경	(힘 빠져 손 툭 떨구고… 진저리치듯 절레절레) …싫어.
소녀신	싫으면, 세상을 멸망시키기라도 할 거야?
동경	(위협하듯) 그럴 거야.
소녀신	(보면)
동경	그러니까… 제발 도와줘… 제발…
소녀신	넌 그러지 못해. 너도 알잖아. 니가 그럴 수 있는 사람이 아니라는 걸.
동경	아니야… 난… 걔를 위해서면… 난 뭐든… (눈물 차오르는데)
소녀신	(다가가 확 끌어안고)
동경	(안김과 동시에 눈물 쏟는데)
소녀신	(동경의 머리 쓰다듬으며) 내 생은 수도 없이 사라졌었어. 사라짐에 대해선 내가 제일 잘 알아.
동경	(안겨 울고)
소녀신	그렇게 울고 발버둥치고… 그러다 결국엔 받아들이게 돼. 왜냐면… 그건 우리의 선택이거든. 그 애의 선택이거든… 그 선택이 바로 운명이거든. 그러니까… 겸허히 받아들여. 멸망을… 받아들여. 그건… 니가, 우리가… 어쩔 수 있는 게 아니야.
동경	(할 수 있는 게 없어 그저 울기만 하는데)
소녀신	미안해… 하지만 그게 그 애가 바라는 결말이야. 그게… 그 애가 바

	라는 해피엔딩이야.
동경	(고개 들고) 우리 중 누구도 행복하지 않은데 그게 무슨 해피엔딩이 야!
소녀신	(초연히) 살아가. 살아가다보면 깨닫게 될 거야. 이 순간을 위해 모 든 걸 겪어야 했구나. 그리하여 결말은 해피엔딩이구나…
동경	(뚝뚝 눈물 흘리며 이 운명을 원망하듯 눈앞의 신을 노려보는데)
소녀신	살아야 알아. 모두가 죽어선 알 수가 없어. (손 뻗어 동경의 눈물 닦아 주고) 그러니까 살아. 그 애는 니가 살길 원하니까. 아주 행복하게 살길… 원하니까.

소녀신, 마음 아픈 얼굴로 동경 얼굴 감싸쥐고. 동경, 차라리 이 모든 것에서 눈 돌리고 싶은 듯 괴로운 얼굴로 눈 감는데.

S#24. 지하철 역사 안 (낮)

멸망, 인파 많은 지하철역 계단을 오르고 있다. 그러다 멈춰 서는데. 보면, 계 단 중간쯤 구부정히 왜소한 체격의 할머니가 꽃을 팔고 있다. 한 송이씩 포장 된 장미꽃들 진열되어 있고.

멸망	오늘은 그래도 많이 팔았네. (하며 앞에 무릎 구부려 앉는)
할머니	… (그저 가만히 멸망 보다 한 송이 내미는데)
멸망	(받고) 들어가 이제. 내가 마지막 손님이야.

할머니, 묘한 얼굴로 멸망 보다가 희미한 미소 짓고는 일어난다. 꽃들 그대로 둔 채 빈손으로 가려는데.

멸망   (일어나) 다 두고 가는 거야?

할머니 (느리게 돌아보고) 이제 필요 없잖어. 두고 가야지. 무거운데. 아이
       고… 나는 사는 내내 뭐가 다 무거웠네… 이제 홀홀 가야지.

멸망   (보다가) 잘 가. 고생 많았어.

할머니, 무슨 말인지 다 알겠다는 듯 천천히 고개 끄덕이더니 느린 걸음으로
계단 오른다. 지상의 환한 햇볕이 역사 안을 비춰 할머니의 걸음이 꼭 천국을
향해 가는 듯하다. 우두커니 서서 그 뒷모습을 오랫동안 바라보는 멸망이고.

S#25. 동경의 집 / 옥상 (밤)

동경, 평상에 앉아 핸드폰 꺼내 시계만 보고 있는데. 곧 열두 시다. 수자, 짐
가방 들고 옥상에 올라와 그 모습 보고는 잠깐 섰다가 다시 가 평상에 짐 가
방 내려놓는데.

수자   짐 이걸로 끝. 이모 간다.

동경   어? 가게?

수자   이모가 눈치가 백단이야 요것아. 너 아까부터 시계만 보고 있는 거
       내가 모를 줄 알고? 남자친구 오기로 했지?

동경   (뭔가 찔리고) 아니… 그게 아니라… 잠깐! 잠깐 일이 있어서 들른다
       고 해가지고.

수자   나도 갈 거야. 잠깐 일 있어서 들른 거거든 나도.

동경   아니 그래도 이모가 갈 데가 어딨다고.

수자   어머 얘 좀 봐? 내가 갈 데가 왜 없어? 우리 케빈이 일처리 확실하
       게 하고 갔다? 너 안 가봤지? 렌트한 집 되게 그럴싸해. 보면 너 입
       떡 벌어진다.

동경	(픽 웃고)
수자	아주 남자 생기니까 이모고 뭐고 필요 없지? 좋을 때다 요것들아~
동경	그런 거 아니거든. 나는 세상에서 우리 이모 제일 사랑하거든.
수자	거짓말하지 마. 너 세상에서 니 남자친구 제일 사랑하잖아.
동경	(그말 뭔가 턱 가슴에 와 꽂히고… 그저 흐리게 웃는데)
수자	(새삼 가슴 찡하다) 언제 이렇게 다 컸을까. 다 커서 연애도 하고. (하다 분위기 바꿔서) 너무 늦게까지 놀지 말고? 무슨 일 있으면 전화하고! 알았지?
동경	응 이모…
수자	나도 가서 우리 남편이랑 오랜만에 전화나 해야겠다. (가고)

동경, 웃으며 손 흔들다 수자 시야에서 사라지자 쓸쓸한 얼굴로 돌아오는데.

S#26. 동경의 집 / 거실 + 현관 (밤)

편한 차림의 동경, 짐 가방에서 짐들 꺼내 한쪽에 정리하고 있는데, 초인종 울린다.

동경	누구세요. (하며 현관 향하는데)

현관 너머 대답 없고. 동경 뭐지? 하다가 외시경으로 바깥 내다보면, 대낮의 스위스 풍경과 피렌체 풍경 (1부 S#39) 보인다.

동경	(피식…)

멸망이구나. 동경, 천천히 문 열어보는데. 역시나 현관 앞에 멸망이 서 있다.

멸망	안녕.
동경	왔으면 빨리 들어오기나 하지 무슨 장난질을, (하는데)
멸망	(장미꽃 탁 내밀고) 결혼하자.
동경	(픽… 웃는데)
멸망	웃었다 너. 긍정적으로 해석한다?

멸망, 그대로 집 안으로 성큼 들어오며 가볍게 입 맞춰오는데. 동경, 입 맞춘 채로 웃고.

S#27. 동경의 집 + 멸망의 집 (밤)

멸망, 동경의 뒤에서 끌어안고 있다. 동경, 안긴 채로 손에 든 장미꽃 탁자에 내려놓는데.

동경	어차피 병원 나오려고 그냥 한 소리잖아. 뭔 꽃까지 주고 난리야.
멸망	누가 그래. 그냥 한 소리라고.
동경	(픽) 그럼 이걸 샀다고 진짜? 청혼하려고?
멸망	아니. 누가 줬어.
동경	누가 준 건데.
멸망	오늘이 자기 생의 마지막 날이었던 사람이.
동경	!
멸망	가면서 마지막으로 나한테 주더라. 사라지는 것이… 사라질 것에게.
동경	…화병에 꽂아놔야겠다.
멸망	(그저 동경 안은 채로 있고)
동경	좀더 오래오래 보게…

멸망	…
동경	(몸 돌려 멸망 마주보고) 계속 같이 있자…
멸망	그래.
동경	떨어지지 말자…
멸망	…그래.
동경	영원히.
멸망	…그래.

S#28. 아파트 단지 앞 (다른 날 낮)

동경과 멸망, 다정히 손잡은 채로 어느 담벼락 앞(4부 S#24)을 지나간다. 인부들이 색을 칠하던 담벼락은 어느새 알록달록 예쁜 그림이 완성되어 있고. 그 모습 위로,

동경	(NA) 이렇게… 이런 날들이 계속되겠지…

S#29. 공원 (다른 날 낮)

동경과 멸망, 손잡은 채로 공원을 걷고 있다. 그러다 멸망, 멈춰 서서 어딘가 바라보는데. 보면, 죽어가던 고목(9부 S#46)에 작은 새순 하나 피어 있다.

동경	왜?
멸망	마지막이 아니었구나… 꽃을 다시 볼 수도 있겠구나 싶어서.
동경	(멸망 시선 따라 나무 바라보고) 저 나무?
멸망	어.

동경   (보다가) 보러 오자.

멸망   (보면)

동경   같이. 보러 오자. 꼭.

동경과 멸망, 손잡은 채로 마주 웃는데.

동경   (NA) 니가 가고 봄이 오고··· 니가 저물고 아침이 오고··· 니가 끝
        나고 내가 시작되겠지···

S#30. 몽타주

아주 평범하고 그래서 평범하지 않은 하루하루들.

/ 마트에서 장 보는 멸망과 동경.

/ 집에서 요리하고 식탁에 앉아 먹고.

/ TV 보면서 웃는 동경을 바라보는 멸망.

/ 함께 정원을 산책하고.

/ 당면의 진료실에 앉아서 당면과 이야기 나누는 멸망과 동경.

/ 차 타고 야경 드라이브하고.

/ 넓은 멸망의 집 거실에서 장난스럽게 뽀뽀하고.

/ 한 침대에 잠드는 멸망과 동경.

/ 햇살에 눈을 뜨는 동경. 일어나 나가보면 멸망, 햇살 들어오는 동그란 창 아래 앉아 있다가 동경의 기척 눈치 채고 고개 돌려 환히 웃어 보이는데. 그 웃음에 자신도 모르게 울컥하는 동경의 얼굴에서,

동경　　(NA) 그래서 나는 영원히 봄이면, 아침이면, 내 삶 내내 너를 떠올리겠지. 그걸 견딜 수 있을까… 그 삶은… 멸망과 다를 바 없지 않을까.

S#31. 아쿠아리움 (다른 날 낮)

수자를 사이에 두고 동경과 선경이 양옆에 나란히 서 있다. 얼굴 위로 푸른빛 일렁인다. 보면, 대형 수족관 앞에 서 있는 세 사람이고.

수자　　(반짝반짝 신기한 얼굴과 달리) 아니 얘는 갑자기 뭐 이런 데를 오재.
선경　　(역시나 반짝반짝한 눈빛으로) 그니까. 애도 아니구. 결혼 앞두니까 별게 다 보고 싶나봐.
동경　　(픽) 니가 오고 싶어했잖아.
선경　　(휙 돌아보고) 내가?
동경　　어. 너 아홉 살 때 일기장에 그렇게 썼어.
선경　　누나 내 일기장 봤어?!
수자　　(으이그) 당연히 봤겠지! 너 방학 숙제 했나 안 했나 누나가 맨날 검사했잖아!

297

선경   (헤…) 그랬나?

동경   저거 기억 하나도 못 하네. 야, 너 맨날 일기 밀려가지고 내 일기에
       서 날씨 베끼고 그랬잖아. 내용은 아무거나 지 하고 싶은 말 쓰고.

수자   나도 기억나는구만. 애 막 거기다가 슈퍼맨한테 편지 쓰고 그랬지?

동경   어. 그 누가 상어 보고 왔다고 자기도 상어 보고 싶다고 보게 해달
       라고 눈물의 편지를 썼지. 아니 그걸 왜 슈퍼맨한테 쓰지?

선경   아니 그니까 진짜로 내가?!

수자   어 그랬다니까? 일기만 썼게? 막 울고 배 뒤집어 까고.

동경   (절레절레) 어리다 어려…

선경   어리지 그럼! 아홉 살인데!

수자   (픽 웃고 둘 보다가 아련해져서) 나 일하고 들어오면 쪼꼬만한 것들이
       끙끙대면서 옷 벗겨주고 양말 벗겨주고 그랬는데… 언제 이렇게
       다 컸대.

동경   그러게. 탁선경 나보다 쪼꼬매서 누나누나 하던 게 엊그제 같은데.

선경   뭔 소리야. 내가 누나를 위에서 본 게 반평생이 넘는다.

동경   이게!

수자   몸만 컸지 아주 둘 다 초등학생 그대로예요~ 야 너네 저, 저 앞에
       서봐. 사진 하나 찍게.

선경   아 이모 다 컸는데 사진은 무슨.

동경   (선경이 끌어당기며) 대장님이 찍으라고 하면 찍습니다.

싫은 척하다가도 포즈 탁 취하는 선경. 선경에게 팔짱 낀 채로 브이 포즈 하
는 동경. 그 모습 찍는 수자의 행복한 모습. 이어 수자도 가운데에 서서 웃으
며 사진 찍는데. 행복한 가족의 모습이고.

298

S#32. 동경의 집 / 침실 (다른 날 낮)

동경, 책상 앞에 앉아 무언가 열심히 쓰고 있다. 수자, 선경, 지나에게 줄 카드다. 옆에는 사두었던 선물들(운동화, 가방, 만년필) 꺼내져 있고.

S#33. 지나의 집 / 거실 (낮)

지나, 집에 들어오는데 거실 한가운데 놓여 있는 쇼핑백 발견한다. 의아한 얼굴로 꺼내 보는데, 만년필 케이스와 편지봉투 나온다. 봉투에는 '나의 가장 제정신인 작가이자 나의 가장 미친 언니에게' 쓰여 있다.

지나   (만년필 보더니) 만년필?! 미쳤나봐… (봉투 보더니) 미친?! 미쳤나
        봐…

말과 달리 웃음기 어린 얼굴로 카드 꺼내 읽는 지나의 얼굴 위로,

동경   (NA) 먼저 말해두는데 울라고 쓴 거 아니니까 울지 마. 이거 수성
        잉크다.
지나   (피식 웃는데)
동경   (NA) 그러니까… 울지 말고 강해져라. 그게 언니 목표다. 나지나!

S#34. 현규 카페 (낮)

역시나 선경도 동경이 두고 간 선물 멍하니 보고 있다. 쌓여 있는 운동화 박스 위로 선경이 건넸던 통장도 놓여 있다. 동경의 편지 읽는 선경의 얼굴 위로,

동경   (NA) 누난 이 돈 못 받아 선경아. 니가 나한테서 받아간 용돈의 반
        도 못 미치잖아. 어디서 이런 걸로 퉁치려고. 넌 진짜 양심도 없다.

선경   (눈물 그렁그렁한 얼굴로 피식 웃는)

동경   (NA) 그래도 항상 고마워. 항상 기특해 내 동생. 잘 커줘서.

S#35. 동경의 집 / 거실 (낮)

수자, 소파에 앉아 동경의 편지 읽고 있다.

동경   (NA) 이모. 내 인생엔 사랑이 참 많았어. 생각해보면 나를 살린 건
        다 사랑이었어. 이모의 사랑도, 선경이도, 지나 언니도, 그리고…
        그 사람도 말이야.

수자   (눈물 툭 떨어지고)

동경   (NA) 그래서 겁나. 어떤 것도 잃고 싶지 않아서…

S#36. 납골당 (낮)

동경, 부모님의 납골함 앞에 서 있다.

동경   내가… 죽을 때 많이 아플까 물었었지… 엄마… 아빠… 나… 너무
        겁나. 내가 어떤 선택을 할지 나도 모르겠어. 근데… 어떤 선택을
        해도 아주 많이 아플 거 같애… (눈물 투둑 떨어지며 떨리는 목소리로)
        그게 너무 무서워. 너무… 무서워…

S#37. 납골당 일각 (낮)

동경, 홀로 터덜터덜 걸어 나오는데. 언제 온 건지 멸망, 저 앞에 동경을 기다리고 서 있다. 동경, 걸어오다 멈칫하고 멸망 보는데. 멸망도 동경 시선 느껴 바라보고. 동경, 천천히 다가가고. 멸망, 걸어오는 동경 그저 보고 서 있는데.

동경   …어떻게 왔어?
멸망   너 따라서.
동경   언제부터 따라왔는데.
멸망   너 태어났을 때부터.
동경   (픽…) 왜 따라다니는데.
멸망   좋아서. 아까워서. 한순간도 놓치기 싫어서.
동경   (그 대답에 많은 마음 교차하고)
멸망   같이 가자.
동경   어딜?
멸망   (동경 손 탁 잡고) 일하러. (씩 웃는데)

S#38. 오래된 도서관 (낮)

온통 책으로 가득 채워져 있는 어느 오래된 도서관. 이용객들 아무도 없는 고요한 도서관 책상 앞에 앉아 있는 멸망과 동경이다. 멸망, 아무 말 없이 그저 가만히 어느 한곳을 바라보고만 있는데.

동경   여긴 왜. 이 도서관이 사라져?
멸망   아니. 단어들이 사라져.
동경   (보면)

멸망   들려. 지금도 저기 구석에서 일초에 수백 개의 단어들이 사라지고
                 있어. 비나리, 새녘, 느루, 닻별, 잔별… 같은 것들.

동경   …말도 잊혀지는구나.

멸망   쓰지 않으면 결국 죽는 거야.

멸망과 동경, 쓸쓸한 얼굴로 같은 곳을 바라본다. 멸망, 그러다 힐끔 동경의
얼굴 보고.

멸망   이건 비밀인데. 니 얼굴이 너무 쓸쓸해 보여서.

동경   (보면)

멸망   영영 사라지지 않는 단어들도 있어. 한 열두 개 정도. 그 안에 니 이
                 름도 있어. 동경.

동경   ! … (하다가) 사람은?

멸망   그것도 있지.

서로를 향해 미소 짓는 둘. 열린 창으로 바람이 살랑 불어와 커튼 흩날리는
데. 꼭 멸망이 고여 있는 것같이 평온한 적막이다.

S#39. 멸망의 집 / 침실 (밤)

한 침대에 서로를 향해 모로 누워 있는 둘. 아무 말 없이, 눈도 감지 않고 그저
바라보고 있는데.

동경   짜증나…

멸망   왜.

동경   안 자고 싶은데 너무 졸려.

멸망	(다정하게 동경의 머리칼 귀 뒤로 쓸어 넘겨주며) 자. 넌 사람이라서 자야 돼.
동경	(피식) …나 잠깐만 잘게. 진짜 잠깐만 잘 거야.
멸망	그래.
동경	(머리칼 넘기는 멸망의 손 꼭 잡아 움켜쥐는데)
멸망	…
동경	(눈 감은 채로) 어디 가지 마.
멸망	그래.
동경	꼭 옆에 붙어 있어.
멸망	(웅) 음.
동경	사라지지 마.
멸망	…

스르르 잠드는 동경. 그런 동경을 애달픈 눈빛으로 바라보는 멸망이고.

시간 경과.

잠든 동경의 숨소리 고르다. 멸망, 가만히 그런 동경 들여다보다가 조심스레 몸 일으켜 동경에게 이불 덮어주고는 방 나서는데.

S#40. 끊어진 다리 위 (밤)

소녀신, 끊어진 다리 끝에 홀로 앉아 있다. 그 옆에 멈춰 서는 발걸음, 멸망이다. 소녀신, 올 줄 알았다는 듯 돌아보지 않고 그저 멀리 바라보며,

소녀신	마지막 날인가.

멸망	작별인사 하러 왔어.
소녀신	작별인사는 내가 하러 온 거야.
멸망	(보다가) 당신은 알고 있었지.
소녀신	(보면)
멸망	내가 이런 선택을 하게 될 거라는 거.
소녀신	(묵묵히 답하지 않고, 다시 시선 멀리 던지고)
멸망	(멀리 시선 던지고) 신은… 모르지 않으니까.
소녀신	어차피 모든 건 불확실해. 걔가 멸망을 빌어도, 그게 가능할지 아닐지 알 수 없어. 그러니까 그냥 거기에 걸어보는 건 어때.
멸망	아니. 확실한 데에 걸 거야. 확실히 걜 살릴 수 있는 방법에.
소녀신	왜 그런 쓸데없는 약속을 해서.
멸망	내가 반드시 지켜야만 했나보지.
소녀신	뭘.
멸망	약속이든, 걔든… 이 세상이든.
소녀신	(쓸쓸히 미소) 니가 나보다 지킬 게 많네.

소녀신, 자리에서 일어나 멸망 보고.

소녀신	난 좀더 살아볼까 해.
멸망	(보면)
소녀신	인간의 심장에 기대서 이 생을 좀더 이어나갈까 해.
멸망	(보다가) 처음… 아닌가. 그런 생각하는 거.
소녀신	응. 언젠가는 또 그 심장이 멈추겠지만, 이 몸으로 아직 보고 싶은 게 많아서. 이번 생이 참 마음에 들거든. 여러모로.
멸망	뭐가 보고 싶은데.
소녀신	(멸망 보며) 꽃. 활짝 핀 꽃.

S#41. 동경의 집 / 옥상 (밤)

멸망, 동경의 옥상으로 들어선다. 그러다 멈칫, 걸음 멈추는데. 보면, 동경 평상에 등 돌린 채로 오도카니 앉아 있다. 그러다가 멸망 기척 느끼자 확 일어나 멸망 바라보는데. 동경, 금방이라도 울 것같이 절박한 얼굴이다.

동경   어디 갔었어.

멸망   잠깐…

동경   어디 갔었냐고!!

멸망   (급히 다가가서 안고) 미안…

동경   (눈물 터져서) 가버린 줄 알았잖아. 사라져버린 줄 알았다고!! 눈을 떴는데 니가 없어서 나는 진짜!!

멸망   미안해. 미안해…

동경   잠깐 눈 감았다가 떴을 뿐인데 벌써 하루가 지났나… 아니 이틀이 지났나… 다 끝났나… 나는 그랬다고…

멸망   (그저 간절하게 안고 있고)

동경   시간이 없는데… 남은 시간이 진짜 없는데…

멸망   괜찮아… 아직 있어… 아직 우리한텐 하루가 더 있어.

동경   (몸 떼서 멸망 올려다보며) 나 아무래도 안 되겠어. 안 그러려고 했는데… 나도 그러고 싶진 않은데.

멸망   (불안해져서) …뭘.

동경   아무도 사랑하지 않게 해줘. 그 누구도. 소원이야.

멸망   (예상치 못한 말에 놀라 보다가) …그럴 수 없어.

동경   소원이라잖아! 우리 계약 조건이었잖아! 왜 그럴 수 없는데!!

멸망   널 살려야 하니까.

동경   그런 식으로 살아서는 아무 의미 없어!!

멸망   있어. 있어, 나한텐.

동경	(보면)
멸망	너를 잃고, 또 니가 사랑하는 모두를 잃고, 그 텅 빈 세상 속에서 나는 어쩌면 영원히 살아야 할지도 몰라.
동경	(그런 건 생각지도 못했다. 흔들리는 눈으로 보면)
멸망	동경아… (말하는 것 자체가 괴롭고) 인간은… 인간은 다시 사랑할 수 있어.
동경	(!!) 아니야…
멸망	인간이니까… 이겨낼 수 있어. 나는 그럴 수 없지만… 알지? 나는 먹지도, 자지도, 울지도 않아. 연민도, 사랑도 없어. 근데 넌 인간이니까… 할 수 있어.
동경	난… 못 해… 난 너 없이는… 너 없이는 절대로…
멸망	(가슴 아파 동경 확 끌어안고)
동경	제발… 그러지 마… 그런 소리 하지 마… 내가 잘못했어. 내가 잘못했으니까…

멸망, 동경을 안은 채로 조용히 눈물 흘린다. 동경도 멸망의 품에 안겨 엉엉 우는데.

/ Cut to

동경과 멸망, 옥상 난간에 밤 풍경 보며 서 있다. 동경, 아까와 달리 어느 정도 감정이 정리가 된 듯 담담한 얼굴이다. 그런 동경을 보고 있는 멸망이고.

동경	(밤 풍경만 보며) 나 진짜 소원이 있어.
멸망	(보면)
동경	(멸망 보며) 멸망한 세상에… 데려가줘.

306

멸망	불가능해.
동경	정말 데려가달라는 게 아니야… 그냥… 그냥 거짓말이라도 좋아. 환상이라도 좋고 꿈이라도 좋아. 거기서 하루만… 마지막 하루 동안만 너랑 같이 있게 해줘.
멸망	(보고)
동경	들어줘… 이게 진짜… 내 소원이야.
멸망	(보다가 가만히 동경의 눈 위로 손 가져가 가리는데)

S#42. 환상. 멸망한 세상 / 여러 곳 (낮)

그대로 멸망 손 떼고 시야 밝아지면 둘, 어느새 텅 빈 도시 도로 한복판 위에 서 있다. 빌딩부터 도로 위에 차까지, 평소 보았던 그 모습 그대로지만 사람의 온기는 하나도 느껴지지 않는다. 신호등도 간판도 가게 안의 전등도 다 불이 꺼져 있다. 아무런 소음도 없고 그저 적막하다.

동경	(천천히 둘러보며) 여기가…
멸망	멸망한 세상.

컷컷으로 사람들만 모조리 증발한 것 같은 멸망한 세상의 풍경 보인다.

/ 라이프스토리 사무실. 편집팀원들 없이 자리만 덩그러니 있고. 아무렇게나 놓인 의자들.

/ 병원. 빈 베드들만이 어지러이 있고. 사람이 있던 흔적은 있는데 사람만 빠진 듯한 모습들.

/ 빈 놀이터. 불어오는 바람에 빈 그네만 슬쩍 흔들거리고.

/ 도로. 빈 차들이 아무렇게나 서 있다.

S#43. 환상. 멸망한 세상 / 카페 (낮)

들어서면 주인도 손님도 없는 카페 안, 군데군데 테이블 위에 커피와 먹다 만
디저트들만 놓여 있다. 사람들이 앉아 있다가 꼭 그대로 증발한 듯. 둘, 빈 테
이블에 가 앉는다.

동경   진짜… 아무도 없네… (하다가, 헉 놀라 스스로 입 가리고 목소리 낮춰
        서) 목소리가 너무 크게 들려.

멸망   아무 소리도 없으니까.

동경   …이상해. 너무… (말 잇지 못하는데)

멸망   외롭겠지.

동경   ! (보는)

멸망   멸망한 세상에서 나는… 더 이상 멸망이 아니야. …무엇도 아니야.

동경   …

S#44. 환상. 멸망한 세상 / 한강다리 (낮)

동경과 멸망, 나란히 한강다리 중간쯤에 서서 강을 내려다보고 있다. 잔잔히
물결이 이는 한강. 둘의 머리칼도 잔잔하게 흩날린다.

멸망   사라지는 모든 것에 책임이 있다는 건… 사라지는 모든 것들 때문

에 내가 존재할 수 있다는 거야.

동경 (보는)

멸망 사라질 게 더는 없는 여기에서 난… 그냥 부유하는 먼지 같은 거겠지.

동경 …

멸망 (동경 보며) 그러니까 아무 의미 없다고. 너 없이 존재하는 나는.

동경 …쓸쓸해.

멸망 (보면)

동경 사라져가는 걸 보는 니 얼굴 말이야… 여전히… 쓸쓸해.

멸망 너도.

동경 (보면)

멸망 늘 쓸쓸해. 나를 보는 눈이.

둘, 한참동안 서로를 바라보다가…

동경 (담담히) 가고 싶은 데가 있어.

S#45. 환상. 멸망한 세상 / 성당 (낮)

동경과 멸망, 빈 성당 안으로 들어선다. 동경, 빈 의자 아무 곳에나 가 앉고.

멸망 여긴 왜?

동경 기도하고 싶어서.

멸망 (보다가) 멸망한 세상엔 신이 없어.

동경 …인간들이 없으니까?

멸망 그래.

동경 내가 있잖아.

멸망 (보면)

동경 이 세상엔… 인간이… 내가 있잖아.

동경, 가만히 멸망 보다가 눈 감고 두 손 모아 기도하기 시작하는데. 멸망, 그
모습 보다가 동경의 옆에 와 앉고 곧 가만히 눈 감고 두 손을 모은다. 잠시, 둘
의 조용한 기도가 이어진다.

S#46. 환상. 멸망한 세상 / 언덕 (해 질 녘–밤)

도심이 한눈에 내려다보이는 어느 높은 언덕에 서 있는 동경과 멸망. 저 멀리
석양이 지고 있다.

동경 멸망한 세상에도 밤은 오는구나… 아까 성당에서… 무슨 기도했
   어?

멸망 신과 나의 비밀이야.

동경 이 세상에 신은 없다며.

멸망 니가 원한 순간 태어났을 수도 있으니까.

동경 (보다가)

멸망 넌 무슨 기도했는데.

동경 난… 난 그냥… 마지막으로 내가 아무도 사랑하지 않게 해달라고
   해봤어.

멸망 …

동경 알아. 이루어지지 않을 소원이고 기도인 거. 그래도 해봤어.

멸망 …동경아.

동경 사랑해.

멸망	(보면)
동경	결국 내가 가장 사랑한 건 너야. 미안해. 사랑해서, 가장 사랑해서 미안해.
멸망	⋯고마워. 사랑해줘서.

둘, 그렇게 서로 마주본 채로 밤이 온다. 둘의 너머로 보이는 도시 아무 불빛도 없이 어둡다. 멸망, 그런 동경을 깊이 바라보다가 부드럽게 동경의 얼굴을 감싸고 슬프게 입 맞추는데⋯

S#47. 골목길 (밤)

그대로 입 맞추고 떨어지면, 둘, 원래의 세상으로 돌아와 있다. 동경의 집으로 돌아오는 골목길에 서 있는 둘이고.

멸망	곧⋯ 열두 시야. (가만히 손 내밀고)
동경	(이 손의 온기를 느낄 수 있는 건 이제 마지막인 걸까⋯ 차마 두려워 손을 잡지 못하겠는데)
멸망	괜찮아⋯ 다 괜찮아.
동경	(어쩔 줄 몰라 하는 얼굴로 손을 뻗고⋯ 손 가늘게 떨린다)
멸망	(그런 동경의 손 꼭 잡아 쥐고)
동경	마지막의 마지막까지 같이 있고 싶었어.
멸망	알아.
동경	(울먹이며) 사랑해.
멸망	⋯알아.
동경	나 너무 무서워⋯
멸망	동경아⋯

동경	(뚝뚝 울며) 그냥 아무 말도 하지 마. 아무 말도…
멸망	이 계약은… 무효야.
동경	아니야… 아니야…
멸망	(다정하게 들여다보며) 니 슬픔은, 니 아픔은 내가 다 가져갈게. 걱정 마. 내가 다 가져갈게.
동경	(그저 울고)
멸망	(동경의 눈물 닦아주고) 나는 원래 있던 자리로 돌아가는 것뿐이니까. 응?
동경	안 돼… 싫어…
멸망	난 너를 위해 만들어진 존재야. 신은 원래… 인간을 위해 만들어졌으니까. 그러니까 울지 마. 행복하게 살아. 나는 그러기 위해 태어났으니까. 너를 행복하게 해주기 위해서.
동경	안 가면 안 돼? 진짜… 안 돼?
멸망	아까 성당에서 소원, 니가 행복해지게 해달라고 빌었어.
동경	(울음 터져서) 그럼 니가 있어야 하잖아. 니가 있어야 하잖아!!
멸망	내가 예전에 말해준 거 기억하지? 비가 와도, 너 혼자 우산이 없어도 아무것도 아니야. 달려가면 금방 집이니까. 내가 사라지더라도 달려가. 돌아보지 말고 달려가. 그러면 금방…

하는데, 멸망… 바람에 씻기듯이 눈앞에서 휙 사라진다. 멸망을 잡고 있던 동경의 손, 힘없이 떨어지고… 동경, 믿을 수 없는 얼굴로 그 자리에 못 박힌 듯서 있다가… 그대로 그 자리에 무너지듯 쓰러져 죽을 듯이 오열하는데. 그런 동경의 등 위로 툭… 툭… 동경의 울음처럼 비가 내리기 시작한다. 텅 빈 골목을 채우는 동경의 울음소리. 그렇게 홀로 남은 채로 빗속에서 숨이 끊어질 듯 우는 동경의 모습에서…

14부 엔딩!

15부

S#1. 병원 / 진료실 (낮)

당면   (E) 이건 기적이에요!!

흥분한 당면 앞에 동경, 차분한 얼굴로 앉아 있다. 당면, 벽에 붙어 있는 MRI 필름 옆으로 몇 장의 MRI 필름 연달아 붙이고.

당면   보세요… 아니 이게 어떻게 가능하지?

동경   … (고개 천천히 돌려 MRI 필름들 보고)

당면   아니… 어떻게 이럴 수가 있지? (동경 보며) 어떻게 이렇게 찍을 때마다 종양이 작아지냐구요.

동경   (그저 머쓱하게 웃고) 그러게요…

당면   다음 주엔 아예 없겠는데? 이게 가능한가? 내가 오진이었나? 그럴 리가 없는데… (혼란스러운 얼굴이고)

동경   아니에요… 오진… 아닐 거예요.

당면   이런 케이스는 제가 의사 생활 십수 년 동안도 처음이고 어떤 논문에서도 본 적이 없어요 편집자님!!

동경   운이 좋았나봐요.

당면   (조심스레) 혹시 뭘 따로 먹거나…

동경   (웃으며 작게 고개 절레절레)

당면   가족들한텐 얘기하셨어요? 너~무 기뻐하죠? 아 그 남자친구는. 남자친구는 뭐래요. 좋아하죠? 이 정도면 미뤘던 결혼 지금 당장해도 되겠네!

동경   …그건 좀 더 미루려구요.

315

당면   네? 왜요?

동경   걔가 어디… 멀리 가서. (쓸쓸하게 웃어 보이는데)

S#2. 병원 / 소녀신 병실 앞 (낮)

동경, 걸어가다 문득 걸음 멈춘다. 소녀신 병실 앞이다. 작은 창 너머로 보면
빈 침대만 덩그러니 놓여 있다. 잠시간 바라보다가 이내 다시 걸음 옮기는 동
경. 그 위로,

동경   (NA) 모든 게 다 꿈은 아닐까…

S#3. 병원 입구 (낮)

병원에서 나와 걷는 동경. 그러다 문득 하늘 올려다보는데. 초록 잎사귀들이
햇살에 부딪쳐 싱그럽게 빛난다. 그 풍경을 가만히 눈에 담는 동경.

동경   (NA) 그 모든 게 다 정말로 있었던 일일까. 정말로… 너는 내게 머
        물다 간 게 맞을까…

그때 멀리서 빵빵— 클락션 소리. 보면, 지나가 운전석에 앉아 동경 향해 손
흔들고 있다. 동경도 손 흔드는데 손목에 빨간 실팔찌 보이고. 동경, 봄처럼
웃으며 지나 향해 뛰어간다.

S#4. 카페 (낮)

주익과 박영, 한적한 카페 한쪽에 마주 앉아 있다. 박영, 테이블에 놓여 있는 서류봉투 심드렁하게 보며 의자에 삐딱하게 기대앉아 있고. 테이블 위에는 마들렌, 마카롱 등 간단한 디저트 놓여 있다.

박영　　제 연락처 누구한테 들으셨어요?

주익　　번호 안 바꾸셨던데요.

박영　　아니!! 그렇다고 이렇게 함부로 막 연락하고 그러면, (하는데)

주익　　함부로 안 하고 조심스럽게 했는데. 문자로 신원 밝혔고 전화해도 된다고 하셔서 전화드렸고.

박영　　(말문 막히고) 아 몰라. 안 해요 계약.

주익　　안 하시는 이유가 뭔지 여쭤봐도 될까요?

박영　　보면 몰라요? 저 데뷔했잖아요. 글 쓸 시간도 없고, (목소리 낮춰서) 저 작가 거 알려지면 곤란하거든요?

주익　　아 곤란하세요?

박영　　당연하죠. 이게 컨셉 충돌이, (하다가) 아 됐어요. 어쨌든 안 해요. 얘기 끝. (음료 쪼로록 마시고 탓 일어서려는데)

주익　　곤란하면 내가 유리하네?

박영　　(주춤, 멈춰서) 예?

주익　　그럼 나한테 잘 보여야겠네 니가.

박영　　(자기도 모르게 스르 앉고) 지금… 뭐라고…

주익　　인터넷도 SNS도 안 하고 연예인을 할 생각도, 될 줄도 몰랐다는 컨셉 아닌가?

박영　　(허… 말문 막히고)

주익　　근데 그런 박영이 알고 보니까 《눈 떠보니 슈스》 작가고. 아, 슈스는 무슨 뜻인지 알고 지은 거예요? 그런 거 모르는 컨셉이잖아.

박영   허…

주익   게다가 자기 스스로 필명을 귀공자라고 짓… (하다 픽 웃고)

박영   지금 웃었어요? 비웃은 거죠 그거! 와~ 필명 제가 지은 거 아니거
       든요? 엄마가 지었거든요?!

주익   아니 뭐 어울려요. 어울리는데, 아무튼 그 사실을 내가 누군가한테
       말해버릴 수도 있잖아요. 작가님 곤란하시게.

박영   지금 협박하는 거예요?

주익   협박이라니요 작가님. 회유죠. 회유. 저 손에 아무것도 안 들었잖
       아요?

박영   손에 뭐 들어야지만 협박이에요?

주익   전 그런데요?

박영   (동공 흔들리며) 와… (얼굴과 달리) 이런다고 제가 눈 하나 깜빡할 거
       같아요? 저는 그때 분명히 제 입장 전달드렸어요. 탁동경 편집자님
       아니면 같이 일 안 한다고.

주익   아, 그거면 됩니까? (바로 동경에게 전화 걸고 스피커폰으로 돌린다)

박영   (뭐지? 보는데)

동경   (F) 예 무슨 일이세요.

박영   !

주익   어. 나 차주익인데.

동경   (F) 알아요. 왜요!

주익   일 끝나고 바로 좀 와. 탁팀장.

동경   (F) 예?

주익   (툭 끊고) 됐죠?

박영   !!

주익, 빙글 웃으며 다시 계약서 박영 향해 밀고.

318

주익   되도록 좋은 답 주셨으면 합니다. 작가님. 그럼, 전 바빠서.

주익, 그대로 일어나 나가고. 혼자 남아 있는 박영, 잠시간 멍해 있다가…

박영   (테이블 위에 디저트들 집어먹으며) 와 진짜… 바쁜 사람 잡아놓고 정
        말… (하다가 전화 울려서 받으며) 아 지금 가요! (계약서랑 마카롱 집어
        들며 일어서고) 아니, 안 먹었어요!!

S#5. 지나 차 안 (낮)

지나 운전하고 있고. 동경 옆에서 황당한 얼굴로 끊긴 핸드폰 보고 있다.

동경   뭐야 이 인간?
지나   누군데.
동경   차주익.
지나   (그 이름에 살짝 움찔)
동경   와 어떻게 이렇게 하나도 안 변하냐 사람이. 이 인간은 내가 아직도
        지 부사순 줄 아나봐. 하여간 싸가지가 없어 싸가지가. 다짜고짜
        설명도 없이 오래.
지나   (말없이 운전하고)
동경   (문자 오고. 폰 보며) 오라는 데가 지네 집이네. 언니 나 가다가 내려
        줄 수 있어?
지나   뭘 가다 내려. 거기까지 데려다줄게.
동경   (번뜩 생각나서) 언니. 그러지 말고 같이 가자. 어차피 언니도 차팀
        장 알잖아.
지나   …됐어.

동경   (가만히 보다가) 언니.

지나   응?

동경   언니 차주익이랑 연락 안 해?

지나   (멈칫했다가) 그냥 좀…

동경   (따라하듯) 그냥 좀… 연락 안 해?

지나   정리 중이라서.

동경   왜.

지나   시간이 좀 필요해서. 그쪽한테도 나한테도.

동경   아무래도 언니가 연락하기 전까지는 그 인간도 연락 안 할 거 같은
        데.

지나   그렇겠지. 그런 사람이니까.

동경   그런 사람이라 좋아?

지나   유도신문하지 마.

동경   오… 안 넘어오네… 다 컸네 나지나…

지나   너 맨날 병원 데려다주고 데리고 오고 니 보호자 노릇 세 달 하다보
        니까 어른 다 됐다~

동경   (보다가 마음 쩡해져서) 내가 꼭 다 갚을게 언니. 살면서 계속계속 분
        할 납부로다가.

지나   됐어! 너 이미 다 갚았어. 너 안 아픈 걸로도 나는 충분해. 진짜 기
        특하고 너무 고마워.

동경   (마음 복잡해져서) 나두… 나두 고마워… 언니한테도 이모한테도 선
        경이한테도… 또… (걔한테도 하려다 말 삼키고)

동경, 이어질 말 대신 그저 창밖 바라보는데.

S#6. 주익의 집 / 거실 (낮)

동경, 물 마시다가 쿨럭 작게 기침하고.

동경   그러니까 지금 말한 그 작가들이랑 다 계약했다구요?

믿을 수 없다는 듯 주익 보면, 주익 아무렇지도 않게 호록 커피 마시고 있다.

주익   아니, 계약할 계획을 세웠다고. 사무실도 구했어. 회사 이름은 탑
         텐미디어로 할 생각인데 어때.

동경   뭐 출판계의 탑텐이 되겠다 포부예요?

주익   아니. 애초에 탑텐이 될 만한 작가들만 계약하겠다는 의지 피력.

동경   누구한테 피력하는 건데.

주익   너. 너 요즘 컨디션 괜찮다고 해서 정식으로 제안하는 거야. 내 회
         사 들어와. 잘해줄게.

동경   어떻게 잘해줄 건데요.

주익   나 돈 많다.

동경   맨입으로 자랑은 나도 하겠다.

주익   그럼. 진짜 자랑은 연봉이랑 직급으로 하는 거지. 내 자랑거리가
         돼볼래? 탁팀장?

동경   참나… 자신 있나 봐요? 그 작가들 다 계약할.

주익   뭐, 없진 않지.

동경   근데 왜 그 리스트에 이현은 없대?

주익   (멈칫, 말 없고)

동경   언니 요즘 점점 순위 오르고 있는 거 알죠.

주익   알지.

동경   근데 왜 안 잡아?

주익	안 잡는 게 아니고… 그냥 좀 두는 거야.
동경	그냥 좀 왜 둬? 언니가 뭐 문화재야 미술품이야. 언니, 사람이야. 잡아요. 작가로든, 여자로든. 나중에 후회하지 말고.
주익	시간이 좀 필요할 거야. 그쪽도.
동경	아 진짜 아까부터 다… 하…
주익	(보면)
동경	시간 같은 소리 하고 있네. 시간이 막 영영 있을 거 같고 그래요? 아주 팔자 좋은 소리 하고 있어. 그거 내가 좀 아는데 시간이 필요한 게 아니에요. 용기가 필요한 거지.
주익	(멈칫 보다가) …야… 너 좀 멋있다?
동경	살다보니 내가 차주익한테 조언을 다 하네.
주익	(픽) 차주익?
동경	아직 제 대표님 아니잖아요. 갈게요. 주신 제안은 좀더 면밀히 생각해본 뒤에 답 드리겠습니다.
주익	야 내가 너 그렇게 키웠어? 뭘 면밀히 생각해. 대충 생각해.
동경	예 팀장님이 저 이렇게 키웠습니다. 팀장님이나 대충 생각해요. 대충 생각하고 빨리 움직여요. (일어나 가려는데)
주익	근데 어떤 감정은 시간이 지날수록 더 선명해지기도 하지 않나?
동경	(멈칫) 예를 들면?
주익	그리움 같은 거?
동경	(보다가) …하여간 말은 잘해.
주익	그걸로 먹고 살았지.
동경	아 오늘은 내가 좀 가르치나 싶었더니만. 으… 지긋지긋한 사수. 맨날 뭘 가르치고 난 맨날 뭘 그렇게 배운다.
주익	뭐?
동경	간다구요. (가고)
주익	…요즘 애들은 정말… (절레절레)

주익, 그러다 생각 복잡해지는지 차분한 얼굴로 돌아오는데.

S#7. 횡단보도 (밤)

동경, 횡단보도 앞에 서서 신호 기다리고 서 있다. 그때와 같은 그 자리에 서서 멸망 떠올리는데…

인서트. 2부 S#14

동경의 손 탁 잡아채고 그런 멸망을 올려다보는 동경.

멸망   (맞잡은 손 들어 보이며) 충전.
동경   (보면)
멸망   (앞만 보며 걸어가며) 왜 길도 못 건너고 있냐.

/ 다시 현재

초록불로 바뀌고 사람들 건넌다. 동경, 뒤늦게 걸음 떼려는데 그 순간 누군가 동경의 손을 탁 잡아오고!

동경   !!

놀라 훅 돌아보면, 반소매 차림의 선경이다.

선경   누나! (잡은 손 흔들며 웃어 보이는데)

동경   (기대했던 마음 훅 사그라지고⋯ 그러다 이내 선경이 손목 꺾고) 미쳤냐?
       손을 잡아?

선경   아악! 아 누나!!

동경   (탁 놓고 횡단보도 건너는데)

선경   (쫓아가며) 아 같이 가!! 와⋯ 진짜 다 나았네 다 나았어. 힘이 무
       슨⋯

동경   그래서 불만이냐?

선경   아니~ 행복~ 봐봐. 나 오늘 누나가 사준 운동화 신었다~

선경, 횡단보도 먼저 폴짝 뛰어 다 건너고는 동경쪽으로 돌아보고 발 요리조
리 흔들어 보이는데.

선경   어때? 오늘의 패션 컬러는 블루~ 앤 그뤠이~

동경   (쌩 지나치며) 이쁘네.

선경   (따라가며) 너무해! 왜 그렇게 심드렁하게 말해? 이거 나한테 엄청
       소중한 거거든? 소중하게 대해달라고!

동경   (픽 웃고)

선경   아니 봐봐. 막 청량함이 물씬 느껴지지 않아?

동경   어~ 너 혼자 여름이다. 안 춥냐?

선경   그래서 말인데, 그 카디건 좀 벗어줄래?

동경   (기막혀) 뭐?

선경   아니다. 누나 카디건이랑 오늘 내 패션이랑 전체적으로 컬러감이
       안 맞아. 봐봐 나 색감 되게 예민하다니까. 퍼스널 컬러리스트 됐
       으면 아주?

동경   (가다가 멈춰서 탁 바라보고) 지금이라도 늦지 않았어. 학원 끊어줘?

선경   됐어. 뭘 또 농담으로 한 얘기를. 나 진짜 꿈 생겼거든.

동경	진짜 꿈? 뭔데.
선경	말 안 해. 이뤄지기 전까지는.

선경, 곧은 걸음으로 먼저 가고. 동경, 그런 선경 보다가 도도도 따라가 옆에 붙고. 그 나란한 뒷모습 위로.

동경	아니 진짜 벗어줘?
선경	아 뭘 또 벗어줘~ (하다가) 응…

S#8. 동경의 집 / 거실 (밤)

동경, 선경, 수자. 거실 테이블에 모여 앉아 저녁식사 중이다. 수자, 동경이 밥 먹는 모습 흐뭇하게 바라보고.

수자	이모는 진짜 다 기적 같애. 자고 일어나서 아침마다 이게 꿈인가 진짠가 생각해보고 그런다.
선경	아이 진짜지 이모! 누나 내가 저번에 갖다준 한약 다 먹었지? 그거 때문이라니까.
수자	그른가?
동경	(피식) 아니야.
선경	아니야? 그럼 이모 집밥 때문인가?
수자	그른가…
동경	(픽) 그건 약간 맞는 거 같고.
선경	약간? 그럼 뭔데. 뭐 때문인데.
동경	사랑.
선경	(엥? 해서 보다가) 사라앙? 맞아. 이게 다 누나를 향한 뜨거운 내 사

랑 덕분이쥐.

수자 (둘 가만히 보다가) 이번 일 겪고 이모가 깨달은 바가 많아. 그래서
말인데. 이모 다시 한국 올라구.

선경/동경 어엉 / 갑자기?

수자 갑자기 아니고 전부터 계획한 거야. 케빈이 지금 다 정리하고 있
어. 암만 생각해도 니들이 눈에 밟혀서 다시 못 돌아가겠더라.

동경 이모부는? 괜찮대?

수자 케빈은 완전 대찬성이지. 케빈이 또 패밀리 워낙 중요하게 생각하
잖아. 너네랑 같이 살 거라고 엄청 들떴어 지금.

선경 대박… 나 이제 이모가 해주는 밥 맨날 먹을 수 있는 거야?

수자 그래. 실컷 부려먹어라. 이모는 그 맛에 사니까.

동경 (보다가) 분위기 타서 나도 할 말 있는데.

선경 수자 (보면)

동경 나 일할라구.

수자 어어? 벌써? 안 돼애.

선경 그래 누나. 뭘 벌써. 에이.

동경 나 일하고 싶어. 병원에서도 이제 진짜 괜찮대.

수자 아니 누가 돈 벌어오라고 눈치 줘? 좀더 쉬어. 좀더 쉬어도 돼.

선경 아니면 내가 내 돈 줄까? 어차피 누나 주려고 했던 거니까 그걸로
좀더 놀고, (하는데)

동경 노는 거 지겨워.

선경 수자 (보면)

동경 …라는 말은 안 할게. 사실 하나도 안 지겨운데 그냥, 그냥 일하면
서 놀고 싶어. 백수 체질은 아닌가봐.

선경 (절레절레) 안 돼 안 돼… 성격이 팔자야…

수자 아니 그래도, (하는데)

동경 나 진짜 괜찮아 이모. 평생 아픈 사람처럼 살 순 없잖아. 이렇게 튼

튼한데! 밥도 잘 먹고. (하며 다 먹은 빈 공기 보이면서 웃는데)

선경   어 이모. 그건 그래. 아까 누나가 내 손모가지 비틀었는데, 힘이 아
        주 천하장사더라.

수자   (짠해서 보다가 곧) 아니 너는 왜 누나한테 손모가지 비틀릴 짓을 해!
        누나 힘들게!

선경   아니 이모 이런다고? 누나가 내 손모가질 비틀면 내가 힘들지 누나
        가 왜 힘들어?

수자   조용히 하고 밥이나 먹어 인마! (하다가) 출근 언제부턴데.

허락의 말에 동경, 수자 향해 환히 웃어 보이는데.

S#9. 동경의 집 / 부엌 (밤)

동경은 욕실에서 씻는 중인지 샤워기 소리 들리고. 수자와 선경, 나란히 서서
설거지하고 있다. 수자가 그릇 씻어 넘기면 선경이 착착 그릇 정리하고. 둘이
속닥속닥 뭐라 떠드는데.

선경   아니 아직 핸드폰 배경화면은 형님이랑 찍은 사진 같더라고. 분명
        히 헤어진 건 아니야.

수자   그럼 뭐 어떻게 된 건데.

선경   모르지. 누나가 말을 통 안 하잖아. 형님 미국 갔다고 대충 흘리듯
        이 말한 거 말고 더 말한 게 없어.

수자   됐어. 니 누나가 말을 안 하면 뭐 그만한 이유가 있겠지.

선경   그니까. 그 이유가 뭐냐고. 이모가 좀 물어봐. 난 무서워서 못 물어
        보겠어.

수자   야 나도 무서워. 아냐. 이제 막 건강해졌는데 괜히 신경 거슬리게

하지 말자. 스트레스는 만병의 근원이야.

둘, 설거지하며 힐끔 욕실문 살피는데.

S#10. 지나의 집 / 거실 + 현관 (밤)

지나, 책상 앞에 앉아 소설 쓰고 있다. 그때 핸드폰 문자 알림 울리자마자 얼른 핸드폰 보는데. 나지나 님이 주문한 상품이 배송되었습니다. 택배 문자다. 실망한 얼굴로 핸드폰 다시 툭 던져놓고 다시 타자 드문드문 두드리는데… 또다시 울리는 문자 알림. 보면, 나지나 님이 주문한 상품을 문 앞에 배송하였습니다. 또 택배 문자고.

지나   아니 난 뭘 이렇게 산 거야!

지나, 핸드폰 툭 던져놓고 그대로 책상에 확 엎드리는데. 그러다 벌떡 다시 고개 들고는,

지나   아무리 그래도 무슨 사람이 이렇게까지 연락을 안 해?!

하는데 띵동, 소리 들린다!

지나   (멈칫) 에이… 설마…

일어나 현관 향해 걸어가면서 계속 "에이 설마… 에이… 아니지? 아니지?" 하고 문 여는데…

지나   !!

열린 문 앞에 주익, 심드렁한 얼굴로 서 있다.

주익   (보다가) 에이 설마 하고 나와 본 얼굴인데.

지나   …

주익   맞아요?

S#11. 지나 집 / 거실 (밤)

지나와 주익, 어색하게 마주 앉아 있다.

주익   누가 그러더라고. 필요한 건 시간이 아니라 용기라고. 맞는 말인지
는 모르겠는데 그냥 그 말에 기대보고 싶어서. 그래서 왔어요.

지나   (조용히) 탁동경이구만…

주익   왜요. 같은 말 들었어요?

지나   네. 근데 전… 용기 못 냈어요.

주익   용기를 못 냈다기보다 내가 선수 친 거지.

지나   (보다가 결심한 듯) …내가 연락을 못 한 거는, (하는데)

주익   나랑 계약해요.

지나   (!) 그쪽이 맘대로 깼잖아요. 그래놓고 무슨 계약.

주익   일하는 거부터 시작해요. 못 보고는 못 살겠으니까.

지나   !!

주익   불편한 거 알겠고, 이렇게 된 거 다 내 잘못이고, 근데 뉘우칠 생각
없으니까… 내가 다 나쁜 놈 할 테니까… 그냥 휩쓸려봐요 나한테.

지나   (가만히 보다가) …나쁜 놈 아니잖아요.

주익	(보면)
지나	우는 사람 하나 못 지나치는 사람이면서.
주익	(생각지도 못한 말이고… 보다가) 그러니까 나랑 계약해요. 나 착하니까.
지나	(보다가 결심한 듯) 아니요. 저 이제 로맨스 못 쓸 거 같아요.
주익	왜요.
지나	적성에 안 맞는 거 같아서.
주익	음. 나 가지고는 로맨스가 안 된다?
지나	아니 그게 아니라!!
주익	아니에요?
지나	아니죠!! (횡설수설 뱉고) 그냥 제가 아무리 생각해도 로맨스 쪽으로는 영 감이 없는거 같아서, 아니 보셨잖아요!! 작가가 창작을 해야지 왜 맨날 있는 일 가지고만 쓰냐고… 그러니까 뭐가 안 되지…
주익	그니까 나랑 하는 게 로맨스는 맞다?
지나	(화들짝) 네?!
주익	맞으면 나랑 술 마셔요.
지나	갑자기요?
주익	실수 또 하라고.
지나	!!
주익	두 번이고 세 번이고 계속 받아줄 수 있으니까 실수해요 나한테.

지나, 잠깐 굳어 보다가 단단한 표정으로 바뀌고. 곧게 주익 바라본다.

지나	실수 아닌데.
주익	(보면)
지나	실수 안 했어요 저. 그거 실수 아니에요. 마음이지.
주익	(미동 없이 보다가) 로맨스 잘하는데.

지나	(보면)
주익	나 떨렸는데 지금.
지나	(이씨…) 그런다고 사인 안 해요 나.
주익	사인해달라는 거 아닌데.
지나	(뭔 소리지? 보면)
주익	못 알아들었으면 말고. (불현듯 일어나고) 오늘은 이만하고 다음에 또 올게요.
지나	다음에? 다음에 언제요?
주익	사인하고 싶어질 때쯤? (하다 가만히 돌아보고) 아니면 뭐 키스하고 싶어질 때쯤이라거나.
지나	!!

주익, 굳어 있는 지나 보고는 픽 웃고 그대로 현관 향해 간다. 곧이어 현관문 열리고, 닫히고. 지나, 그럴 동안 여전히 얼빠진 얼굴로 그저 거기 앉아 있는데.

(E) 알람 소리.

S#12. 꿈. 동경의 집 + 멸망의 집 (아침)

잠들어 있던 동경, 손 뻗어 핸드폰 알람 끈다. 침대에서 일어나 비척비척 거실로 나가는데.

동경	이모, (하는데 !!!)

동경의 눈앞 풍경, 예전처럼 멸망의 집과 이어져 있다. 멸망, 아무렇지도 않

게 자기 집 소파에 앉아 책 보고 있고.

동경   !!
멸망   (여전히 책 보며) 너 회사 안 가냐?
동경   (그 자리에 굳은 채 서 있고)
멸망   (동경 대답 없자 책 덮고 동경 보고) 왜 대답이 없어.

동경, 이 상황을 믿을 수 없다는 듯 멸망 향해 천천히 다가가는데…

멸망   너 그러다가 백수로 평생 살겠다.

동경, 그대로 멸망 끌어안고는 펑펑 눈물 쏟는데.

멸망   왜 이래. 백수라는 말이 그렇게 서러워?
동경   이거 꿈 아니지…
멸망   (동경 부드럽게 토닥이며) 꿈 꿨어? 나 니 꿈에 안 갔는데.
동경   보고 싶었어… 너무 보고 싶었어…

멸망, 안긴 동경의 얼굴 확인하고선 찬찬히 눈물 닦아준다.

멸망   보고 싶으면 보면 되지. 실컷 봐. 하룻밤 못 봤다고 뭘 그렇게까지
         보고 싶어.
동경   (멸망 바라보는데 눈물 쉬이 멈추지 않고)

멸망, 동경 한참 동안 안은 채로 다정하게 토닥여주는데. 동경, 손 뻗어 멸망
의 얼굴 만지려는 순간, 어디선가 알람 울리고!!

동경   !!

S#13. 동경의 집 / 침실 (다음 날 아침)

알람 소리에 눈 뜬 동경. 베갯잇이 눈물로 젖어 있다. 또 꿈이구나… 동경, 익숙한 듯 눈물 닦으며 힘없이 몸 일으키는데.

S#14. 동경의 집 / 거실 (낮)

동경, 양치하며 달력 앞에 서 있다. 오늘 날짜에 펜으로 동그라미 치는데. 소파에 앉아 TV보고 있던 수자, 그런 동경 보더니

수자   너 맨날 뭘 그렇게 표시하는 거야?

보면, 세 달 동안 거의 빈 날 없이 동그라미 그려져 있고.

동경   그냥… 좋은 날…
수자   좋은 날? 고럼 매일매일이 좋지~ (부엌으로 가며) 너 밥 먹고 나갈 거야? 오늘 전 회사 동료들 만나러 간다며.
예지   (E) 아니 이게 얼마 만이야 탁주이이이임!!

S#15. 중국집 (낮)

동경과 편집팀원들, 늘 가던 중국집에서 음식 시켜놓고 앉아 있다.

예지	오랜만에 만나서 전하는 소식이 차대표네로 출근한다는 소식이라니!!
동경	그렇게 됐어. (하다 히힛) 나 이제 팀장이다? 니 간판 작가들 내가 다 빼 갈 거니까 긴장들 타는 게 좋을걸?
예지	뭔 긴장을 타. 빼 가. 다 빼 가. 박대표가 망하지 내가 망하냐. 들어갈 출판사 쎄고 쎘다. (하다 확) 너네 회사 직원 더 안 필요해?
동경	아직은 시작단계라. 자리 잡으면 사람 더 구하겠지.
예지	그럼 나 일빠.
다인	그럼 전 이빠.
정민	그럼 전… (진지) 여기 남겠습니다.
일동	(보면)
정민	(혼자 진지해서) 전 여기 남아서… 더 높은 곳을 목표로…
다인	(절레절레)
예지	얘가 이런다. 호시탐탐 위를 노려. 올라가서 우리 막 부려먹고 싶은가봐.
동경	어유 회사 잘 돌아가네. 요즘 이렇게 야망 있는 청년 보기 드문데. 박대표가 좋아하는 인재상 아니야? 박대표 좋겠어?
예지	말이 나와서 말인데 박대표, 요새 얼마나 웃긴지 모른다고.
동경	왜. 무슨 일 있어?

S#16. 회상. 라이프스토리 / 미팅룸 (낮)

지조킹, 삐딱하게 앉아 불만인 얼굴로 예지 쳐다보고 있다. 예지도 똑바로 노려보고. 옆에서 박대표만 안절부절못하고 있는데.

| 지조킹 | 아니 그니까 여기 조주임이 이제 내 담당이라 이거잖아 지금. |

예지	주임 아니고 팀장이요.
지조킹	(대꾸도 없이) 이러면 곤란하지 박대표. 내가 누누이 말했지. 작가한
	테 작품은 지 새끼랑 다름없다고. 내 새끼가 낯을 엄~청 가려요.
예지	(기막혀서 박대표 눈치 주면)
박대표	(눈치 보다가) 아이참 형님. 우리 조팀장 일 잘해요. 그러니까 예쁘
	게 좀 봐줘. 엉?
지조킹	아니 예뻐야 예쁘게 봐주지.
박대표	에헤이, 형님!
예지	(허! 중얼) 못생긴 게 예쁜 건 드럽게 밝혀. 하여간에 그쪽으론 지조
	있어. 지조킹이야 아주.
지조킹	…뭐?
예지	대표님. 저 회사 관둔달 때 뭐라고 하고 잡으셨어요. 이런 일 절대
	없게 할 거라고 그렇게 약속하셔서 남은 거잖아요. 왜 말 한마디를
	안 하세요?
박대표	(안절부절) 아니 조팀장… 나 한마디 했어. 방금 에헤이 형님 했잖
	아. 못 들었어?
지조킹	이런 일? 이런 일이 뭔데.
예지	탁주임이랑 있던 일 벌써 잊으셨어요? 사람이 어떻게 그 난리를 겪
	고도 이렇게 배운 게 없냐. 아 정 떨어져. 아 나 안 해! (일어서는데)
박대표	조팀장!! 그러지 말고 일단 좀 앉아봐, 어? (하는데)
지조킹	야 거 너는 뭘 그렇게 매달리고 그래. 그냥 보내! 일할 사람이 뭐 재
	뿐이야?
박대표	(버럭) 아 형님은 좀 조용히 좀 있어요!!
지조킹	야. 너 지금 나한테 소리쳤어?
박대표	(예지에게) 아니~ 일단 앉아봐 조팀장. (괜히 밖에다 큰 소리로) 커피
	는 뭐 원두 갈러 갔니?!
지조킹	와 내가 안 그래도 순위 떨어져서 지금 빡이 도는구만 이것들이 쌍

으로 진짜!

하는데, 다인 커피 들고 미팅룸 들어온다. 예지, 다인 보자 어쩔 수 없이 털썩 앉고. 다인, 테이블에 차례로 커피 놓는데.

예지   작가님, 작가님 글이 왜 자꾸 순위 밀려나는지 진짜 모르시겠어요?
       이런 식으로 일하시는데 누가 작가님한테 바른 말을 해요!
지조킹   뭔 소리야! 요즘 독자들 수준이 워낙 낮으니까 나 같은 고급 글을
       이해 못 하는 거지. 그러니까 상하이박이니 뭐니, 같지도 않은 애들
       글이 상위권이 되는 거 아니야!
다인   (커피 탁 내려놓더니 지조킹 보는데)
지조킹   넌 뭘 보니? 나 보는 거야 지금? 왜애? 참나. 기가 막혀서. 이제는
       신입도 나를 막 하대하고, 허.
다인   아니 하대가 아니라, 제 얘기를 하시길래.
일동   (보면)
다인   상하이박이니 뭐니, 같지도 않은 애. 전데요.
일동   뭐???
다인   설명해드려요? 제가 왜 상위권인지? 아님 요즘 독자들이 작가님 글
       왜 안 읽는지?

S#17. 다시 현재. 중국집 (낮)

동경   어엉? 니가 상하이박이었어? 하여간에 등잔 밑이 어둡다. 하긴···
       편집자 중에 글 한번 안 써본 사람이 어딨겠니.
예지   아니 나도 깜짝 놀랐다니까? 박대표가 그 후로 아주 다인이만 보면
       눈치를 슬슬···

다인	(아무렇지도 않게 물 마시며 슬쩍 정민 눈치보는데)
정민	(굳어 있는 채고)
동경	(눈치 채고, 정민 보며) 아니 얜 왜 이래.
예지	(그 말에 정민 보며) 그르게. 얜 왜 이러실까?
정민	…왜 저한텐 다들 말 안 했어요?
동경	뭘?
정민	팀장… 상하이박…
예지	(아무렇지 않게) 아 내가 말 안 했나? 나 팀장 됐어.
다인	아니 그게…
정민	(다인 확 쳐다보며) 주임, 아니 팀장님은 그렇다치고 너는 나한테 말을 했어야 되는 거 아니야?
동경 예지	너…?
다인	아니 그게… 자기야…
동경 예지	자기이?!
정민	다들 하나씩 깠으니까 저도 이 타이밍에 비밀 하나 깔게요. 저 얘랑 사귀어요.
동경 예지	뭐어어어?!

S#18. 길거리 (낮)

동경, 주익과 통화하며 걷고 있다.

동경	팀장님은 알았어요?
주익	(차분하고) 뭐. 다인이가 상하이박인 거?
동경	아니요? 다인이랑 정민이랑 사귀는 거.
주익	뭐?!

동경   와 나 진짜 꿈에도 몰랐잖아요. 요즘 애들 무서워. 자세한 건 가서
       얘기합시다.

주익   가? 어딜.

동경   차대표님 사무실이요. 주소 찍어요. 지금 갈게요.

주익   어? 야, 잠깐.

동경   끊어요~ (끊고)

동경, 주익과 전화 끊고 걷다가 가판대에 진열된 꽃들에 시선 멎는다. 한 송이씩 포장돼 있는 장미꽃이다.

       인서트. 14부 S#26

장미꽃 내미는 멸망 모습.

멸망   결혼하자.

       / 다시 현재

동경, 잠시 걸음 멈추고 보다가 가게 쪽으로 걸어가고.

동경   (가게 안 보며) 밖에 꽃 얼마예요?

S#19. 주익 회사 / 사무실 (낮)

동경, 어처구니없는 표정으로 서 있다. 화면 넓어지면, 책상들만 덩그러니 놓여 있는 휑한 사무실 안. 주익, 아무렇지 않게 중앙 책상에 앉아 있다. 그 옆에 다른 책상 두 개 대충 놓여 있고. 동경, 장미꽃 한 송이 든 채로 텅 빈 책상으로 향하며,

동경   아니 이게 뭐야? 이게 사무실이야? 도대체… 사무실 구했다고 해서 와봤더니…책상 두우 개애?

주익   소박하지? 난 요즘 그렇게 소박한 게 좋더라. (꽃 보고선 너스레) 사무실에 꽃병 없는데 어쩌지.

동경   어쩌긴 뭘 어째요. 대표님 주려고 산 거 아니거든요? 직원이 대표한테 꽃을 왜 사줘.

주익   그럼 뭐 누구한테 받았어?

동경   참나. 당연히!! (반전) 받은 기분으로 제가 샀거든요.

주익   (픽) 꽃도 사고 아주 팔자 좋다?

동경   비꼬는 거예요 지금?

주익   아니. 안도. 진짜 팔자 좋아 보여서 다행이다 싶어서.

동경   (픽 웃다가 아니 이게 아니지) 말 돌리지 말고! 나 팀장 시켜준다면서요!! 팀장 시켜준다고 해서 온 건데 이게 뭐야!!

주익   팀장 맞아. 탁팀장.

동경   팀원이 없잖아요 팀원이!

주익   니가 팀장이고 팀원이고… (하다가) 탁팀장… 스타트업이 다 그렇지… 알 만한 사람이 왜 그래. 다인이랑 정민이 사귄다는 건 무슨 말인데.

동경   (그말에 확 몰입해서) 와 맞아 대박… 다인이가 김다인이잖아요. 근데 왜 필명을 상하이박으로 지었나 했더니 박정민 성을 땄대요. 둘

이 헤어질 뻔했다가 다시 붙는 거 실시간으로 보고 왔잖아요.

주익   작가들은 다 그러나… 왜 좋아하는 사람 이름을 따서 필명을 짓
       고…

동경   (그말에) 지나 언니 만났어요?

주익   어 뭐… 만났는데. 로맨스 안 쓰겠대. 적성에 안 맞은대.

동경   그래서요. 로맨스 포기?

주익   작가가 적성에 안 맞는다는데 어떡해. (하다가) 아니 근데 또 하는
       짓 보면 영 안 맞는 건 아닌 거 같은데…

동경   (보다가) 로맨스 포기 안 했네.

주익   나는 웬만하면 작가가 원하는 방향으로 밀어주는 타입이라, (하는
       데)

동경   (한심한 얼굴로) 그거 말고 둘 사이의 로맨스를 말한 건데요 저는.

주익   아…

동경   이러다가 누구처럼 싸우고 화해한다고 발리 가고 그러겠네.

주익   발리? 난 발리보다 하와이가 더 취향인데.

동경   그말이 아니잖아요 지금. 원래 연애하면 좀 맛이 가는 스타일이에
       요?

주익   몰랐는데 좀 그런가봐?

동경   아 됐고 계약서 줘봐요. 내가 사인 받아올라니까.

주익   계약서 주고 왔는데.

동경   근데 사인을 못 받았다고?

주익   뭐 못 받았다기보다는 좀 미뤘달까?

동경   밀당이야?

주익   어. 근데 미는 중 아니고 이게 당기는 중.

S#20. 지나의 집 / 거실 (낮)

동경, 소파에 눕다시피 길게 기대앉아 있고 지나, 작업 테이블에 앉아 골똘히 생각하는 얼굴이다. 서로 각자의 위치에서 얼굴도 제대로 보지 않고 대화하는 중인데. 테이블 위엔 동경이 산 장미꽃 놓여 있다.

동경   라고 그러시더라?

지나   …아무래도 내가 잘못 걸린 거 같애.

동경   나도 그렇게 생각해. 그런 놈을 어떻게 당해. 어쩌다가 그런 놈을 좋아하게 된 거야.

지나   좋아하는 거, (하는데)

동경   아니라구?

지나   …맞아.

동경   오~ 드디어 자기 마음을 인정하는 나지나. 다 컸어?!

지나   하… 어떻게 해야 될지를 모르겠다.

동경   언니.

지나   (보면)

동경   결말이 났으면 새 소설을 쓰는 거야.

지나   …새로운 결말이 어떻게 날 줄 알고.

동경   그건 몰라. 써봐야 알지.

지나   그러다가 중간에 관두면.

동경   괜찮아. 새로 쓰면 되니까. 끝나지 않는 끝도 있는 법. 가끔은 그게 영원히 회자되기도 하지. 그 귀공자 알지? 갑자기 연재중단 하니까 독자가 더 늘었어. 연재중단으로 오히려 영원한 레전드가 되신 거지.

지나   (마음 일렁이고)

동경   그니까 해. 일단 해봐. 나는 영원히 언니 응원하는 사람이니까.

지나	(보다가) …넌 그 걔 어떻게 된 건데. 의사.
동경	음… 기다리는 중.
지나	기다린다고?
동경	웅. 걔가 되게… 멀리 가서 내가 따라갈 수가 없거든. 따라가는 것도 싫어할 거고. 그래서 만날 때까지 건강하고 행복하게 기다리려고. 안 그러면 걔 만날 때 걔가 나한테 막 뭐라고 할지도 몰라. 걘 내가 끝도 없이 행복하게 살길 바라니까.
지나	(동경의 쓸쓸한 마음 뭔가 알겠다. 가만히 보다가) 탁, 오늘 날씨도 좋은데 드라이브나 갈까?
동경	그럴까??는 무슨. 아직 다 안 썼잖아.
지나	하… 안 쓰면 안 돼?
동경	써 빨리. 다 쓰고 계약서에 사인하구. 나 그거 기다리잖아.
지나	와 이거 완전 날강도네? 협박이냐?
동경	언니… (일어나 지나에게 가더니 오버해 애교 부린다) 날 위해 뭐든 다 하겠다던 그날의 그 마음을 잊어버린 고야?
지나	후…

지나, 한쪽에 둔 계약서 봉투 꺼내 동경한테 내밀고.

지나	이미 했어. 가져 가.
동경	(헉!! 계약서 탁 챙기며) 고마워 언니!! (하더니 돌변해서) 그럼 빨리 다음 편 쓰시죠. (돌아가서 다시 소파에 털썩 앉는데)
지나	야 탁. 너 글 써라.
동경	(대충 흘리며) 글? 내가 무슨 글을 써.
지나	편집자들 중에 글 안 써본 사람 없다며. 원고 교정하다가 이런 거는 나도 쓰겠다! 하면서 쓴다며.
동경	와 근데 그걸 진짜로 해내는 애가 김다인일 줄은 몰랐잖아 나.

지나	너 학교 다닐 때 글 잘 썼잖아. 너도 써. 너도 써서 이 고통을 느껴
	봐야 돼!! 어?!
동경	글이 주어인지 고통이 주어인지 모르겠네. 아니다. 고통이 목적어
	인 거는 알겠다. 아이 뭐 쓸 것도 없어 나는.
지나	왜 없어? 그냥 일기 쓰듯이 써. 처음엔 다 자기 얘기로 시작하는 거
	야.
동경	아~ 언니처럼? 그래서 언니가 지금 어떻게 됐지?
지나	(쩝… 할 말 없고) 됐다… 내 무덤을 내가 팠다… (괜히 화면 보고 타자
	막 치는데)
동경	(픽 웃고)
지나	(식탁에 있는 꽃 곁눈질하며) 근데 저 꽃은 뭐냐. 누가 줬어?
동경	(담담히) 응. 누가 준 거라고 생각하기로 했어.
지나	(멈칫, 동경 보다가… 담담하고 싶어하는 동경 마음 읽고 자신도 담담하게)
	그래. 예쁘네.
동경	(가만히 꽃 바라보고) 응. 예쁘지…

S#21. 현규 카페 (밤)

현규와 선경, 텅 빈 카페 정리하며 마감 중이다.

선경	(정리하다가) 이제 저 뭐 할까요.
현규	어 다 했으면 퇴근할 준비해.
선경	아니 말구요. 앞으로요.
현규	(보면)
선경	우리 누나도 건강해지고 저는 진짜 이제 바랄 게 없거든요. 근데 한
	번 큰일 겪고 나니까 생각이 많아져요.

현규	무슨 생각.
선경	앞으로 뭐 할까. 뭐 하는 사람이 될까. 그런 거.
현규	(보다가) 생각 좀 없애줘?
선경	(보면)
현규	너 2호점 맡아서 해볼 생각 없나?
선경	(!!) 네에?!
현규	이 일하는 거 재밌다며. 근데 내가 보니까 니가 잘한다 이 일을. 월급도 후하게 줄게. 어때 해볼래? 생각할 시간 필요해?
선경	(놀라 서 있다가) 뭔 생각을 해요!! 무조건 콜이지!!! 아니 땡큐지!!!

하다가 선경 뭔가 멈칫 하더니, 갑자기 진지하게 테이블 앞에 앉는데.

선경	그 전에 저 사장님께 고백할 게 있어요. 앉아보세요…
현규	(앉으며) 고백? 뭔데. 사랑고백만 아니면 다 오케인데.
선경	그 뭐 비슷한… 거예요…
현규	어?!
선경	저 사실… 나지나 누님이랑 아는 사이예요. 사장님 첫사랑…
현규	뭐? 너 어떻게 아는데.
선경	저희 누나랑 친해서 본 세월만 거의 십 년이고… 이제는 그냥 큰누나… 아니 큰형님 같은 거랄까.

현규, 아… 그때 그래서 동경이 왔을 때 그랬구나. 지나가 말한 동생이 동경이었구나… 이제야 모든 게 이해 가는 얼굴이고.

선경	처음부터 안 건 아니고 저도 중간에 알게 됐는데… 말할 타이밍을 못 잡아서 그동안 말씀 못 드렸어요. 죄송해요…
현규	죄송할 거까진 없는데.

선경	근데 변명이 아니라 전 진짜 사장님이 그 새끼, 아니아니 그 남자라는 거 알고 나서는 진심으로 사장님이랑 잘되길 바랐거든요… 사장님 너무 좋은 사람이니까요…
현규	(픽 웃고) 고맙네.
선경	아니 진짜로요! 요 근래 사장님 가끔 멍하고 그럴 때마다 저 너무 속상했다구요…
현규	(픽) 내가 그랬어?
선경	제가 더 적극적으로 밀었어야 했는데…
현규	됐어. 그게 다 무슨 소용이냐. 그냥… 그런 생각이 든다.
선경	(보면)
현규	누가 어떻게 해줘도 아무 소용 없었을 거야. 누가 한 짓도 아니고 내가 한 짓이니까.
선경	… 사장님… 어른 같애요.
현규	(픽) 야 내가 너보다 형이거든.
선경	그… 이제 그래도 좀 괜찮으신 거죠?
현규	당연. 난 늘~ 괜찮아. 난 이제 과거에 머물러 있지 않고 미래를 향해 달리는, (하는데)
선경	(조심히) 주익 형님…이랑도 괜찮으신 거예요?
현규	(그 말에 멈칫하고) …어?
선경	전 그냥… 사장님이 놓친 게 사랑뿐이길 해서요. (하다가 놀라서) 죄송해요!! 제가 주제넘었죠!!
현규	무슨, 인마. (선경 머리 슥슥 헝클어뜨리고)

때마침 선경 뒤로, 창문 밖으로 멀리 주익 지나간다. 현규, 가라앉은 얼굴로 말없이 주익 눈으로 쫓는데.

S#22. 주익의 집 / 거실 (밤)

주익, 소파에 기대앉아 있는데 띵동, 현관벨 소리 울린다. 주익, 걸어가 문 열면 현규 서 있다.

주익   (보면)
현규   한 게임 할래?

S#23. 실외 야구연습장 (밤)

주익과 현규, 아무 말없이 나란히 서서 배트만 휘두르고 있다. 한참 동안 배트 소리만 울린다. 현규, 이번엔 전과 달리 날아오는 공 족족 맞히는데. 둘, 비등비등해 보이다가 주익, 마지막 딱 한 번 헛스윙 날린다.

주익   (배트 내려놓고) 니가 이겼다.
현규   (배트 내려놓고 담담히) 그러네. 처음이다.
주익   갖고 싶은 거 내 차렸지.
현규   아니. 저번에 그 내기, 없던 걸로 해.
주익   (보면)
현규   처음부터 다시 시작하자고.
주익   (담담히) 그래.
현규   (옆에 있는 생수 집어들어 주익에게 탁 던지고)
주익   (받고)
현규   (자기 물 들고 의자로 가며) 그리고 다음부터는 봐주기 말기.

현규, 앉고. 주익, 보다가 따라 옆에 앉는데. 둘, 앞만 보며 얘기한다.

주익	이사 간 집은 어때.
현규	그냥 뭐… 그럭저럭.
주익	필요한 건 없어?
현규	(아무렇지도 않게) 형.
주익	(아무렇지도 않게 받으며) 안타깝지만 그건 줄 수가 없네.
현규	형.
주익	(보면)
현규	가끔 하자, 야구.
주익	(그저 보고)
현규	너무 자주는 말고. 뭐… 그러다가 술도 먹고.
주익	(가만히 보다가) …불가능하지 않겠냐.
현규	(픽) 형 대답 마음에 들어. (그제야 보고) 안 봐주는 거 같아서.
주익	(말없이 물이나 마시는데)
현규	그래도… 나중엔 됐으면 좋겠다…
주익	(손만 뻗어 현규 머리 쓱쓱 흐트러뜨리는데)
현규	(픽 웃고)

두 남자, 한참을 말없이 나란히 앉아 있는데.

S#24. 동경의 집 / 거실 (밤)

동경, 집에 들어온다. 늘 똑같은 집 안 풍경이다. 동경, 거실 테이블에 장미꽃 올려두고 침실에서 홈웨어로 갈아입고 나온다. 그리고 익숙하게 집안일하기 시작하는데. 설거지하고, 청소기 돌리고, 집 밖으로 분리수거 쓰레기 버리고 들어오고, 쌓인 빨랫감 세탁기에 넣고. 밀린 집안일을 끝내고 거실 소파에 널 브러지는 동경이다. 그러다 한편에 시든 꽃이 그대로 꽂혀 있는 꽃병 가져와

새로 사온 장미로 바꿔 꽂는데.

동경   (턱 괴고 앉아 장미 보며) 야… 잘 사냐… 나는… 그냥 살아… 맨날 똑
        같이. 니가 준 꽃이 다 시들어버려서… 그냥… 보고 있으면 너무 슬
        퍼서 니가 줬다 생각하고 새로 샀어. 예쁘지… 이 꽃도 시들면 또
        니가 줬다 생각하고 사고… 또 사고… 그럴게. 그렇게 살래. 그래
        도… 되지?

동경, 눈물이 날 것만 같아서 입술 꾹 다물며 애써 눈물 참는다.

S#25. 동경의 집 / 침실 (밤-다음 날 새벽)

책상 앞에 앉아 있는 동경. 한글 창 열린 노트북 화면 바라보다가 한 글자씩
뭔가 적기 시작하는데. 《어느 날 우리 집 현관으로 멸망이 들어왔다》라는 제
목으로 적어 내려가는데.

시간 경과.

멈춘 세상 가운데서 나와 멸망만이 움직이고 있었다. 건너편에 서 있던 멸망이 산책하듯
가볍게 이쪽을 향해 걸어왔다. 나는 홀린 듯 그런 멸망을 바라보았다. 주저앉은 내게로 멸
망이 손을 내밀었다.

"선택해. 여기서 죽을지 아니면 내 손을 잡을지."

가만히 멸망의 눈을 바라보았다. 그의 깊고 메마른 눈동자를. 이 손이 오래된 내 질문에 대
한 당신의 대답인가. 나는 떨리는 손으로 멸망의 손을 붙잡았다. 멸망이 만족한 듯 나를 보

며 미소 지어 보였다.

이어서

그렇게 나는 멸망의 손을 잡았다.

하고 엔터 탁 치고, 으으으 기지개 켜면 창밖에 멀리 동터오는데.

S#26. 만화방 (다른 날 낮)

박영, 모자 푹 눌러쓴 채로 만화방 구석에서 홀로 만화책 읽고 있다. 그 앞에
탁, 떡볶이 놓이는데 보면, 동경이다.

박영   (슬쩍 보고 다시 만화책 넘기며) 아니 그니까 어떻게 나한테 사전에 말
       한마디를 안 해줘요. 그 대표라는 사람 눈도 막 이따만하고 허~얘
       가지고 키 딥따 크고 진짜 무서웠다니까. 난 무슨 내 피 빨아먹으려
       고 온 사람인 줄 알았어.
동경   (계약서 꺼내며) 피 빨아먹어요.
박영   (만화책 넘기던 손 멈추고, 보며) 네?
동경   (진지하게) 진짜… 진짜 피 빨아먹어.
박영   (만화책 탁 내려놓고) 아 나 계약 안 해. 그말 듣고 어떻게 계약을 해
       요?
동경   아니? 계약 안 하면 피 빨릴걸? 그 사람이 자기편은 안 물잖아 또.
       (계약서랑 펜 들이밀고 고갯짓으로 얼른 사인하라고 하는데)
박영   (보다가 하… 사인하고 탁 넘겨주고) 대신에 제 정체는 철저하게 비밀
       로 해주세요.

동경   (얼른 계약서 받아들고) 아유 그럼요. 어떻게 다른 메뉴 하나 더 시킬
        까요?

박영   (떡볶이 찍어 먹으며) 됐어요. 저 다이어트 중이에요.

동경   다이어튼데 떡볶이를…?

박영   (확 보고) 왜요. 불만 있으세요?

동경   아니요?? 저는 막 너무 걱정이 돼가지구. 사람이 어떻게 떡볶이만
        먹고 사나… 아유 마음이 아프네… 막 그런 뜻이었는데… (어휴 저
        버릇없는 놈 정말…)

박영   (다시 먹다가 번뜩 생각나서) 아 맞다.

동경   (보면)

박영   저 그거 봤는데. 전에 편집자님이 말한 설정 있잖아요. 사랑하는
        사람을 선택하면 세상이 멸망하고, 세상을 지키려면 사랑하는 사
        람이 죽는다는 그거.

동경   …아…

박영   어느 날 우리 집…? 몰라. 암튼 멸망 그거요. 그거 그때 편집자님이
        말한 소설 맞죠. 편집자님 그 작가님이랑 친해요?

동경   네? 그건 왜…

박영   설정이 너무 새드엔딩 각이잖아요. 해피엔딩이었으면 좋겠는데.
        새드인지 해피인지만 물어봐주면 안 돼요? 나 눈물 많아서 새드 못
        본단 말이에요. 아 나 새드면 시작도 안 할 거야.

동경   (괜히 머쓱해 웃는데)

박영   안 친해요? 그럼 말구. (열심히 떡볶이 먹고)

S#27. 길거리 (해 질 녘)

홀로 걸어가고 있는 동경. 해가 지고 있다. 동경, 지는 해 물끄러미 바라보다가…

350

인서트. 14부 S#23

소녀신   (초연히) 살아가. 살아가다보면 깨닫게 될 거야. 이 순간을 위해 모
         든 걸 겪어야 했구나. 그리하여 결말은 해피엔딩이구나…

         / 다시 현재

동경, 옆으로 스쳐 지나가는 엄마와 아이, 할머니 가만히 바라본다. 그러다가
다시 길가에 피어 있는 꽃들에 시선 주고…

동경   (NA) 나는 아직도 어떤 끝이 나를 기다리고 있을지 모르겠어. 그
         저… 늘 너와 손잡고 있는 기분으로, 너에게 안겨 있는 기분으로 서
         있어. 세상은 여전히 사라져가는 것들로 가득하니까. 너로… 가득
         하니까.

동경, 다시 힘껏 걸으며 휴대폰 꺼내 누군가에게 전화 거는데.

동경   (밝게) 이모! 뭐 해? 다 같이 밥이나 먹을까?

S#28. 고급 레스토랑 (밤)

꿈속의 레스토랑(9부 S#37)에 그때처럼 모여 앉은 동경, 지나, 수자, 선경. 서
로 음식 건네고 나눠 먹으며 도란도란 행복한 식사 자린데.

선경   아니 이런 데는 또 어떻게 알고 온 거래?

수자	그르게? 분위기 너무 좋다. 나 동경이가 사준 가방 오늘 첫 개시했
	잖아. 짠. (하며 들어 보이고)
선경	(발 들어 보이며) 나도 나도! 누나가 사준 운동화 넘버 에잇.
지나	아이 나는 펜이라서 안 들고 왔는데. 대신 오늘 밥 내가 쏜다!
선경	안 돼. 나 좋은 일 있는데 내가 쏠래.
지나	좋은 일? 뭐.
선경	아직 말하긴 이르고, 이게 딱 윤곽이 잡히면 내가 그때 말할라니까
	조금만 기다리셔.
수자	아유 그래도 이모가 어른인데 이모가 사야지.
동경	됐어 다들. 오늘은 내 기념일이니까 내가 쏠 거야.

일동, 동경 보고.

수자	뭐 기념하는데. 안 아픈 거? 취직한 거?
동경	아니~ 행복하게~ 충만하게~ 하루 보낸 기념. 오늘 햇살이 너무~
	좋은 기념.

그 말에 다들 웃고.

지나	하긴. 오늘 날씨 너무 좋긴 했다.
선경	나도 오늘 알바 진짜 열심히 했잖아.
수자	빨래 아주 바싹바싹 잘 마르더라. 기분 좋게.

동경, 환하게 웃으면 다들 그 미소 따라 환하게 웃으며 식사 이어가다가,

선경	(조심스럽게) …형님도 같이 왔으면 좋았을 텐데.
수자	그러게… 그 양반 보고 싶네. (눈치 보며) 잘 지낸대?

동경	(말없이 그냥 웃고)
지나	이씨. 당장 비행기 티켓 끊어? 언니랑 날아가자. 언니 토익 구백점이야. 지가 미국놈이면 다야?!
동경	(또 웃고) 전해줘야겠다. 이렇게 보고 싶어하는 사람들 많다고.
선경	영통하게? 언제? 나도 껴줘.
지나	야 넌 빠져. 보자마자 형님~ 형님~ 치댈 거면서. 나나 껴줘. 내가 아주 혼쭐을!
수자	아유 시끄러. 밥이나 먹어! 얼른.

동경, 묵묵히 밥 먹으며 픽… 웃고.

S#29. 멸망의 정원 (밤)

멸망이 사라져도 변함없는 그의 정원이다. 동경, 그 정원을 천천히 가로질러서 익숙하게 멸망의 집 현관 열고 들어서는데.

S#30. 멸망의 집 / 현관 + 거실 (밤)

사람의 온기는 느껴지지 않는 멸망의 집 안. 동경, 긴 복도를 가로질러 거실까지 걸어간다. 한없이 넓은 거실 소파에 가만히 앉는데. 동경, 앉은 채로 괜히 이곳저곳 천천히 살핀다. 그러다가 가방에서 주섬주섬 액자 꺼내 거실 테이블 위에 올려두는데. 보면, 멸망과 함께 찍었던 사진(9부 S#35)이 들어간 작은 액자다. 동경, 가만히 사진 속 자신과 멸망을 바라보고.

멸망   왜 찍는 건데.

동경   어?

멸망   나중에 종종 보려고?

/ 다시 현재

동경   (그때의 질문에 다시 대답하는) 어… 이렇게 종종 보려고.

동경, 두 다리 올려 소파에 쪼그려 앉는다. 제 무릎에 기대 사진 바라보다가 핸드폰 꺼내 저장돼 있는 **사람** 연락처 바라보는데. '메시지 보내기' 누르면 그동안 동경이 멸망에게 보냈던 메시지들 뜬다. **오늘 꿈에 니가 나왔어, 오늘 꿈에도 니가 나왔어, 보고 싶다** 등 날짜 다르게 떠 있는 메시지들. 동경, **오늘 다 같이 밥 먹었는데 다들 너 보고 싶대** 쓰고 전송 버튼 누르는데. 소파 어딘가에서 띵동 메시지 수신음 들린다.

동경   !!

동경, 주변을 두리번거리다 소파 사이 숨어 있던 멸망의 핸드폰 발견한다. 핸드폰 확인하면 동경이 설정한 그대로, 동경과 멸망이 함께 찍은 사진이 화면 가득 채우고 있다. 생각지도 못하게 발견한 멸망의 흔적에 그저 반갑고 애틋한 동경인데. 잠시간 화면 보다가 메시지함 들어가보는데.

동경   !!

자신이 보낸 메시지들 아래로 멸망이 미처 보내지 못한 메시지, 전송창에 쓰인 채로 남아 있다.

내가 안 해서 그렇지 대충 해보니까 시스템을 알겠더라.

동경   (피식 웃고)

첫 문자로 뭐라고 보낼까 되게 고민 많이 해봤는데.

동경   …

행복하지? 그럴 거라 믿어.

마지막 문장에 액정 위로 툭, 동경의 눈물 떨어지고.

동경   못하면서… 보내지도 못했으면서…

동경, 그를 대신해 전송 버튼 누르고.

S#31. 멸망의 집 / 침실 (밤)

불 꺼진 침실로 걸어 들어가는 동경. 멸망과 등지고 누웠던 것처럼 침대 위에 혼자 모로 누워보는데. 그러다 다시 멸망과 마주 봤던 것처럼 돌아 눕는다. 거짓말처럼 멸망이 누운 채로 동경을 바라보고 있다. 가만히 동경을 보며 미소 짓는 멸망. 동경, 천천히 손 가져가 멸망의 얼굴 만지려는데 손 닿는 순간 툭 사라지는 멸망의 허상. 그대로 허공 위에 떠 있던 손 떨어뜨리고. 이내 울음 훅 터져 양손으로 얼굴 감싼 채 숨죽여 우는데.

S#32. 멸망의 집 / 현관 (밤)

슬프면서도 후련한 얼굴의 동경이다. 동경, 현관 나서기 전에 집 안을 찬찬히
둘러보다가…

동경   또 올게.

듣는 이 하나 없지만 쓸쓸하게 인사한다. 그대로 문 닫히고.

S#33. 버스 안 (밤)

동경, 버스 안에서 멍하니 앉아 창가 바라보고 있다. 그때 톡톡 가는 빗줄기
가 창문을 두드리기 시작하고. 동경, 가방 안 슬쩍 열어보면 삼단우산 들어있
다. 다시 안심한 표정으로 무심히 창밖 바라보는데.

S#34. 버스정류장 (밤)

동경, 버스에서 내리고 우산 펴려다 그 자리에서 멈칫한다. 보면, 빨간 후드
차림의 소녀신이 정류장 벤치에 앉아 있다. 소녀신, 동경을 기다린 듯 고개
들어 동경 바라보는데.

동경   !!

소녀신   안녕.

동경, 홀린 듯 소녀신 앞에 가 서고.

소녀신   잘 지냈어?
동경   넌… 넌 잘 지냈어? 병원에 없던데…
소녀신   수술을 받았거든.
동경   수술?
소녀신   (동경의 손을 자신의 가슴께에 대며) 느껴져?
동경   (손끝에 느껴지는 심장박동에 괜히 기분 이상하고) !!
소녀신   잘 뛰지. 되게 따뜻해. 너네 심장은. 힘차고 계속 계속 뛰어. 덕분에
          가장 긴 생이 될 것 같아.
동경   (가만히 손 떼고) 다행이다…
소녀신   (보면)
동경   고마워. 살아 있어줘서…
소녀신   (픽 웃고) 내가 할 말인데. 선수 뺏겼다. (탁 일어서고) 잘 지내는 거
          봤으니까 가야겠다. 나중에 또 봐.

소녀신, 후드 쓰고 정류장 벗어나 기분 좋게 걷는다. 그때, 뒤늦게 따라 달려
온 동경이 소녀신에게 우산 쥐여주는데.

소녀신   (얼결에 우산 쥐고) ?
동경   쓰고 가. 비 오잖아.
소녀신   그럼 넌?
동경   난… (환히 웃으며) 달려가면 금방이야.

동경, 소녀신에게 웃어 보이곤 힘차게 달려간다. 소녀신, 그 자리에서 우산

든 채로 그 뒷모습 오래 바라보는데.

S#35. 소녀신의 정원 (낮)

소녀신, 비가 오지 않아도 여전히 우산 쓴 채로 정원에 들어선다. 몇 걸음 걸어가다가 한쪽에 쪼그려 앉는데. 좀 전까지 내리던 비를 맞았는지 물방울 머금은 채로 생기 있게 활짝 핀 꽃 보이고. 동경의 꽃이다(달맞이꽃). 그 꽃 보며 흐뭇하게 웃는 소녀신.

소녀신   너무 예쁘네. 잘 자라고.

그때 소녀신의 뒤로 그림자 하나 지고. 소녀신, 일어나 뒤돌아보면 청바지에 흰 티 차림의 멸망이 서 있다. 갑자기 정원에 나타난 건지 조금 혼란스러운 얼굴의 멸망이고. 소녀신, 그 모습 보며 환히 미소 짓는데.

소녀신   왔어?
멸망   …왔어 같은 소리 하네.

S#36. 소녀신의 정원 일각 (낮)

접은 우산을 든 소녀신과 멸망, 나란히 정원을 산책하듯 걷고 있다.

멸망   걔는… 잘 지내?
소녀신   잘 지내고, 또 못 지내지.
멸망   (묵묵히 슬픈 얼굴로 걷고)

소녀신   슬퍼하지 마. 오늘은 기쁜 날이니까.
멸망   (보면)

소녀신, 어딘가에 문득 걸음 멈춘다. 보면, 드디어 꽃을 활짝 피운 화분이 한
쪽에 놓여 있고.

소녀신   (화분을 들여다보며) 잘 컸어. 착한 아이가 되었구나.
멸망   (보는데)
소녀신   (한쪽에 우산 내려놓고 두 손으로 화분을 들어올리며) 참 예쁜 꽃을 피웠
        네, 넌.
멸망   그게 무슨…
소녀신   넌 나비야. 내 정원의 꽃을 위한 나비.

        / 소녀신의 정원 위를 나는 나비.

소녀신   (NA) 나비는 알았을까? 자기도 죽으면 결국 한 송이 꽃이 된다는
        걸.

        / 소녀신의 화분 속 흙 위에서 날개를 파닥이며 죽어가는 나비. 나비
        천천히 풍화되어 사라지고.

소녀신   (NA) 아니, 넌 모르고도 그걸 선택했지. 너의 단 한 송이 꽃을 위해
        서.

/ 이윽고 나비가 사라지자 입만 살짝 벌려져 있던 꽃봉오리가 순식간에 활짝 피어나는데.

멸망   !! (보면)
소녀신   이 꽃은 죽은 나비가 거름이 돼서 피운 꽃이야. (멸망 향해 내밀며) 니가 피운 꽃이야. …너야.
멸망   (이상한 기분으로 화분 속 꽃 바라보는데)
소녀신   넌 이제 나비가 아니야. 내가 처음으로 만든… 꽃이지.

멸망, 그저 멍하니 서서 소녀신이 내민 꽃 바라보고 있는데. 소녀신, 그저 가만히 그런 멸망 기다려주고. 멸망, 천천히 손 내밀어 조심스럽게 꽃잎 살짝 쓰다듬는데.

멸망   그러니까… 이게… 나라고…?
소녀신   그래.
멸망   그러니까… 진짜 내 운명은…
소녀신   이 정원에서 행복하게 살아가는 것. 나비가 아닌 꽃으로. 인간으로.
멸망   …처음부터 계획한 거였어? 처음부터 다 알고…
소녀신   알고 있지는 않았지만 늘 믿었어 너희를.
멸망   (보면)
소녀신   미안해… 하지만 나는 늘 믿고 바랐어.
멸망   (그저 말없이 꽃에서 시선 떼지 못하고)
소녀신   (화분 다시 안고)
멸망   (보면)
소녀신   (단호한 얼굴로) 그러니까 가. 나에 대한 원망도 후회도 나중에 해. 그 애가 기다리니까.

멸망, 곧게 소녀신 바라보고. 소녀신도 피하지 않고 어떤 말도 달게 듣겠다는
듯 보는데.

멸망   (보다가) 난 당신 원망 안 해.

소녀신   (보면)

멸망   난… (단단한 얼굴로 보며) 난 그냥… 기뻐… 다시… 다시 만날 수 있
         으니까. (벅차올라 웃는데)

소녀신   …그래. 이렇게 웃는 얼굴이 보고 싶었어 항상. (애달프게 웃고) 봤
         으니까 됐어. 봤으니까… 이제 여기서 헤어지자.

멸망   (보면)

소녀신   멈추지 말고 가. 가서 멈추지 말고 또 사랑을 해. 그렇게 행복하게,
         살아.

멸망   …내가 가면 당신은 또 혼자잖아.

소녀신   아니. 난 늘 함께야. 언제나 너랑 함께할 거야. 늘 지켜보고, 물을
         주고, 기를 거야. 니가 행복하길 바라면서. 나중에… 아주 나중에
         또 만나자. 여기서.

멸망   (그저 보는데)

소녀신   웃어. 나는 언제나 니가 웃기만을 바라는 존재니까. 그걸 잊지 마.

멸망, 가만히 소녀신을 향해 웃어 보이는데.

소녀신   (들고 있던 화분 다시 내려놓고 한쪽에 놔둔 우산 집어들어 멸망에게 주며)
         가져가. 밖에 비가 오더라.

멸망   (받아 들고)

소녀신   빨리 가. 그 애가 기다려.

멸망   (그말에 천천히 발 떼는데)

소녀신   아.

멸망   (돌아보면)

소녀신   생일 축하해.

멸망, 소녀신 보다가 옅게 미소 짓고는 다시 앞으로 걸어 나간다. 소녀신, 동
경을 바라봤던 것처럼 오래오래 그 뒷모습 바라보는데.

소녀신   잘 가. 사람아.

S#37. 동경의 집 / 거실 (다른 날 아침)

출근 준비 마친 동경. 지각한 듯 허둥지둥하는 모양새로 문 열고 나서는데.

동경   (NA) 안녕. 잘 지내?

S#38. 버스 안 (낮)

출근하는 동경, 버스 올라서 교통카드 찍고.

동경   (NA) 난 여전히 별일 없이 살아.

S#39. 분식집 앞 (낮)

동경, 창문 밖에서 안으로 돈 건네주며,

동경   김밥 한 줄 주세요. (받고) 많이 파세요~

동경, 김밥 들고 다시 길 걸어간다.

동경   (NA) 가끔은 웃고…

S#40. 주익 회사 / 사무실 (낮)

주익과 동경, 둘만 있는 사무실이다. 동경, 통화 중인데.

동경   작가님 그 이벤트는 지난주에 말씀드렸는데요~ 저기요? 작가님?
           끊었어?!

동경, 두 주먹 꽉 쥔 채로 천장만 올려다보며 분을 삭이는데. 주익, 눈치 보더
니 슬금 괜히 수화기 들어서 귀에 가져다대고.

동경   (NA) 가끔은 화내고…

S#41. 카페 테라스 (낮)

카페 테라스에 앉아 무심한 얼굴로 샌드위치 씹으며 사람들 구경하는 동경.
커피 빨대로 쪼로록 마시고.

동경   (NA) 가끔은 지루해하면서…

S#42. 주익 회사 / 탕비실 (낮)

동경, 커피 내려 마시고 있는데 핸드폰 문자 알림 울린다. 보면, **한국장학재단에서 고객님께 축하와 감사인사를 드립니다. 고객님께서는 2013.1학기 대출을 완제하셨습니다. 그동안 성실하게 상환해주셔서 감사합니다.** 서서히 번지는 동경의 미소, 그 위로.

동경   (NA) 그렇게 살다보면 가끔은 선물 같은 순간도 오고…

S#43. 주익 회사 / 사무실 (밤)

야근 중인 동경, 후… 책상에 엎드려 어딘가 바라본다. 보면, 책상 한쪽에 멸망과 찍었던 사진, 액자에 끼워져 놓여 있다.

동경   (NA) 또 가끔은 죽고 싶게 힘든 순간도 오지만…

S#44. 횡단보도 (밤)

횡단보도 앞에 서서 신호 기다리고 서 있는 동경.

동경   (NA) 그래도 살아… 니가 내게 준 삶이니까…

초록불로 바뀌자, 힘차게 걸어나가는 동경.

동경   (NA) 그래도 걸어… 그게 인생이니까…

S#45. 버스정류장 (밤)

동경, 버스 정류장 벤치에 앉아 버스 기다리고 있다. 앉은 채로 바쁘게 걸어
가는 사람들 눈으로 쫓으며.

동경   (NA) 너는 어디쯤일까. 지금 어딜 지나고 있을까…

정류장으로 들어오는 버스 멍하니 바라보고.

동경   (NA) 어쩌면, 벌써 나에게로 온 건 아닐까. 전혀 다른 얼굴로, 전혀
              다른 모습으로, 전혀 다른 존재로.

버스에서 쏟아져 내리는 사람들의 얼굴 가만히 들여다보는 동경.

동경   (NA) 그렇게 생각하다보면 만나는 모든 사람들의 얼굴을 들여다
              보게 되는 거야. 만나는 모든 사람의 삶을 들여다보게 되는 거야.
              너가… 너가… 하고.

곧이어 버스 도착하고. 동경, 일어나 버스에 오르는데.

S#46. 버스 안 (밤)

동경, 제법 사람이 차 있는 버스에 서서 가고 있고. 차창 밖으로 비 내리기 시
작한다. 동경, 가만히 창밖 바라보고.

동경   (NA) 내가 너를 지나치면 너는 늘 그랬듯이 내 손을 잡아줄래? 잠

깐이라도 좋으니까… 아주 잠시라도 괜찮으니까… 잡아줘. 잡아줘 날…

그 순간, 버스 급브레이크 끼익 밟고. 동경, 휘청하는데! 누군가 동경의 손을 탁 잡는다.

동경   !! (해서 보는데)

보면, 꼭 사라진 적 없는 듯한 얼굴로 멸망, 서 있다.

동경   (믿을 수 없는 얼굴로 보는데)
멸망   우산 가져왔어? 비 오는데. (다른 쪽 손에 든 우산 들어 보이고)
동경   …너… 너… 뭐야…
멸망   손잡이.

손잡은 채로 장난스럽게 웃어 보이는 멸망. 동경, 놀란 얼굴에서 곧바로 두 눈 가득 눈물 차오른다. 멸망도 차오르는 눈물 참는 듯 아이처럼 일그러지는 얼굴이고. 운명처럼 다시 맞잡은 두 사람의 손에서…

15부 엔딩!

16부

S#1. 버스 안 (밤)

보면, 꼭 사라진 적 없는 듯한 얼굴로 멸망, 서 있다.

동경   (믿을 수 없는 얼굴로 보는데)
멸망   우산 가져왔어? 비 오는데. (다른 쪽 손에 든 우산 들어 보이고)
동경   … 너… 너… 뭐야…
멸망   손잡이.

손 잡은 채로 장난스럽게 웃어 보이는 멸망. 동경, 놀란 얼굴에서 곧바로 두 눈 가득 눈물 차오른다. 멸망도 차오르는 눈물 참는 듯 아이처럼 일그러지는 얼굴이고. 운명처럼 다시 맞잡은 두 사람의 손. 이어 버스 정차하자 멸망, 동경의 손 끌어당겨 버스에서 내리는데.

S#2. 버스정류장 (밤)

처마 없는 버스정류장에 내리는 동경과 멸망. 동경, 여전히 믿기지 않는 듯 멸망에게 시선 떼지 못한 채다. 멸망, 들고 있는 우산 펼쳐 드는데.

멸망   (가만히 마주보다가) … 이젠 비도 못 멈춰. 비 오면 우산 써야 돼 너
        희처럼. 왜냐면… 난 이제 너희가 됐거든.
동경   (들리는지 안 들리는지 그저 멸망만 간절하게 보고)
멸망   (웃으며) 아프면 안 되잖아. 나 아프면 너 속상할 거 아니야. 귀찮아
        서 비 오는 날 싫어질 거 같아.

하는데, 동경 그대로 달려들듯 멸망 껴안고. 멸망, 반동으로 우산 놓친다.

동경   (울먹이며) 이거 꿈 아니지? 너 진짜지?

멸망   (따뜻하게 안아주고) 비 안 맞으려고 했는데 어쩔 수 없네. 오늘만 예
         외로 하자.

둘, 빗속에서 간절히 포옹하는데.

S#3. 동경의 집 / 거실 (밤)

동경, 샤워하고 나와 촉촉이 젖은 머리 한 채 수건 둘러매고 욕실에서 나오는
데. 보면, 마찬가지로 씻은 듯 촉촉한 머리에 보송한 옷차림으로 멸망, 소파
에 평화롭게 앉아 있다. 동경, 여전히 믿기지 않는 듯 잠시 그런 멸망 보다가
가만히 멸망의 곁에 가 앉고.

동경   (보고)

멸망   (보다가 손 뻗어 수건으로 동경의 머리칼 부드럽게 닦아주며) 그만 봐라.
         나 뚫리겠다.

동경   (멸망의 손 탁 붙잡고) 어떻게 된 건데.

멸망   (손 내리고. 보면)

동경   그동안 어디 있었던 건데.

멸망   (장난스럽게) 지옥 체험했지 뭐.

동경   장난치지 말고.

멸망   그 정원에.

동경   (!!) 걔가 돌려보내준 거야…?

멸망   아니. 태어나게 해줬어.

동경   !!

멸망   니 덕에 내가 걔 맘에 쏙 들 만큼 잘 자라서, 그래서 다시 온 거야.

동경	그게 무슨 말이야.
멸망	거기 피어 있는 꽃 봤지? 그거, 다 너희야. 그 애랑 나는 그 정원을 관리하는 관리자. 정확하게 말하면 나는 그 정원을 위한 나비였을 뿐이고.
동경	근데…
멸망	근데 내가 피어난 거야. 널 위해 죽어서.
동경	!! 그럼 너 이제, (하는데)
멸망	난 이제 멸망이 아니야. 그냥… 너랑 같은 사람이야. 그래도 괜찮을까?
동경	(보면)
멸망	내가 이제 아무것도 아니어도, 아무것도 해줄 수 없어도… (하는데)
동경	(확 끌어안고)
멸망	(가만히 안겨 있으면)
동경	얼마나 보고 싶었는데… 내가 어떤 마음으로 살았는데 그런 말을 해.
멸망	(안은 채로) 그래. 그랬나보네…

멸망, 시선 달력으로 향하면 달력에 수많은 동그라미들 보이고.

| 멸망 | 아주 많은 날들을 내 생각으로 살았나보네… |

S#4. 동경의 집 / 부엌 (밤)

동경, 걱정스러운 얼굴로 멸망 바라보고 있다. 보면, 멸망 앞에 시리얼 한 그릇 놓여 있고.

동경   미안. 너 배고프다는데 집에 먹을 게 이것뿐이라서… 아니다. 지
금이라도 나가서 뭐 좀 사올게. (하고 일어서는데)

멸망, 한입 떠 먹는데.

동경   (스르르 다시 앉고) 이럴 줄 알았으면 장이라도 봐두는 건데. 아무리
그래도 사람 되고 처음 먹는 건데… (하는데)

멸망   이럴 줄 몰랐잖아.

동경   (보면)

멸망   다시 만날 수 있을 줄도 몰랐고, 내가 사람이 돼서 돌아올 줄도 몰
랐고… 정말 다 끝인 줄 알았는데.

동경   (울컥하는데)

멸망   안 믿긴다. 배가 고파서 밥을 먹어야 되고 졸려서 잠을 자야 되고,
널 볼 수 있고… 어쩌면 아프기도 하고 낫기도 하다가… 그렇게
너랑 살다가… 같이 죽을 수 있는 거…

동경   나도… 안 믿겨.

멸망   맛있다 이거. (조용히 웃어 보이고)

<h2 style="text-align:center">S#5. 동경의 집 / 침실 (밤)</h2>

둘, 동경의 침대에 마주 보고 누워 있다.

동경   이거 꿈 아니지.

멸망   (머리 쓸어 넘겨주고) 아니야.

동경   진짜 아니지.

멸망   어. 꿈이면 안 돼.

동경   사라지면 안 돼.

멸망   응.

동경   절대…

멸망   응…

그러다 끔뻑끔뻑, 둘 잠들고. 평화롭게 잠든 둘의 모습이고.

(시간 경과)

다음 날 아침, 동경 침대 위에서 눈 뜨는데. 보면, 침대 위에 자신뿐이다!! 설마!! 동경, 놀라 밖으로 튀어나가는데.

S#6. 동경의 집 / 거실 (다음 날 아침)

동경, 방문 열고 나오면,

멸망   일어났어?

멸망, 아무렇지도 않게 부엌 한편에 서서 물 마시고 있다.

멸망   출근해야지?

동경, 그제야 마음 놓이고… 보다가 그대로 달려가 멸망 뒤에서 껴안는데.

S#7. 탑텐미디어 / 사무실 (낮)

주익의 뚱한 얼굴 위로,

주익   넌 뭔 회사에 남자친구를 데려와…

보면, 멸망 멀찍이 서서 사무실 이곳저곳 괜히 휘 둘러보고 있다.

동경   아니 쟤가… 친구가 없어가지고… 집에 혼자 둘 수도 없고…
주익   다 큰 성인을 왜 혼자 둘 수 없는데.
동경   그냥 제 심정상…
주익   심정상 애야?
동경   애는 아닌데 그냥… 쟤한테는 지금 저밖에 없어서…
주익   (슬쩍 멸망 보고) 왜. 인간관계가 안 좋아?
동경   (별생각 없이) 네… 안 좋죠 아무래도… 그… 아니었으니까…
주익   뭐가 아니었는데.
동경   (앗…) 여기, 여기 사람이 아니었거든요.
주익   오늘 달고나 작가 미팅 있다며. 달고 갈 거 아니지?
동경   달고 갈 건데요.
주익   야. 아무리 그래도 일이랑 생활은 구분을 해야, (하는데)
동경   쟤 차 있어요. 운전도 잘하고.
주익   일이 생활이 되고 생활이 일이 되는 자세 너무 보기 좋다. 역시 팀장다워.
동경   (어이없고) 대표님은 이럴 때 제일 대표 같아요.
주익   이럴 때가 언젠데.
동경   이익에 따라 말 바꿀 때.
주익   믿음직스럽지. 회사 막 잘 키울 거 같고 그렇지?

동경	그건 모르겠지만 망하진 않을 거 같아요.
주익	니가 미팅 가서 계약서에 사인만 받아오면 안 망하지.
동경	(질리는 인간…) 노력해볼게요.

동경, 돌아서 멸망에게 걸어가고. 멸망, 괜히 사무실 둘러보다가 동경 보고.

멸망	(속닥) … 니네 대표 마음에 안 들면 내가 죽여줄까?
동경	너 이제 못 죽여.
멸망	아 맞다.
동경	대신에 니가 할 수 있는 일이 있지.
멸망	(보면)
동경	운전 좀 해. (멸망 끌고 나가며) 다녀오겠습니다!
주익	(보지도 않고) 어 오지 말고 거기서 바로 퇴근해.
동경	옙!

동경, 멸망 끌고 나가는데.

S#8. 현규 카페 (낮)

현규, 통화하며 카운터로 걸어가고 있다.

현규	어, 동창회? 뭔 또 동창회야.
친구	(F) 야 이렇게 자주 보고 살고 그러니까 얼마나 좋아. 이번엔 은비 랑 다영이랑 정화랑 진짜 온대. 지나한테도 연락 넣었는데 아직 답 이 없네.
현규	(멈칫하고)

친구   (F) 올 거지?

현규   봐서.

친구   (F) 봐서는 무슨!! 오라고!!

하는데, 카페 문 열리고 화분 든 채로 선경 들어선다.

현규   나 지금 바빠. 나중에 연락할게. 어. (끊고)

선경, 카운터로 와 화분 내려놓고.

현규   뭐야? 왜 일로 가져와. 딱 봐도 개업화분이구만. 개업기념으로 보
         낸 거면 개업집에 둬야지.

선경   사장님 이름으로 왔던데요? 주익 형님이 보내셔서가지구.

현규   (보면)

화분에 리본 메시지 달려 있고. 리본 한쪽에는 '차주익', 한쪽에는 '나라고 생
각하고 키워' 쓰여 있다.

선경   자기 대신 키우라는데 제가 아니라 사장님이 키워야 되는 거 아니
         에요? 그래서 가져온 건데.

현규   하여간에 지 필요하다니까 지 이름 적힌 화분을 보내네. 지가 나 키
         운 거 여기다가 갚으라는 건가보다. (픽 웃고 어디 한쪽 가리키며) 저
         기 둬.

현규, 다시 일하러 카운터로 들어가고. 선경, 한쪽에 화분 두고 일어서는데
그때 선경의 핸드폰으로 전화 온다.

선경   어, 누나. 나 지금?? 1호점 잠깐 왔는데 왜?

S#9. 멸망 차 안 + 밖 (낮)

동경, 걱정스러운 얼굴로 조수석에 앉아 있고 멸망, 아무렇지도 않은 얼굴로 운전 중이다.

동경   근데 선경이가 알고 있는 얼굴은 니가 아닐 텐데…
멸망   새 남친 생겼다 그래.
동경   하여간에 말을… 그럼 내가 뭐가 되니?
멸망   인기 있는 여자 되는 거지 뭐. 이 차 타는 남자한테만 인기 있는 여
        자.
동경   차 생각을 못 했네!?
멸망   내가 이렇게 섬세하다.

하는데, 저 앞에서 방방 뛰며 인사하는 선경 보인다. 차 멈추고. 동경 멸망 차
에서 내리는데.

동경   (내리자마자) 야 이게 어떻게 된 일이냐면, (하는데)
선경   (달려들어서 멸망 와락 안고) 형님!!!
동경   (? 해서 보는데)
선경   형님!! 내가 얼마나 보고 싶었는지 알아요? 진짜루!! 진짜 보고 싶
        었어!!
멸망   나도.
동경   (이게 어떻게 된 일이지… 눈치 보다가) 감격적인 상봉 보기 좋은데 저
        기… 애 얼굴이 좀 바뀐 거 같고 그러지 않아?

선경   (고개 파뜩 들어서 멸망 얼굴 보고)

멸망   (가만히 있고)

선경   그런가? 똑같은데? 여기 점 있는 것도 똑같고.

동경   똑같다고? 그럴 리가 없는데?

선경, 핸드폰 꺼내 사진첩에 셋이 찍은 사진 눌러 보여주며.

선경   봐봐. 똑같은데? 아닌가? 살이 좀 쪘나?

동경, 얼른 보는데 사진 속 멸망의 모습, 전과는 달리 원래 얼굴로 찍혀 있다!

동경   이게 어떻게… (된 거지?)

멸망   (보다가… 소녀신이 한 짓이라는 거 알고 픽 웃는데)

S#10. 학교 운동장 (낮)

운동장 한쪽에 놓여 있는 뜀틀 위에 소녀신 다리 동동거리며 걸터앉아 있다.
소녀신, 교복 차림이고. 체육복 바지 위에 교복 치마 겹쳐 입은 채다. 손에는
아이스크림 들려 있고.

소녀신   (씩 웃고) 내가 좀 친절한 편이지.

하는데, 멀리 교복 입은 또래 친구 두엇이 소녀신 부른다.

친구1   지은아! 가자!!

소녀신   웅 잠깐만!!

소녀신, 뜀틀에서 폴짝 뛰어내려서 화단 근처로 가 무언가 들여다보는데.

친구1 (쪼르르 와서) 뭐 해? 이거 뭐야?

소녀신 아, 내가 새로 기르는 거.

친구2 뭐 기르는데?

소녀신 몰라. 펴봐야 알아.

친구1 오. 다 피면 알려주기?

친구2 빨리 가자. 떡볶이집 문 닫아!!

소녀신, 또래친구들과 어울려 재잘대며 다른 방향으로 걸어가는데. 화단 한 쪽에 놓여 있는 새 화분 속 흙, 아직 잠잠하다.

S#11. 멸망 차 안 (낮)

멸망, 운전 중이고 동경, 조수석에 앉아 있다.

동경 그니까 걔가… 한 거라고?

멸망 그거 말고 뭐 설명돼? 걔가 한 거지.

동경 와… 너무 신기해…

멸망 뭐 그 정도로 신기해. 내가 옆에 있는 거는 안 신기하고?

동경 아니 신기하지…

멸망 별로 안 신기한 거 같은데.

동경 넌 신기하다기보다 늘 감동이니까…

멸망 너 그런 말도 할 줄 알아?

동경 더한 말도 할 줄 아는데?

멸망 (픽) 근데 너 미팅 간다고 해놓고 동생이나 만나고 이렇게 거짓말로 사회생활 해도 돼?

동경   괜찮아. 그 인간도 맨날 미팅 간다 그래놓고 언니 집 가. 내가 다 알
       아. 알고도 모르는 척하는 거야. 그리고! 미팅은 지금부터 하면 되
       니까.

멸망   지금부터?

동경   한 번 더 테스트해보자. (핸드폰 들어 어딘가로 문자 보내는데)

멸망   어디 가는데.

동경   (말없이 문자 계속 보내고)

멸망   어디 가냐고.

박영   (E) 아직도 안 헤어졌어요?

S#12. 카페 1 (낮)

동경과 멸망 앞에 박영, 영 마음에 안 드는 얼굴로 앉아 있다.

멸망   (심드렁) 얘도 알아보네.

박영   그거 무슨 뜻이에요? 누굴 바보로 아나.

동경   작가님… 자세히 한번 봐보세요. 여기 이 형… 뭐 달라진 거 없어
       요?

박영   (기분 나쁘게 아래위로 훑고) 똑같은데.

멸망   뭐가 똑같은데.

박영   그때나 지금이나 한결같이 재수 없는 점?

멸망   이걸 확 그냥.

동경   (멸망 말리고) 아이… 좀…

박영   (동경에게) 근데 사람 묻는 말에 대답을 왜 안 해요. 아직까지 사귀
       냐고요.

멸망   죽을 때까지 안 헤어질 건데?

박영   그쪽에다가 물어본 거 아닌데?

멸망   와 진짜… 나 얘 때려도 돼?

동경   안 돼. (진동벨 울리고) 일단 디저트랑 음료랑 받아올 테니까 진정들 좀 하고 계세요.

동경, 카운터로 가고. 박영과 멸망, 둘만 남는데.

박영   지금은 행복할지 몰라도 사람 일 어떻게 될지 모르는 거거든요?

멸망   우리 결혼해.

박영   식장 들어가기 전까진 모르는 거거든요? 끝까지 가봐야 아는 거거든요?

멸망   니가 스무 살 되는 것보다 우리가 식장 들어가는 게 더 빠를걸.

박영   어떻게 알았어요?

멸망   뭘. 니가 쟤 좋아하는 거?

박영   (놀라서 동경 눈치 보고) 어떻게 알았냐니까?!

멸망   어떻게 몰라. 떡볶이집에서 처음 봤을 때부터 알겠더만.

박영   말했어요?

멸망   말해줄까?

박영   하지 마요!!

멸망   왜?

박영   귀… 귀여워할까봐…

멸망   (허…) 어이없네. 넌 니가 귀여운 거 같아?

하는데, 동경 음료 들고 자리로 오고. 박영, 얼른 표정 바꾸는데. 멸망, 재밌다는 듯 그 꼴 보고.

박영	저 바빠서 이만 가봐야 될 거 같아요. 안녕히 계세요. (일어나려는데)
동경	네? 아니 음료 이제 나왔는데.
멸망	둬. 빨리 도망갈 일이 있나보지.
박영	(이씨… 째려보고)
멸망	(능청스럽게 음료나 먹는데)
박영	아무튼, 다음에 연락 주세요. (하고 가려는데)
동경	(얼른 손 뻗어서 박영 잡고) 작가님!! 작가님!! 갈 땐 가더라도 부탁 하나만 들어주고 가요!!
박영	(잡힌 채로 돌아보면)
동경	제발…
박영	(마음 약해지고)
동경	플리즈…
박영	부탁 뭔데요. 빨리 말해요.

하는데 동경 핸드폰으로 전화 온다. 동경, 박영 잡은 채로 전화 받고.

| 동경 | (박영에게 눈짓으로 잠깐만, 하고) 네네. 작가님. 안으로 쪽 들어오시면 되거든요? |

박영, 뭐야… 하고 보는데 문 열리고 카페 안으로 달고나 들어온다.

동경	(달고나 향해 손 흔들어 보이고) 작가님!!
달고나	(웃으면서 걸어오다가 박영 발견하고!! 헉 굳어 서는데) … 박영?
동경	(빠르게 박영에게) 개인 팬미팅 좀 진행합시다.
박영	네?!
동경	딱 삼십 분만. 아니아니 이십 분만.

박영   (하…)

S#13. 카페 2 (낮)

동경과 멸망, 떨어진 테이블에서 박영과 달고나 지켜보고 있고.

동경   (저쪽 테이블 보며 흐뭇하게 웃고)

멸망   쟤 만난단 얘기는 없었잖아.

동경   안 만난다는 얘기도 없었잖아. 얼마나 좋은 기회야. 테스트도 하고
        일도 하고. 일타이피. 덕분에 달고나 작가님 계약서에 사인 받았고
        (서류봉투 탁탁 치고) 은혜도 갚았고. 이것도 일타이피네.

멸망   그래도 난 쟤 싫어.

동경   넌 쟤를 왜 그렇게 싫어해?

멸망   넌 안 싫어?

동경   왜. 귀엽잖아.

멸망   그래서 문제라는 생각은 안 드냐…

동경, 아랑곳 않고 박영 쪽 테이블 다시 바라보고. 멸망, 박영 노려보는데. 박
영, 시선 느끼고 쳐다보면 동경 흐흐, 웃어 보이고 멸망, 여전히 매섭게 노려
본다. 박영도 똑같이 동경 보고 웃고, 멸망 보고는 싸늘하게 표정 굳히고. 그
러다가 다시 달고나가 말 걸어오면 다시 달고나 보며 웃어 보이는데.

S#14. 새로운 골목길 (밤)

멸망, 동경 나란히 걸어가고 있고.

멸망	걔 표정 변하는 거 봤어? 걔가 그런다니까? 걔가 먼저 그랬어 나한테!
동경	마음에 안 들어도 어쩌겠니. 우리 회사 탑 작간데.
멸망	(가만히 보다가 손 뻗어 동경 잡고)
동경	(보다가) 아직 열두 시 아닌데. 열두 시 되려면 멀었어.
멸망	(픽 웃고) 우리한테 이제 그런 계약은 없어.
동경	아… 그치. 맞다…
멸망	아무 이유 없이 손잡아도 돼 우리.
동경	진짜 그러네… (왠지 모르게 감동인데)
멸망	아니 근데 진짜 그 꼬맹이놈이, (하는데)

동경, 낯선 대문 열고 들어서고.

S#15. 수자의 집 / 마당 (밤)

| 수자 | 어 왔어?! |

멸망, 멈칫해서 보면 수자와 케빈, 선경이 작은 짐들 옮기다가 멈춰서 이쪽 바라보고 있다.

동경	다녀왔습니다.
선경	하이, 매형!
멸망	…
동경	뭐 해. 인사해야지.
멸망	… 다녀왔습니다.

마치 가족이 온 것처럼 환히 웃어주는 동경이네고.

직원   (E) 어서 오세요!

S#16. 미용실 (밤)

현규, 출입문 열고 들어서자마자 우뚝 멈춰 선다. 보면, 카운터에서 계산하고
나가려는 지나와 딱 마주쳤고. 어색한 기류 흐른다. 인사하던 직원 둘, 아는
사람 같자 눈치껏 자리 비켜주고.

지나   !

현규   안녕.

지나   어어… 머리하러 왔어?

현규   아 어…

지나   아 하긴 여기 미용실인데 당연히 머리하러 왔겠지.

현규   어. 다영이 여기서 일한다길래.

지나   다영이 머리 잘해. 나도 다영이 때문에 여기 자주 와.

현규   머리했어? 예쁘네.

지나   아, 어…

현규   얘기 들었어. 그때 얘기했던 그 동생 다 나았다며.

지나   어떻게 알았어?

현규   선경이가 다 말해서. 너랑 아는 사이인 것도.

지나   아 선경이… 아… 어 다 나았어. 건강해 이제.

현규   다행이네. 걱정했는데.

지나   응…

현규   동창회 연락 왔던데.

지나	어 왔더라…
현규	(담백하게) 올 거야?
지나	(보다가) 아니.
현규	(보다가) 그래… 잘 가.

지나와 현규 그대로 지나쳐가는데. 지나, 걸어가다가 뒤돌아보고 현규, 마찬가지로 지나 뒤돌아본다. 예전 그때처럼 다시 지나 향해 웃어 보이는 현규. 지나, 가만히 그 미소 보다가 이번에는 놀라지 않고 편안하게 마주 웃어 보인다. 그러곤 그대로 미련 없이 미용실 나서는 지나고.

S#17. 수자의 집 / 부엌 (밤)

| 선경 | 그리하여 이 몸은 더 이상 알바생이 아닌 2호점 매니저시다~ 이 말씀이야. |

뿌듯한 얼굴로 으스대는 선경, 테이블 상석에 떡하니 앉아 있고. 수자와 케빈, 동경과 멸망이 마주 앉은 모습이다. 한 상 가득 차려져 있고 각자 식사하는데.

동경	지인짜?
수자	어구 기특해 어구 기특해. 이제 진짜 이모는 걱정 하~나도 없다. 진짜 천국 간 언니 형부가 이제야 힘 제대로 쓴다 이제야 힘 제대로 써.
케빈	(영어) 선경, 대단한데? (엄지 척 해보이고)
선경	(따라서 엄지 척)
동경	니가 드디어 꿈을 이루는구나. 마흔아홉번째 만인가?

선경	(진지) 여덟. 여섯번째가?
수자	몇 번째 꿈인 게 뭐가 중요해. 이놈이 뭘 하는 게 중요하지. (하다 멸망 보고) 오늘은 잘 먹네~ 매번 뜨는 둥 마는 둥 하더니.
선경	한식이 엄청 그리웠던 거지. 그쵸 형님!
멸망	… 다 그리웠지.
선경	형님두 참~ 몰랑! (하며 괜히 혼자 얼굴 감싸며 쑥스러워하고)
동경	저 주책바가지 저거…
수자	(동경에게) 넌 언제 집 정리하고 일루 들어올 거야?
동경	(당황) 어? 정리? 아 근데 이모 내가 생각해봤는데 회사도 거기서 다니는 게 더 가깝고, (하는데)
수자	안 돼. 들어와. 이모가 너 끼고 살 거야. 너 시집 갈 때까지.
동경	아니 그래도.
선경	아이 이모 눈치 없다. 누나가 형님이랑 데이트할 데가 없으니까 그러잖아 지금.
동경	이씨 이게! (때릴 듯이 숟가락 치켜드는데)
멸망	(아무렇지도 않게) 그런 문제면 뭐 우리 집 있잖아. 우리 집 방도 많은데.
동경	(쿨럭)
수자	(솔깃해서) 아 집이 있어요? 방이 많아?
멸망	네. 집이 좀 커서…
수자	그래 그럼, 미국 생활은 아예 정리한 거고?
멸망	아, 내가 미국에 가 있는 걸로 돼 있었구나?
동경	(놀라 보면)
수자	… 아니야?
멸망	(픽 웃고) 맞습니다.
수자	(조심스럽게) 한국에서는 이제 무슨 일 하고 먹고 살려구?
멸망	하던 일 계속하려구요.

동경   (? 해서 보는데)

(E) 앰뷸런스 사이렌 소리.

S#18. 병원 (다른 날 낮)

앰뷸런스 시끄럽게 들어오고. 임산부 하나 실려서 응급실로 들어가는데.

S#19. 병원 / 복도 (낮)

의사가운 입은 채로 빠른 걸음으로 걸어 들어가는 '사람'. 그대로 응급실로 들어서고.

S#20. 병원 / 응급실 (낮)

사람, 방금 실려 온 임산부 베드로 빠르게 다가간다.

간호사1 교통사고요. 크게 외상은 없는데 환자가 산모여서 현장에서 복통
       호소하고 쓰러졌답니다.
사람   (환자 살피며) 일단 산부인과랑 혹시 모르니까 소아과 콜하세요.
간호사1 (달려나가고)
사람   환자분, 환자분 제 말 들리세요?
환자   (겨우) 우리 애기… 우리 애기 살려주세요…
사람   환자분, 지금 몇 주예요? 환자분?

환자	(의식 잃고 대답 못 하고)
간호사2	혈압 떨어져요.

혈압 떨어지는 소리 들리고.

간호사1	(뛰어 들어와서) 산부인과 콜했구요. 십 분 내로 오신답니다.
사람	환자 상태 안 좋아요. 내출혈 가능성 있으니까 수술방 바로 올려야 겠어요. 마취과 연락하고. 산부인과 소아과 그쪽으로 다시 콜하고.
간호사1	네 알겠습니다.

S#21. 병원 / 진료실 (낮)

동경과 당면, 마주 앉아 있고.

동경	(홍삼 박스 같은 거 주며) 작가님! 진~짜 축하드려요. 이거는 축하선물!
당면	(엉거주춤 받고) 네? 뭘… 축하…
동경	아기 가지셨다면서요.
당면	아니 그걸 어떻게…
동경	병원에 듣는 귀가 워낙 많으니까. 소문을 저도 살짝? (웃고) 돌잔치도 갈게요.
당면	아니 무스으은. 결혼식도 와주셨는데… 감사합니다…
동경	그리구…
당면	(보면)
동경	(서류봉투 내밀고) 이건 일전에 말씀드렸던 새 계약건이요.
당면	네? 갑자기요?

동경	자세한 계약 사항은 서류에 다 적혀 있으니 꼼꼼히 검토해보시구
	요. 협업으로 바쁘시겠지만 조건 확인해보시고 좋은 답 주셨으면
	좋겠습니다.
당면	편집자님 솔직히 말해봐요. 축하는 핑계고 이거 주려고 온 거죠.
동경	뭐… 겸사겸사? (씩 웃어 보이고)
당면	(픽 웃고) 고민할 게 뭐 있나요. 당연히 해야죠 당연히!!
동경	그래도 조건 다~ 확인해보시고 연락주세요. 저희 진짜 자신 있, (하
	는데)

그때, 동경 핸드폰 울리고. 동경, 얼른 전화 끊으면 또 전화 울린다. 아 진짜…
동경, 당면에게 표정으로 양해 구하고 살짝 전화 받고.

동경	어어. 나 끝났어. 지금 나가. (끊고) 죄송해요… 얘는 하여간에 타이
	밍도 못 맞추고…
당면	(눈치보다가) …누구? 혹시…
동경	아… 남자친구…
당면	그!! 멀리 갔다는 남자친구? 드디어 돌아왔어요?
동경	(잠시 그간의 일을 생각하는 듯 멈췄다가 환히 웃어 보이며) 네.

S#22. 병원 / 복도 (낮)

사람, 전화 끊고 복도 걸어가는데 멀리서 입원환자1,2 반갑게 다가온다.

입원환자1	아이고 슨생님~ 오늘도 잘생기셨네예. 어디 가시나바예.
사람	(친절히 웃으며) 아, 네. 여자친구랑 데이트하러.
입원환자2	날씨도 좋아갖고 데이트하기 딱이네잉.

멀리 동경 걸어오고.

동경   어? 안녕하세요.

입원환자2 둘이 결혼한다 어쩐다 난리칠 때가 엊그제 같구만. 이제 병도 싹 다
            나아불고 아주~

입원환자1 사람 일 이래 모른다. 그때는 이짝이 이 병원 슨생님 될 줄도 몰랐
            다이가.

동경   아… 하하… 네…

입원환자2 언제 결혼할 거여?

동경   그게… 아직…

사람   이만 가볼게요. 두 분도 얼른 건강해지셔서 퇴원하셔야죠?

입원환자2 아이, 우리야 뭐 나이롱이지 나이롱.

입원환자1 아이고! 우리가 너무 눈치가 없었제. 두 분이 재밌게 잘 놀아요~

사람과 동경, 꾸벅 인사하고 가는데. 입원환자1,2 둘 뒷모습 보며,

입원환자1 근데 형님 요새 통 귀신 이바구를 안 하네예.

입원환자2 들리는 게 있어야 허제. 암만해도 쩌어기 갔지 싶어. (하고 창밖 보는
            데)

입원환자1 그래예… (하며 따라 창밖 보면 파란 하늘 보이고) 이왕 간 거 잘 갔어
            야 할낀데…

                    S#23. 병원 / 복도 (낮)

사람과 동경, 복도 걸어가며 대화 나눈다.

동경   어떻게 의사를 진짜로 하냐…

사람   내가 꿈으로 오래 살아온 게 아니거든.

동경   적성에는 맞아? 할 만해?

사람   안 맞지. 하던 일 아니니까.

동경   그러기엔 일 너무 잘하는 거 같은데.

사람   하고 싶었거든. 사람 살리는 거.

동경   (픽) 이름은 어쩔 건데 진짜로 김사람 하려고?

보면, 사람의 가운 가슴팍에 '응급의학과 김사람' 박혀 있고.

사람   난 좋은데. 니가 지어준 거라서.

동경   아니 뭘 좋아. 막 지은 이름을.

사람   막 지었어?

동경   막 지었지. 지금에 와서 생각해보니까 이게 다 이렇게 되려고 그랬
        나보다… 싶긴 하지만. (하다가 픽 웃고) 진짜… 살다보니 깨닫게 되
        네.

사람   (보면)

동경   (웃고 아니라는 듯 고개 젓고) 이렇게 될 줄 알았으면 좀 주인공 같은
        이름으로 짓는 건데.

S#24. 선사유적공원 / 산책로 (낮)

동경과 사람, 나란히 산책로 걷고 있다.

사람   결혼은 언제 할 건데.

동경   뭔 결혼이야?!

사람	아 마음이 변했어? 내가 평범해져서 이제 싫어?
동경	(참나…) 왜. 넌 내가 평범해서 싫냐?
사람	넌 평범한 적 없어. 처음 만났을 때부터 지금까지 늘 나한테 특별했거든.
동경	와… 수작이지만 마음 좀 흔들렸다.
사람	수작이라니. 남의 진심을.
동경	(픽) 적응은 좀 돼?
사람	사람 마음 안 읽히는 거 그거 하나 불편한데, 근데 뭐… 편하기도 하고. 모르겠으니까 노력하게 되는 것들이 있더라고.
동경	진짜 사람 다 됐네.
사람	운명은 바뀌지 않으니까 끝이 보이는 것들에겐 별로 손 뻗지 않았는데…
동경	(보면)
사람	이제는 끝이 보이지 않으니까 계속 노력해보게 돼. 가끔은 끝인 줄 알았는데 그게 시작이기도 하고. (동경 보고) 너네는 그런 식으로 영원히 사는 건가봐.
동경	(픽) 인간은 누구나 시한부다. 그걸 모를 때만 영원히 산다. 니가 예전에 했던 말?
사람	영원히 살 때는 늘 시한부 같았는데 시한부가 되니 꼭 영원히 사는 거 같네.
동경	나랑 영원히 살자.
사람	(보다가) 그거 청혼이야?
동경	(픽 웃고) 아니거든.

두 사람, 아름다운 풍경 속을 다정하게 걸어가고.

S#25. 선사유적공원 / 전망대 (해 질 녘)

전망대 난간에 서서 멀리 석양지는 풍경 바라보고 있는 동경과 사람. 두 사람 다 옅은 미소 띤 얼굴이다. 주변엔 행인 하나 없어 바람에 나부끼는 나뭇잎, 풀소리만 잔잔히 들려오고.

동경   이렇게 있으니까 그때 생각난다.

사람   (보면)

동경   우리밖에 없던 세상에서 같이 해 지는 거 봤을 때… 그때 니 얼굴이… 참 오랫동안 안 잊혀졌어.

사람   (보며) 지금은 어떤데.

동경   (보다가) 편안해 보여. 안 쓸쓸해 보이고.

사람   안 쓸쓸해. 이제 나한텐 가는 방향이 있으니까.

동경   (보면)

사람   너야, 그거.

동경   …하여간에 문자도 보낼 줄 모르는 게 말은 잘해.

사람   내가 문자를 왜 못 보내.

동경   전에 너 사라졌을 때 너네 집에서 니 폰 찾았는데 문자 써놓기만 하고 안 보냈던데.

사람   넌 많이 보냈더라.

동경   너 다 봤어? 근데 왜 말을 안 해!

사람   지금 하잖아.

동경   아니이! (하다가) 근데 진짜 이상하다. 핸드폰 말이야. 어떻게 삼 개월 동안 안 꺼지고 거기 있었지?

사람   걔가 그랬겠지 뭐.

동경   (아…) 걔는 뭐 하고 살까…

사람   어디서든… 잘 살겠지. 여전히 인간을 사랑하면서.

동경	(보면)
사람	(멀리 보며) 전에는 왜 그렇게 걔가 인간을 사랑하나 했는데… 왜 미움에서 사랑이 시작되는 거라고 하는 건지 몰랐는데… 걔도 처음엔 미웠겠지. 그리고 용서했겠지. 그러다 어느 순간엔… 자신을 만들어줘서 감사했겠지. 이제 다 이해가 돼. 나도 그랬으니까.
동경	(이 존재들이 여전히 이상하고 아름답고… 슬프다… 그렇게 보다가) 춥다! 가자! 감기 들겠다.

사람과 동경, 다정하게 전망대에서 내려가다가 동경 문득 멈춰 선다. 사람, 몇 걸음 걸어 내려가다 의아한 얼굴로 동경 뒤돌아보는데.

동경	야.
사람	(보면)
동경	사는 거 어때?
사람	(보다가) 좋아. (환히 웃는데)

그런 사람의 뒤로 붉은 노을 그림처럼 저물어가고 있고…

S#26. 지나의 집/ 거실 (밤)

지나	와… 대박…

소파에 나란히 앉아 태블릿 PC 하나 같이 보고 있는 지나와 주익이다. 화면 보면, 투데이 베스트 10위에 '마계에서 온 건물주(필명:나지나)'가 올라와 있다. 지나의 새 소설이다.

지나	봤어요? 나 탑텐 든 거? 나 진짜 처음이야!
주익	축하해요.
지나	(태블릿 PC 쥐고 방방대며) 와, 진짜 대박!! 봐요. 역시 난 로맨스가 아니었다니까?
주익	뭐 그건 알겠고. 근데 이거 주인공 모델 나 아니에요?
지나	(멈칫, 눈치 보며) 아니… 맞긴 한데… 거기다가 상상력을 이제 좀 추가해서…
주익	내가 막 마귀나 악마 같나? 왜 하필 마계에서 왔지?
지나	마계가 중요한 게 아니라 건물주가 중요한 거거든요 이게… (하다가) 아 뭐 그래서 기분 나빠요? 마왕, 악마 이런 게 얼마나 섹시한데!
주익	아, 내가 섹시해요?
지나	네!! (하다 헉) 아니요?
주익	아니에요?
지나	네? 네… 아니요?!
주익	(픽 웃고) 머리했어요?
지나	아, 네 쪼끔? 쪼끔 다듬었는데 어떻게 알지…
주익	왜. 동창회 나가려고?
지나	아니… 그…
주익	(보면)
지나	차주익씨… 온다고 해서…
주익	(가만히 보고)
지나	(뭐지? 마주 보는데)
주익	(타이밍 봐서 지나에게 키스할 것처럼 다가가는데)
지나	(! 손으로 주익 눈 탁 가리고)
주익	(멈칫)
지나	눈 뭐야.
주익	…손 뭐지?

지나	아니… 너무 갑자기 이러시니까…
주익	(멀어지고)
지나	(어색한데)
주익	(보다가) 오늘 나랑 술 마실래요?
지나	…술요? 왜요?
주익	마셔요. 나 오늘 술 먹고 싶어서 그러는데.

S#27. 술집 / 루프탑 (밤)

은은한 조명 깔린 루프탑이다. 주익과 지나, 손님들 없이 한적한 술집에서 술 마시는 중이고. 지나, 열중해 뭔가 얘기하고 있고 주익은 그런 지나를 가만히 바라보고 있는데.

지나	아니 나는 순위 꼭대기에 있으면 기분이 어떨까 진짜 궁금했거든요. 아 이런 기분이구나 탑텐이라는 거는… 되게 무겁고 무섭고 그런데… 근데 기분 날아갈 거 같네? 너무 신나네? 다음 편은 마왕이 현대에 있는 귀신들을 매수해가지고 옆 건물에 일부러 보내는 거 쓸 거거든요. 일부러 집값을 내려가지구 그걸 딱 산 다음에, (하는데)

주익, 그저 떠드는 지나 가만히 보는데. 그때 갑자기 주익 일어나 지나 쪽으로 상체 숙여 가볍게 입 맞추고!

지나	… (잠시 굳어 있다가 다시 얘기 해나가는데) …그래서… 저기 그 뭐지… 그 집값을 내려가지구 그걸 사서… 다시 되팔아가지고…
주익	(앉지 않고 테이블에 손 짚은 채로 서서 지나 바라보고) 안 놀라요?

지나	아… 솔직히 말하면… (눈치 보고)
주익	(보면)
지나	살짝 예상했던 바여서…
주익	아 그래요?
지나	그쵸… 제가 그래도 로맨스 작가였는데…

하자마자 주익 다시 고개 숙여 지나에게 진하게 키스하는데.

지나	!!
주익	(입술 떼고) 이건 예상 못 했죠?
지나	그… 사실 이것도 살짝… 예상을 하긴 했는데…
주익	그래요? 그럼 예상대로 계속 전개해볼게요. (앉고)
지나	(보면)
주익	어떻게 할 거예요.
지나	…뭘요?
주익	내 여자친구 할 거예요 말 거예요.
지나	안 하면요.
주익	울 거예요.
지나	(풉 터지고)
주익	나 울면 지나칠 건가?
지나	(웃으며) 아니요. 우산도 받쳐줄 건데.
주익	무슨 말을 그렇게 해요. 애초에 울리질 말아야지.
지나	(픽) 알았어요. 알았어요. 안 울릴게.
주익	안 울린다고 했어요 방금.
지나	네. 안 울릴게요.
주익	(픽) 내일은 뭐 해요.
지나	왜요?

주익	내일 쉬면 좀더 같이 놀게.
지나	원래 이런 사람이에요?
주익	(아무렇지도 않은 얼굴로) 이런 사람이라는 게 뭔진 모르겠지만 지금 좀 맛이 간 상태긴 해요.
지나	(픽) 내일 안 쉬어요. 일정 있어요.
주익	뭐 하는데요. 같이 해요.
지나	같이 하자고? 오 진짜?
주익	(보고) 네. 뭔데요.

S#28. 수자의 집 / 거실 1 (다음 날 낮)

현관문 열려 있고. 선경, 절인 배추 쌓여 있는 빨간 대야 들고 들어온다. 거실에는 이미 신문지 위에 대야들 몇 개 놓여 있고. 김장할 준비 한창인 풍경. 수자와 케빈은 부엌에서 이것저것 준비하고 있고. 동경과 사람, 거실에 서서 그 풍경들 보고 있다.

동경	이모는 왜 갑자기 김장이야?
수자	한국 들어온 기념으로 김치 한번 담가야지.
선경	(고무장갑 끼고 앉아서) 아 이모 김치 맛있지 맛있어. 밥 한 공기 뚝 딱!
동경	아니 근데 이걸 우리끼리 다 할 수 있어? 양이 왜 이렇게 많아.
수자	사람 더 올 거야.
동경	누구?

그때 현관에서 들려오는 인기척. 지나와 주익이다. 둘 다 양손에 막걸리 가득 들고 왔다.

지나	이모~ 저 왔어요! 막걸리도 왔어요!
동경	(돌아보고 놀라서) 어? 어어어엉?!
주익	…그렇게 됐어. 안녕하세요.
수자	얘기 들었어요. 우리 지나 남자친구 분이시라고?
주익	아, 네…
동경	그리고 나의 대표님이기도 하셔…
수자	…어엉??
선경	주익 형님!!!
동경	형님? 넌 어떻게 아는데.
선경	형님이랑 나는 되게 찐한 비밀을 나눈 사이지. 그쵸 형님!!
주익	뭐… 그렇지…
지나	야~ 일손 부족할까봐 온 거지. 손 많을수록 좋잖아.
사람	(조용히 동경에게 속닥) …마음에 안 들면 내가 죽… (하는데)
동경	쑵.
사람	(가만히 있고)

/ Cut to

케빈과 수자는 부엌 왔다 갔다 하며 바삐 움직이고. 나머지는 고무장갑 끼고
배추 소 채우고 있다. 사람과 주익이 한 대야 앞에 마주 앉아 있는데. 서로 눈
도 안 마주치고 중얼거리듯 대화하고.

사람	(혼잣말처럼) 무슨 이런 델 따라오지…
주익	(혼잣말처럼) 본인은 안 따라왔나…
사람	(혼잣말처럼) 난 이 집 식군데…
주익	결혼했어요?

사람	아니요. 조만간 할 건데요.
주익	아, 난 또.
사람	난 또?
주익	끝까지 가봐야 아는 거지 그건.
사람	끝까지 가봐야 안다는 놈들이 왜 이렇게 많지? 나만큼 끝까지 가본 놈이 어딨다고.
선경	(휙 끼어들어서) 에헤이~ 형님 형님!! 양념을 제대로 묻혀야지.
사람 주익	누구. (하고 동시에 보면)
선경	매형!!
사람 주익	누구.
선경	…하. 누나… 나 진짜 피곤해…
동경 지나	(절레절레)

S#29. 수자의 집 / 거실 2 (밤)

거실에서 모두 모여 앉아 수육과 김치, 막걸리로 술 파티 하고 있다.

| 선경 | 우리 이모랑 이모부 잔이 비었네? 이 막둥이가 한 잔 올리겠습니다~ |

선경, 애교 부리며 돌아가며 잔에 술 채워주는데.

선경	(사람에게) 형님은 술 안 드세요?
사람	아. 나 술 끊었어.
동경	? (보면)
사람	몸에 나쁘잖아. 나 오래 살고 싶거든.
동경	… (픽 웃고)

수자	건강? 건강 좋지~ 건강해야지! 그럼그럼!
선경	네~ 울 누나랑 백년해로 하시고요~ 그러면~ 주익 형님~ 은 왜 안 드세요?
주익	난 어제 많이 먹어서.
지나	(막걸리 원샷 하다가 멈칫) 아니 그럼 내가 뭐가 돼요.
동경	(번뜩해서) 둘이 어제 술 마셨어? 아니, 작가랑 일만 한다며!
주익	작가 말고 여자로 잡으라며.
동경	아니 내가 언제 그랬어요? 말을 참 곡해하시네? 작가로도 여자로도 잡으랬지 언제 술을 마시랬나?
사람	너도 술 먹고 나 잡은 거잖아.
일동	(보면)
동경	(흠칫) 야, 쉿…
선경	와… 둘의 첫만남 비하인드가 이렇게 밝혀지나? 누나가 술 취해서 먼저 번호 땄어요?
사람	뭐… 그런 셈이지.
동경	웃기시네. 지가 먼저 막무가내로 우리 집 들어와놓고.
수자	…탁동경?
동경	(헉) 아니 이모 그게 아니라…
수자	너 진짜… 아니야. 이건 집안내력이야… 집안내력…
동경	아니 그래서 두 사람은 언제부터 사귄 거예요? 언니는 둘이 정식으로 사귄다고 나한테 왜 말 안 했어?
지나	(당황) 아 그게 아니라…
주익	오늘이 2일째라서.
선경	헐 대박. 100일 파티 때 저 불러줘요.
지나	야 요즘 누가 그런 걸 해 고딩이냐?
사람	(픽 웃는)
주익	… 왜 웃어요?

사람	귀여워서.
지나	누가? 차주익씨가요?
사람	그럴 리가. 2일인 게 귀여워서 웃은 건데.
주익	거기는 얼마나 됐는데.
동경	에이 사귄 날짜 같은 게 중요한가요. 이 사랑을 위해 뭘 극복했고 뭘 걸었는지가 중요하지.
주익	우리도 쉽진 않았는데.
사람	우린 목숨도 운명도 걸었었는데.
동경	(거들먹) 하… 이걸 어떻게 보여줄 수도 없고.
지나	안 보여줘도 돼. 다 봤으니까.
동경	(보면)
지나	고생했어 둘 다. 서로를 지키느라. 되게 감동적이야 너네.
동경	갑자기 이렇게 진심으로 나온다고? 아니 그럼 내가 뭐가 돼…
주익	(보다가) 저도 걸게요. 지금부터.
지나	미쳤나봐. 뭘 걸어. (하면서 말과 달리 웃는데)
동경	(절레절레) 아니 진짜 연애하니까 맛이 갔어… 저런 사람이 아니었는데…
선경	(부대끼고) 하… 난 모두가 맛이 간 것 같은데…
수자	아이고. 어린이들 다들 대단한데, 솔직히 케빈이랑 내가 제일 대단하지. 우리는 인종과 언어, 문화 등등 수많은 걸 극복한 사랑이라고.
케빈	아이 러브 유. 수.
수자	미투 미투.
선경	아… 나 진짜 여기 못 있겠어. 나만 혼자야!! (일어나는)
동경	야 어디 가는데!
선경	아 술 사러!
동경	이 밤에 혼자 어딜 가!!

선경	아 상근이랑 통화하면서 갈 거야. (나가고)
수자	쟨 상근이랑 사귀는 것 같더라.
지나	(진지하게) 성별을 극복한 사랑… 진짜 중에 진짜지.
주익	그거 쓰게요? 도와줘요?
지나	오… 한번 해볼까요?
동경	맞아맞아. 언니 새 소설 이번에 대박 났잖아 이모.
수자	지나 신작 써? 무슨 내용인데.
지나	그게요. 제목이 《마계에서 온 건물주》인데…

대화가 어느새 다른 주제로 전환되고. 케빈, 자리에서 슬쩍 일어나며 사람의 어깨를 톡톡 친다.

사람	(보면)
케빈	사람? (고갯짓하며) 팔로우 미. (나가는)

사람, 일어나 따라나가는데.

S#30. 수자의 집 / 마당 (밤)

케빈과 사람, 의자에 나란히 앉아 있다. 멀리 밤하늘 바라보며,

케빈	(영어) 내가 사람에게 할 말이 있어서 따로 불렀어. 사람… 동경이랑 결혼할 거야?
사람	결혼? (끄덕이는데)
케빈	(영어) 그럼 이제부터 우린 한 가족이야. 사람이 우리 가족이 돼서 난 기뻐.

사람	패밀리?
케빈	예스 패밀리. 위 아 패밀리.
사람	패밀리… 정말 나랑 안 어울리는 단언데.
케빈	(영어) 그러니까 너랑 내가 앞으로 우리 가족을 책임지고 살아가야 돼. 수자와 선경과 동경의 행복을 위해서. 물론 나는 너의 행복을 위해서도 살 거야. 우린 가족이니까.
사람	(픽 웃고) 미투.
케빈	(영어) 맹세할 수 있어?
사람	목숨도 걸 수 있죠.
케빈	목숨? (감탄하며) 진짜 남자… (영어) 역시… 난 처음 봤을 때부터 니가 마음에 들었어.
사람	(피식) 아니던데. 그때 다 들었는데.
케빈	(영어) 그래. 돌아와서 다행이야. 안 그랬다면 수자가 너를 끝까지 찾아내고, 찾아내서 죽여버렸을 거야.
사람	농담 같지 않네. (하고 피식 웃는데)

하는데 어디선가 쩍쩍 박수 소리 들리고. 보면 선경 어느새 들어와 서 있다.

선경	역시 형님! 미국 의사라서 대화가 좀 되네. 멋있다. (달려가 두 사람에게 치대며) 이모부~ 형님~ 사랑해요옹.
사람	(조용히 혼잣말처럼) 그니까 내가 이제 이놈을 위해서도 살아야 된단 말이지… (하…)
케빈	(알아들은 것처럼) 예아… (하…)

S#31. 골목길 (밤)

주익과 지나, 같이 골목길 내려가고 있다. 주익과 지나 손에 김치통 들려 있고.

주익   진짜 이상한 여자야…

지나   제가요? 왜요?

주익   무슨 이런 데를 같이 오자고 해요.

지나   왜요? 재밌지 않았어요? 김치도 생기고. 아 김치 안 좋아하나?

주익   좋아해요.

지나   거봐. 좋아하잖아.

주익   아니. 내가 이런 이상한 나지나씨 좋아한다고.

지나   (헉 해서) 제발 그런 말 좀 하지 말라고요!!

주익   왜요. 싫어요?

지나   아니 너무 좋으니까!! 너무 떨리거든요??!

주익   자기 소설엔 그런 말 잘도 쓰더만.

지나   소설이랑 똑같냐고!!

주익   다를 건 또 뭔데.

지나   (픽 웃고, 잠시 보다가 망설이며) 근데… 차주익씨는…

주익   (보면)

지나   첫사랑, 기억나요?

주익   (보다가) 나요.

지나   (보면)

주익   나지나씨가 내 첫사랑이거든.

지나   거짓말…

주익   처음 한 사랑만 첫사랑인가? 어떤 사랑도 시작할 땐 다 처음이에요. 사랑의 모습은 몇 번을 해도 전부 다르니까. 그런 의미에서 첫

사랑.

지나   (픽 웃는데)

주익   안 믿는 눈치네. 안 믿기면 내가 천천히 가르쳐줄게요. 나 잘 가르
          치거든.

그 둘의 뒷모습 위로…

주익   아니 근데 진짜 그런 말 들으면 떨려요?

지나   엄청 떨리거든요?

주익   자주 해야겠네.

지나   아니 하지 말라니까.

주익   하지 말라니까 하고 싶은데.

지나   와 진짜 성격…

주익   이상해요? 나지나씨보다 이상할까.

지나   저 지극히 평범하거든요.

주익   원래 이상한 사람은 자기 평범하다고 하더라.

지나   그래서 싫어요?

주익   그래서 좋아요.

시작하는 연인들의 소소하고 행복한 대화 오가고.

S#32. 골목길 (밤)

동경의 집 골목길이다. 사람의 차 앞에 동경과 사람 서 있다.

사람   집에 가기 싫다…

동경	그래도 가야지.
사람	같이 가자.
동경	나 내일 출근해야 돼. 안 돼.
사람	회사 데려다줄게.
동경	니가 한가해? 바쁘긴 나보다 훨 바쁘면서.
사람	직업을 아무래도 잘못 선택한 거 같아.
동경	웃기고 있네.
사람	내가 웃기고 있어? 그럼 웃어줘.
동경	(픽 웃고)
사람	웃었다.
동경	가. 운전 조심하고. (하다 기습적으로 볼에 쪽 하고)

그대로 도도도 집 쪽으로 뛰어간다. 그러다 멈춰서 뒤돌아 웃으며 손 흔들고.

동경	잘 가! 도착하면 전화하고.

사람, 동경이 보다가 웃고. 차에 올라타는데.

S#33. 멸망의 집 / 거실 (밤)

사람, 현관문 열고 들어오자마자 동경에게 전화하는데.

동경	여보세요?
사람	(신발 벗고 집에 들어가며) 나 지금 집에 왔어.
동경	어?
사람	집에 도착하면 전화하라며.

동경   (풉 터지고) 말 잘 듣네. 그럼 이제 씻고 잘 준비하고 전화해. (끊고)

사람, 들고 온 김치통 어딘가 한쪽에 탁 올려두고 바로 욕실로 가는데.

S#34. 동경의 집 / 침실 (밤)

책상에 앉아서 노트북으로 소설 쓰고 있는 동경. 그때, 책상에 올려뒀던 핸드
폰 울린다. **사람**에게서 온 전화고. 동경, 픽 웃고 전화 받는데.

사람   나 다 씻었어.

동경   잘 준비도 했어?

사람   어 했어. (하며 침대에 눕고) 이제 누웠어.

동경   잘했어.

사람   뭐 하고 있었어?

동경   (노트북 화면 보다가) 나 그냥 있었지…

사람   그냥 있는 건 어떻게 있는 건데?

동경   그냥… 그냥… 너도 살다보면 알게 될 거야. (하다가) 야 근데 나 지
       금 니 도움이 좀 필요하거든?

사람   (벌떡 상체 일으켜서) 갈까? 지금?

동경   아니아니. 올 필요 없고 전화로도 도와줄 수 있는 문제야.

사람   (약간 아쉽고) …뭔데. (다시 눕는데)

동경   그때 있잖아. 병원에서 우리 마주쳤을 때. 너 나 보고 무슨 생각해
       서 껴안은 거야?

사람   아… 그때. 뭔가 참을 수가 없어서… 이 참을 수 없는 감정이 뭔
       지… 모르겠더라고. 그래서 그냥…

동경   (노트북에 다다다 뭔가 치고 잠시 생각하다가…) 역시, 그때도 나 사랑

했네.

사람   그랬지.

동경   어. 그럼 그… 갑자기 나한테 와서 사랑한다고 처음 말한 날… 그때
        는 왜 그랬던 건데?

사람   내가 사라지고 나면 더 이상 널 못 본다는 사실을 처음 깨달아서.
        그게 너무 무서워서.

동경   (!… 지나간 일이지만 가슴 일렁이고) 그랬구나. 그런 마음이었구나
        너… 사라지는 것보다… 날 더 이상 못 보는 게 더 무서웠던 거야?

사람   (대답 없고)

동경   나도 그랬어… 내가 죽는 것보다 너를 못 본다는 게 어느 순간 너무
        무섭더라… 웃기지…

사람   …

동경   듣고 있어?

사람   …

동경   (핸드폰 화면 보다가 다시 대고) 여보세요?

사람   … (새근거리는 소리나기 시작하는)

동경   (설마…) 혹시… 자니?

사람   …

동경   야… 자냐고.

S#35. 멸망의 집 / 침실 (밤)

사람, 침대에서 핸드폰 켠 채로 잠들어 있다.

S#36. 동경의 집 / 침실 (밤)

동경   (픽) 진짜 사람 다 됐네. 잘 자. 김사람. (전화 끊고)

동경, 화면 보면

이 참을 수 없는 감정을 도대체 뭐라고 불러야 하나. 나는 알지 못한다. 그러니 그저 너라고 부를 밖에. 사라지는 것이 두렵지는 않으나 너를 더는 보지 못한다는 것은 두려웠다.

적혀 있고. 동경, 화면 바라보다가 이내 한글 창 닫고는 노트북 탁 닫고 침대로 기어들어간다. 은은히 미소 띤 얼굴로 눈 감는데.

S#37. 동경의 꿈. 소녀신의 정원 (낮)

동경 감은 눈 딱 뜨면. 소녀신의 정원 한복판에 서 있다. 소녀신, 교복 입은 모습이고.

소녀신   오랜만이네.
동경   (놀라 두리번) 여기는…
소녀신   걱정 마. 니 꿈속이니까. 내가 살짝 들어왔지 몰래. 보고 싶어할 거 같아서. (손에 든 멸망의 화분 내밀어 보여주는데)
동경   (보면)
소녀신   여기 무슨 꽃이 피는지 궁금해했잖아. 코스모스야. 걔한테 딱 어울리지.
동경   예쁘다…
소녀신   (픽 웃고) 나는? 나는 어때? 교복 입은 모습, 자랑하고 싶은데 자랑

할 데가 없어서.

동경   (픽 웃고) 예뻐.

소녀신   고마워.

동경   (보다가) 나도.

소녀신   (보면)

동경   니가 나한테 해준 모든 것들 말이야. 왜 나였는지는 모르겠지만…

소녀신   (보다가) 난 다 알았거든. 니가 이 모든 것들을 훌륭하게 이겨낼 거라는 걸.

동경   저기 말이야…

소녀신   응?

동경   다 알면서도 왜 그렇게 하게 두는 거야? 그게 늘 궁금했어…

소녀신   (웃으며 다가와 동경의 얼굴 들여다보며) 신은 때로 다 알면서도 그렇게 하는 거야. 꽃이 필 걸 다 알면서도 해가 뜰 걸 다 알면서도 니가 웃을 걸 다 알면서도 항상 다시 보고 싶으니까.

동경   (울먹이듯 환히 웃어 보이는데)

소녀신   그래. 그거야. 그 미소가 보고 싶었어. 이제 됐어. 이제 충분해. 가 동경아. 니 일기는 아직 끝나지 않았으니까.

S#38. 병원 / 복도 (다른 날 낮)

소녀신   (NA) 그 애의 일기는 이제 막 시작됐고.

사람, 응급실 향해 걸어가는데. 남자 한 명 다가오고.

남자   선생님!!

사람   (보면)

남자	저 그 교통사고로 들어왔던 산모 남편 되는 사람입니다.
사람	아…
남자	맞으시죠? 아내가 정신 잃기 전에 선생님 성함을 가운에서 봤다네요. 워낙 성함이 특이하셔서… (의사가운에 이름 눈짓하고)
사람	무슨… 문제라도…
남자	덕분에 아내랑 아기랑 다 건강해서요! 아내가 꼭 감사하다고 전해달래서…
사람	(미소 짓고) 다행이네요.
남자	(손 붙잡고) 감사합니다… 감사합니다 선생님.
사람	뭘요. 살아주셔서 제가 감사하죠. (마주 손 잡는데)

S#39. 병원/ 옥상 (낮)

사람, 난간에 서서 남자에게 잡혔던 자신의 손 가만히 보고 있다. 뭔가 따뜻하고… 뿌듯하고… 여러 감정 교차하는데.

당면	어?? 편집자님 남친 분?
사람	(돌아보고) 아… 안녕하세요.

보면, 당면 양손에 커피 한 잔씩 들고 서 있다.

당면	(다가와서) 와… 의사셨어요? 그것도 여기 병원? 아니 왜 몰랐지? 하긴 이 병원이 워낙 커야지. 아니 이렇게 보니까 또… 그땐 왜 그렇게 어려 보였지? 가운을 안 입고 있어서 그런가?
사람	하하… (그저 말없이 웃는데)
당면	근데 그거 알아요? (이리저리 눈치 보다가) 여기… 귀신 나오잖아. 내

가 여기서 귀신을 봤다니까? 귀신 본 적 있어요?

사람   (픽 웃고) 아니요?

당면   엇!! 그러고 보니까 그 귀신!! 닮은 거 같기도 하고!! 귀신이에요?

사람   …

당면   아이 농담 좀 한 거 가지고~ 무서워서 그래요? 안 무서워 안 무서 워. 하나도 안 닮았어. 장난이에요. 혹시 담배 태우시나?

사람   아니요. 담배 안 피웁니다. 몸에 안 좋으니까.

당면   아 그치. 몸에 안 좋지. 백해무익해 그거. (커피 하나 주며) 졸려서 내 가 두 잔 먹으려고 가져온 건데 에이 기분이다! 무슨 과예요? 응급 의학과? 아우 너무 바쁘겠네.

사람   (커피 받고) …아 네…

S#40. 탑텐미디어 / 사무실 (낮)

주익과 동경, 각자의 자리에서 일하고 있고. 서로 자기 컴퓨터 화면만 보며 얘기 나눈다.

주익   탁팀장 그거 봤어? 요즘 올라오는 건데. 그…

동경   요즘 올라오는 거 뭐요. 요즘 올라오는 게 한두 개예요?

주익   그 제목 긴 거 있잖아. 작가 필명이 하르방이야.

동경   (힉!! 놀라고) …네?

주익   어느 날 현관으로? 멸망 어쩌구 하는 거. 그거 괜찮던데. 봤어?

동경   (!… 아무렇지 않은 척) 아. 뭐… 보긴 봤는데…

주익   그 작가 어때.

동경   뭘 어때요?!

주익   뭘 그렇게 놀라. 니가 썼어?

동경	아니… 그… 조회수 얼마 나오지도 않잖아요.
주익	그니까 데려오라는 건데. 될성부른데 조금 모자란 작가 골라서 키우는 게 내 특긴 거 몰라?
동경	됐어요.
주익	니가 왜 됐어.
동경	네?
주익	어?
동경	뭐가요? (발딱 일어나서) 저 퇴근할게요. (가려는데)
주익	(냉정하게) 탁팀장.
동경	(좀 놀라서 멈칫 돌아보면)
주익	(진지하게) 팀웍을 위해서 우리 오늘 회식 어때?
동경	(한심…) 저 약속 있거든요?
주익	아 그래…
동경	갈게요. (가고)
주익	(괜히 클릭질하며) 요즘 애들은 정말…

S#41. 현규 카페 1 (밤)

사람, 전화하며 카운터로 걸어간다. 현규, 카운터에 서 있고.

사람	(전화하며) 어 나 지금 도착했어. 어 기다리고 있을게. (끊고 서면)
현규	주문하시겠어요?
사람	아이스 아메리카노 하나 주세요.
현규	네. 아이스 아메리카노 한 잔이요. (환히 웃는데)
사람	(빤히 보고)
현규	왜 그렇게 보세요?

사람	아. 웃는 게 예뻐서.
현규	아. 그런 소리 많이 들어요. (하다 빤히 보는데)
사람	왜요?
현규	아. 잘생기셔서.
사람	아. 저도 그런 소리 자주 들어요.

하는데 딸랑 문 종소리와 함께 선경 들어서고.

선경	사장니이임 (하다 사람 발견하고) 어!! 형님!!
현규 사람	(동시에 픽 웃고 나직이) 귀여워.

하고는 서로 잉? 해서 보는데.

선경	뭐야 둘이? 친구 먹었어요?

S#42. 현규 카페 2 (밤)

한쪽 테이블에 편집팀원들과 동경, 사람 앉아 있다.

동경	이쪽은 내 남자친구, 이쪽은 내 영원한 동료들. (편집팀원들에게) 얘가 친구가 없어서 친구 좀 사귀라고.
사람	아닌데. 방금 사귀었는데 친구.

사람, 카운터쪽 보면 현규 일하다 눈 마주치고 웃으며 손 흔들어 보이는데.
사람도 흔들, 손 들어 보이고.

예지   (작게) 거봐 키 크댔잖아.

정민   (작게) 그러네…

다인   (작게) 동안이네… 그땐 왜 나이 많다고 생각했지?

그때, 정민이가 앞에 놓인 디저트 같은 거 포크로 찍어서 다인이 먹여주고.
다인, 얼결에 받아먹고는 아차 해서 눈치본다.

다인   넌 꼭… 사람 많을 때 그러더라.

동경   (!! 기시감에 멈칫하는데)

예지   우리 남친도 꼭 그래. 사람 많을 때만 그런다니까?

사람   …일전엔 죄송했어요.

예지   네? 일전에…??

동경   (사람 옆구리 퍽 치고)

동경, 사람… 가만히 눈치 보며 빨대로 쪼로록 음료나 마시는데.

S#43. 멸망의 정원 (밤)

동경과 사람, 정원 함께 걷고 있다. 이제는 꽃이 만발해 생기 있는 모습의 정
원이고.

동경   와 뭐지? 진짜 기억 조작인가? 진짜 신기하다. 솔직히 오늘도 쪼끔
        걱정하긴 했는데 어떻게 이렇게 딱딱 필요한 기억만 남겨놓지?

사람   걔가 되게 섬세해. 나 만든 것도 봐라. 굳이 이렇게 생기게 만들어
        서 널 사랑에 빠지게 만들고.

동경   뭐래. 웃겨 진짜.

사람   너 나 처음 봤을 때 나 잘생겼다고 생각했잖아.

동경   아니거든?

사람   (탁 멈춰 서서) 오늘 자고 가라.

동경   꿈 깨.

사람   이거 꿈이야?

동경   (그 말에 픽) 아니야.

하고 밤하늘 보며 걸어가는데.

동경   어?

하늘 보면 별똥별이 우수수 떨어지고 있다. 사람도 따라 하늘 올려다보고.

동경   야 소원 빌어 소원 빌어.

동경, 먼저 눈 감고 손 모으더니 기도하고. 사람, 그 모습 보다가 따라서 눈 감는데. 그러는 순간에도 하늘 위로 수없이 떨어지는 유성들.

동경   (눈 반짝 뜨고) 소원 빌었어?

사람   (눈 뜨고) 어.

동경   뭐 빌었는데.

사람   안 가르쳐줘.

동경   아 왜!! 가르쳐줘.

사람   안 가르쳐준다고.

동경   와… 치사하다.

사람   넌 뭐 빌었는데.

동경   안 가르쳐줘.

투닥거리는 두 사람. 이어 밤하늘에 아름답게 떨어지는 유성들로 화면 가득 차고. 그 위로 자막,

'당신의 일생 단 하나의 소원은 무엇인가요?'

마침내…

16부 엔딩!

멸망에 대한 안내서

Q. 멸망은 죽나요?

네. 멸망은 99일째에 동경의 마지막 소원을 들어주고 100일째에 동경을 대신해 희생합니다. 신의 정원을 날아다니던 나비는 죽어 땅에 떨어지고 곧 양분이 되어 씨앗이 됩니다. 그리고 그 씨앗에 싹이 터 그는 사람이 되어 신의 정원에서 다시 눈을 뜹니다. 멸망이 있어야 탄생이 있는 법. 그는 사람이 되어 동경에게 돌아옵니다.

Q. 소녀신은 어떤 존재인가요?

인간이 신의 존재를 원했을 때 그는 신으로 태어났습니다. 따라서 세상은 그가 만든 것이 아닙니다. 그는 인간이 만든 거대한 시스템입니다. 인간의 죄와 세상의 죄를 대신하여 늘 고통받는 존재로 태어납니다. 그리고 그 죄의 무게 대신 죽어 모든 것을 존재하게 합니다. 그렇게 매번 고통받는 자로서의 삶을 살다가 생을 마감하고 다시 태어납니다. 다시 태어났을 때는 항상 다른 얼굴입니다. 자라서 자아가 생겼을 때 멸망의 앞에 나타납니다.

Q. 소녀신과 멸망은 어떤 관계인가요?

홀로 세상의 시스템으로 살던 그가 자신의 권능을 떼어 멸망을 만들었습니다. 소녀신은 거대한 시스템, 멸망은 시스템 속에 속한 프로그램과 같습니다. 간단하게는 어머니와 아들의 관계로 보면 됩니다.

Q. 소녀신과 멸망은 왜 세상을 마음대로 멸망시킬 수 없나요?

그들은 인간이 만든 시스템, 그 시스템이 만든 프로그램입니다. 시스템은 인간이 명령을 입력해야만 돌아갑니다. 홀로 작동할 수는 없습니다.

Q. 멸망의 능력은 어디까지인가요?

한계를 두지 않습니다. 각종 초능력이라고 부를 수 있는 것들을 웬만해선 다 할 수 있지만, 그것은 멸망이라는 자신의 능력과 책임을 다하기 위해서 주어진 부속능력일 뿐입니다. 멸망의 가장 큰 권한은 '멸망'이며 그는 사라지는 모든 것들의 이유입니다. 소녀신이라는 시스템 속 '멸망'을 담당하고 있는 부속 프로그램이라고 보면 됩니다. 프로그램은 멈추지 않습니다. 그저 끊임없이 시스템 속에서 돌아갈 뿐. 세상의 모든 사라지는 개념들은 멸망의 삶과, 즉 존재와 이어져 있습니다. 아무것도 하지 않아도 존재하는 것만으로도 모든 것들이 나비효과처럼 멸망으로 이어집니다. 다만, 그가 멸망 그 자체이기 때문에 스스로 무엇을 멸하고자 할 때 멸할 수도 있습니다. 그러나 멸망을 사라지게 할 수는 없습니다. 잠시 누군가에게 멸망을 거둬갔다고 해도 다른 누군가에게는 돌려줘야 합니다. 멸망의 무게는 반드시 정해져 있기 때문입니다.

Q. 소녀신은 빌런인가요?

멸망은 소녀신이 유일하게 만든 피조물입니다. 즉, 성경 속 최초의 인간 아담과 같은 존재라고 보면 됩니다. 그러니 당연하게 멸망을 아끼고 사랑합니다. 지속적으로 등장하는 피노키오가 소녀신의 목적을 드러내고 있는데, 소녀신은 자신이 만든 최초의 피조물이 사람이 되도록 판을 짜고 있는 것입니다. 사람을 사랑하고, 사랑하여 희생하도록, 그리하여 인간으로 태어나도록. 소녀신의 '나쁜 아이 갱생시켜 인간 만들기'라고 보면 됩니다. 그 과정 속에 시련이 주어지는 것뿐 근본적으로 소녀신은 멸망과 인간들을 사랑하는 자입니다.

Q. 소녀신은 이 모든 것을 어디서부터 계획했나요?

소녀신은 판을 벌린 것일 뿐 모든 선택은 인간, 즉 동경과 멸망이 하는 것입니다. 그저 시련과 갈등을 통해 어떤 선택을 하기를, 그 선택이 옳은 길로 향하기를 기대할 뿐입니다.

Q. 멸망은 어떤 인물인가요?

멸망은 인간을 혐오합니다. 자신이 그토록 고통받으며 살아야 하는 이유가 인간인데, 그 고통을 감내한 보람 없이 인간은 언제나 잘못된 길로 가고 있으니 왜 내가 그들 때문에 이토록 고통받아야 하는가 이해하지 못하며 그 가치(인간의 존재 가치이자 그들로 인해 고통을 감내해야 하는 가치)를 찾지 못하고 있습니다. 그러다가 동경을 만나게 되었고, 동경에게서 자신의 모습을 보게 됩니다. 자신이 늘 소녀신에게 했던 원망을 동경이 자신에게 하고 자신이 들어야만 했던 모진 소리를 멸망은 동경에게 해야 합니다. 거기서 멸망은 자신도 모르게 마음이 흔들리기 시작합니다. 그리고 그녀를 사랑하게 되면서 그녀가 속한 인간이라는 부류에 대한 사랑 또한 깨닫습니다. 나이만 먹은 어린아이가 동경을 만나고 사랑하게 되면서 잃을 것이 생기며 어른이 되어갑니다.

Q. 동경은 어떤 인물인가요?

욕망을 포기하고, 행복을 전혀 기대하지 않는 사람. '어차피 이룰 수 없는 일은 꿈꾸지 않는다'가 아주 어릴 때부터 습관이 된 사람. 말하자면 수동적 자살을 바라는 상태입니다. 죽을 용기는 없지만 내일 세상이 멸망했으면 좋겠다는 정도. 그런 사람이 진짜 죽음을 목전에 두고서야 제대로 된 어린이가 됩니다. 꿈이 생기고, 욕심을 부리고, 행복을 원하게 됩니다.

Q. 지나와 현규는 왜 헤어지게 되었나요?

미래에 대한 생각 없이 그저 되는 대로만 살아온 현규는 지나를 만나게 되면서 지나와 함께 하는 미래를 그리게 됩니다. 그러나 사랑만으로 사람의 본질은 변하지 않습니다. 갑자기 공부를 한다고 해서 지나가 가려고 하는 서울권 대학을 함께 가기는 어렵습니다. 수상경력으로 체대에 입학하기에는 고1 때 딴 동메달이 전부이기 때문에 그것도 어렵습니다. 노력도 어렵고 실력도 없으나, 사랑하는 여자 앞에서 그것을 솔직히 인정하기에는 너무 창피합니다. 현규는 주익이 수능 기념으로 준 떡을 먹고 체했을 때 옳다구나 싶었고, 그걸 수능을 망친 핑계로 삼을 수 있어서 얼마나 다행인지 모릅니다. 현규는 그대로 일본으로 도피유학을 떠납니다. 그러나 연고가 없는 타국에서 지내기에는 의지박약이고, 바로 돌아가는 것도 창피하기 때문에 일본에서 아주 즐겁게 지내는 척, 한국으로 돌아온 후에는 아직 돌아오지 않은 척을 합니다.

그런 식으로 둘은 연락이 끊기고 오해가 쌓여 제대로 얼굴도 보지 않고 헤어지게 되는 수순을 밟습니다. 현규의 인생은 늘 그런 식으로 흘러갑니다. 핑계 댈 것을 찾고 어려우면 도망쳐버리는.

Q. 주익과 현규는 어떤 관계인가요?

현규가 고삼이던 시절, 주익은 현규의 과외 선생님이었습니다. 말이 과외 선생님이지 이제는 거의 의형제와 같은 사이입니다. 주익의 마음속에는 현규에 대한 빚(수능 떡)이 있기 때문에 현규 앞에서는 약해지곤 합니다.

주익은 현규와 지나를 헤어지게 한 간접적인 요인(떡)이기도 하며, 재회를 방해한 요인(키스)이기도 합니다.

Q. 주익은 지나를 어떻게 생각하나요?

현규가 매번 지나를 두고 도망치는 것을 봐온 주익은 지나가 현규에게 매달리는 것이 참 바보 같다고 생각합니다. 현규가 일본으로 떠난 후에도 지나가 지속적으로 술에 취해 현규의 집 앞에 찾아오곤 하는데 현규의 옆집에 살던 주익은 그 모습을 보고 참 싫고, 또 참 불쌍하고, 도대체 현규가 뭐라고 저러나 싶은 상태로 변해갑니다.

둘의 잘못된 인연을 끊기 위해선 둘이 만나서는 안 된다고 생각하고 다시는 이곳에 나타나지 않도록, 거기에 충동도 곁들여 그녀에게 키스를 하게 됩니다.

Q. 지나는 현규와 주익 중 누구와 이루어지나요?

주익과 이루어집니다. 지나와 현규는 다시 만나고 나서야 깨닫게 됩니다. 우리는 그때의 우리를 사랑한 것일 뿐, 지금의 우리를 사랑하는 것은 아니라고.

제대로 끝내지 못해서 아쉬울 뿐, 이제는 서로가 서로에게서 졸업할 때라고. 지나는 첫사랑에게서 졸업해 두번째 사랑으로 가는 과정에 있습니다.

Q. 지나와 동경은 어떤 관계인가요?

둘은 십일 년 동안 알고 지낸 사이입니다. 동경은 고등학생 때까지 제주에 살았습니다. 지나가 제주로 수학여행을 오면서 둘은 우연히 만나게 됩니다. 지나는 이 어리고 발칙하고 생활력 강한 여자애가 마음에 들었고, 둘은 서로 연락을 주고받으며 인연을 이어가다가 동경이 지나가 입학한 대학교 같은 과(국문과)에 입학하게 되며 더욱 가까워집니다. 그리고 출판사에 취직한 동경의 권유로 로맨스소설을 쓴 지나가 '중박'을 치면서, 둘은 작가와 담당 편집자 사이로까지 발전됩니다.

Q. 수자이모는 어떤 사람인가요?

동경 열 살, 선경 일곱 살에 일란성 쌍둥이인 언니가 죽고 아이들을 맡아준 이모입니다. 제주도에서 카지노 딜러를 하며 아이들을 홀로 키우던 중, 캐나다에서 온 '케빈'이 수자에게 첫눈에 반해 지속적으로 구애를 합니다. 그러다 동경이 스물세 살 출판사에 취직하게 되고, 선경이 스무 살 군대에 가게 된 해에 동경과 선경에게 떠밀려 결국 마흔세 살에 결혼, 케빈을 따라 캐나다에 가서 행복한 결혼생활을 하고 있습니다.

Q. 엔딩은 어떻게 되나요?

사람이 된 멸망과 병이 나은 동경이 다시 만나 보통 사람처럼 보통의 연애를 시작합니다. 이 세계관 속의 모든 불행은 결국 아주 보통의 행복을 얻기 위해 일어나는 것이기에.